制度德育研究丛书

# 学校制度生活与公民教育

School Institution Life and Citizenship Education

张　敏◎著

武汉市教育学重点学科（3010-03100038）资助

科学出版社
北　京

## 内 容 简 介

培养健全的公民是中国当代教育的基本主题和现实难题。党和国家明确提出要加强公民意识教育，培养社会主义合格公民。公民教育是民主政治制度的伴生物，公民教育的发展及健全公民的培养离不开民主的政治环境。

本书阐述了中西方公民教育的历史演进，在学校层面上，提倡培养健全的社会主义公民，建构民主的学校制度生活显得尤为必要。民主学校制度生活不仅为学生公民精神养成提供制度保障、环境支持及实训场，还是重要的教育资源。本书从我国当前学校制度生活实际出发，重新建构了学校制度生活。

本书适合与学校制度生活、公民教育研究与教学相关的中小学、高等学校教师及科研工作者参阅，也适合对此相关领域感兴趣的其他读者阅读。

**图书在版编目（CIP）数据**

学校制度生活与公民教育/张敏著.—北京：科学出版社，2018.4
（制度德育研究丛书）
ISBN 978-7-03-056109-1

Ⅰ.①学… Ⅱ.①张… Ⅲ.①学校管理-关系-公民教育-研究-中国 Ⅳ.①G47 ②D648.3

中国版本图书馆 CIP 数据核字（2017）第 316283 号

责任编辑：付 艳 崔文燕 / 责任校对：何艳萍
责任印制：张欣秀 / 封面设计：润一文化
联系电话：010-64033934
E-mail：edu_psy@mail.sciencep.com

科学出版社出版
北京东黄城根北街 16 号
邮政编码：100717
http：//www.sciencep.com

北京建宏印刷有限公司印刷

科学出版社发行 各地新华书店经销

*

2018 年 4 月第 一 版 开本：720×1000 B5
2018 年 4 月第一次印刷 印张：15 1/4
字数：270 000

**定价：88.00 元**

（如有印装质量问题，我社负责调换）

# 目　录

# 绪　论

## 一、学校制度生活与公民教育的价值与意义

### （一）一个目标：公民培养

改革开放以来，随着中国市场经济的逐步成熟，政治文明建设的不断推进以及大量非政府、非营利组织的出现，中国公民社会正在以不可逆转的趋势萌生和发展。民政部发布的《2009 年度全国民政事业发展统计报告》显示，“截至 2009 年底，全国共有社会组织 43.1 万个，比上年增长 4.1%；社会团体 23.9 万个，比上年增长 3.9%；民办非企业单位 19.0 万个，比上年增长 4.4%；基金会 1843 个，比上年增长 15.4%”[①]。

中国社会的深刻转型为造就具有独立人格、自由、平等的现代公民提供了现实条件。近年来发生的重大社会事件见证了中国国民公民意识的成长：2008 年汶川大地震中受灾群众舍身互救，迅速展开全民大援救；2008 年北京奥运会中国志愿者展现出无私奉献精神；2009 年北京大学 5 位学者上书全国人大，建议修改拆迁条例事件；广州市番禺区垃圾发电厂选址风波；上海市浦东新区发生“钓鱼执法”事件；2010 年江西抚州市宜黄拆迁自焚事件；深圳市人大代表政协委员履职瓶盖瓶底排行榜……这一切都表明，伴随中国公民社会的崛起，中国公民意识已经觉醒。然而，与西方发达国家相比，中国公民社会还处在发育阶段，而且其进一步发展可能面临诸多困难。这些困难不仅包括经济、政治、法律制度等方面，还包括公民文化。其中公民文化应当成为中国当前公民社会建设的重点。北京大学中国国情研究中心 2008 年所进行的全国范围内的中国公民意识年度调查显示，

① 民政部. 民政部发布 2009 年度全国民政事业发展统计报告［OL］. http: //www.china.com.cn/policy/txt/2010-06/10/ content_20228338_2.htm.

虽然中国公民意识已经觉醒，但从总体来看，中国公民意识还相当薄弱。例如，关于民主是什么，“42.8%的受访人不知道民主是什么，17.8%的受访人没有回答，具体作答的有 1579 人，占受访总人数的 39.4%”，“在民主与经济发展的关系上，认为经济发展‘绝对重要或比较重要’的受访人占 59.4%，认为民主‘绝对重要或比较重要’的受访人占 19.3%，认为‘两个同样重要’的占 21.3%”。再比如，对我国宪法上规定的公民的基本权利是什么，“能够正确说出两条公民权利的受访人比例是 18.4%，能够正确说出一条的受访人比例是 13.0%，其他 68.6%的受访人不知道或者答错”。关于公众的政治参与行为，调查所得数据显示，受访人的政治参与行为普遍较少。在问卷中列举的 9 种行为（为一项社会活动组织募捐或者筹集资金；参加与政治有关的各种会议；向上级政府领导表达自己的观点；通过社会组织表达自己的观点；为某项特定的理想或事业加入组织；在互联网有关政治主题的论坛或者讨论中发表自己的观点；在请愿书上签名；通过媒体表达自己的观点；游行/静坐/示威）中，只有“为一项社会活动组织募捐或筹集”这一项有超过 20%的受访人参与过。（沈明明，2009：139；161-162；200-202）

国外公民社会发展历程表明，发达的公民社会依赖于大量合格公民的出现，合格公民的培养则依赖于教育。在现代社会，一个人一出生即可获得法律上的公民身份，但要成为政治上具有参与能力和意识的合格公民则需要一个过程。其中，教育在这个过程中具有重要意义。当代美国政治学家阿尔蒙德和维巴的实证调查研究表明，教育是影响公民成长最重要的因素。在《公民文化：五个国家的政治态度和民主制度》一书中，他们通过对意大利、墨西哥、德国、美国和英国五个国家的政治文化进行实证调查和比较研究，指出政治态度受到教育水平、性别、职业、收入、年龄等的影响，其中，教育水平对政治态度的影响最大。因而，对于正处在向公民社会转型的中国来说，通过教育培养合格的现代公民，进而建设一个民主的公民社会，应当成为学校德育乃至全部学校教育的最终目标。

当前，关于教育在公民培育中应承担的责任在我国可以说已经形成了共识，这主要表现为：①政府的积极倡导。2001 年中共中央颁布的《公民道德建设实施纲要》及《国家中长期教育改革和发展规划纲要（2010—2020 年）》明确提出“加强公民意识教育，树立社会主义民主法治、自由平等、公平正义理念，培养社会主义合格公民”的主张，为公民教育在我国的推进提供了制度保障。②学者的深刻论证。杜时忠教授在《论德育走向》一文中指出，“今天，随着社会主义民主政治的稳步推进、市场经济的逐步成熟，我国学校德育‘走向公民’已是大势所趋”（杜时忠，2012：60-64）。梁金霞从当代中国的现实需求出发，提出中国德育应向公民教育转型（梁金霞，2010）。檀传宝教授甚至提出公民的培育乃是全部现代教育的终极目标。“全部教育应该自觉地以培育年轻一代追求公平正义、民主法治，并能够积极、理性参与社会公共生活的社会主义民主素养为终极目标。”（檀传宝，2010：498-502）③公民教育专门研究机构的成立。如北京大学、北京师范大学、郑州大学等学校都设立有专门的公民教育研究中心。④公民教育研究成果不断涌现。通过 CNKI 检索，截至 2016 年，以公民教育为主题公开发表的文章有 2249 篇，另外有关公民教育研究的著作则达 200 多部。⑤公民教育实验学校的有益探索。在政府积极倡导实施公民教育，学界不断取得公民教育新成果的同时，一线的许多学校从本校实情出发，积极探索公民教育的新途径、新方式，涌现了像福建省三明师范附属小学等一批优秀的公民教育实验学校。

### （二）一个事实：学校生活的制度性

公民的培养是一个长期而缓慢的过程，需要多渠道、全方位的指导。合格公民的培养，不仅依赖于公民教育课程的开设、多学科渗透公民教育及课外公民教育活动的实施，还依赖于自由、民主、平等的学校生活的建构。其中，在公民教育实施的众多可能途径中，基础性的途径就是建设与公民社会精神相一致的自由、民主、平等的学校生活。然而，自由、民主、平等的学校生活不会自然地形成，它依赖于学校制度的支持。由于学校是作为一种制度性存在的，学校生活在根本上是制度指导与约束下的生活。首先，现代学校教育是一种公共事业，其存在和发展的根本目的在于保护公民的教育权利，从而实现其教育福利。现代学校教育的这种公共性既反映了学校生活的制度性，也要求学校生活具有制度性，以保证学校生活的正常运行。其次，学校生活的日常运行机制是科层制度。最后，学校生活的制度性还表现为规范性。

学校生活的制度性意味着学生总是在特定的制度框架中生活，学生无时无刻不受到制度的影响。邓小平曾说：制度好可以使坏人无法任意横行，制度不好可以使好人无法做好事，甚至走向反面。[①]同样，一所学校也要有优良的学校制度，并将自由、平等、公正、民主体现在制度上，形成与公民精神相一致的学校生活，从而将学生公民精神成长的理想变成现实。

---

① 邓小平. 党和国家领导制度的改革［OL］. http：//www.cctv.com/special/756/1/50168.html.

### （三）双重困境：学校制度设计与运行伦理之遮蔽

目前，现行学校制度面临本身不合理、不公正与运用不恰当的双重困境。

1）现行学校制度本身存在诸多弊端与不足。①学校制度的缺失。檀传宝教授认为我国教育领域的制度缺失有三种："第一种是完全制度缺失，即是指我们完全没有某方面的制度。第二种是不完全制度缺失，即是指我们虽然有某方面的制度，但相关配套的制度没有跟上，或者有法不依，造成制度的完整性无法实现。第三种是隐性或实质性制度缺失，即表面上某方面的制度十分'齐全'却毫无效果，实际上是'无'。"（檀传宝，2005：10-11）在学校层面上，学校制度也存在这三种缺失。就完全制度缺失而言，当前学校领域最典型的表现是很多学校都没有学校章程。学校章程作为学校的基本法，是学校制度的重要组成部分。不完全制度缺失的情况就更加普遍了，例如，许多学校规定学生不能外出就餐，可是学校的食堂建设完全满足不了学生的需要。再如，很多学校要求学生一年四季都穿校服，可是学校每个季节只配发给学生一套校服，学生根本没有替换的衣服。许多学者称当前学校制定的制度是"贴在墙上""挂在嘴上""印在纸上"的装饰品就是对实质性制度缺失的最好描述。②学校制度的泛化。有学者认为我国学校制度建设到了一个十分困难的时期："一方面是很多必备的基本制度、法律规范尚未确立起来；另一方面，制度、规则、组织等又严重地束缚了人的工作积极性和创造性。"（张新平，2001：397）作者所说的第一个方面就是我们所说的制度缺失，而第二个方面就是制度泛化。也就是说，现行学校制度的缺失与泛化是并存的。一方面，我们缺乏很多必需的基本制度；另一方面，某些方面的制度又过于繁多，成了束缚广大师生的枷锁。③学校制度的不公正。现行学校制度是一个彻底的义务规范体系，即只对师生的职责、违规惩罚措施等方面做出明细规定，而对教师与学生的权益既没有做出必要的说明，也没有提供必要的保障。现行学校制度在权利与义务的处理上存在着严重的不对等。此外，学校制度的工具化、制度意识欠缺、制度设计缺乏人文关怀等都是现行学校制度中普遍存在的问题。

2）现行学校制度在运用中也存在着诸多不恰当的地方，如学校制度的工具化。长期以来，一些人不是利用学校制度去调动人、激励人，而是把学校制度当作管理手段去约束人、限制人。

学校制度本身的这种不合理与不恰当运用容易造成两个不良后果："一方面，学校教育往往以学生听话为目标，其结果极易使学生形成双面人格，学生在学校和家里两个样，老师在与不在两个样。另一方面也是最为关键的，由于学生习惯于在各种规章制度的约束下行动，逐渐地禁锢了学生的思想，从行为上的循规蹈矩到思想上的按部就班，学生逐渐丧失了敢于质疑、敢于创新的勇气。”（班华，薛晓阳，2010：170）总之，在不道德的制度条件下，学校生活在整体上是不民主、不自由、不平等的，这与公民精神成长所需的自由、平等、民主、公正的学校生活是相悖的。因而，在这样的学校生活中，我们不可能培养出合格的现代公民，只能培养出顺从的臣民。在这个意义上，现代学校教育要肩负起公民培养的责任，首先必须变革学校制度，从而推进学校生活的整体转变。

从我国学校制度的探索历程来看，学校制度这一研究主题似乎从未淡出人们的视野。然而，一个不争的事实是：我们的学校制度还存在许多问题，学校制度的强制性还异常突出，这与公民培养所需要的自由、民主、平等的学校生活相去甚远。那么问题出在哪里？我们以为，我国现行学校制度始终停留在强制阶段的原因在于：一方面，在观念层面，学者倾向于把学校制度理解为管理规则。把学校制度框定在规则范畴并没有错，其不足在于没有全面把握学校制度本质从而导致对学校制度的静态理解。作为静态的规则，对个体而言，除了习惯性地服从这些规则外，它们将不再有任何意义。在实践中，其表现为无论当前的制度状况如何不合理，只要现行的学校制度没有侵犯他或她的利益，他或她一般不会积极参与制度改进，即使不合理制度对其利益产生了不良影响，他或她也倾向于希望他人对此进行改进。这种状况无论对个体发展还是对学校制革新都是十分不利的。另一方面，一些现行学校制度还不是一个“好”制度，因为只有“好”制度才能得到相关成员的认同和内化。因此，对于我国当前学校制度建设而言，首要的工作就是在观念层面对学校制度有一个全新把握。我们认为，学校制度是规则与行动的统一。对个体而言，学校制度不仅仅是一系列静态的规章制度，更是一种生活方式。作为生活方式的学校制度的最大特点不在于是否规定个体能或不能做什么，而在于学校制度所蕴涵的价值取向和角色期望是否内化为个体的精神品格，成为个体的行动依据。只有这样理解学校制度，才与学校制度建设的落脚点——“行动”相一致。另外，学校作为一个制度性存在，学校生活从整体上说是制度规范下的生活，制度性是学校生活的重要特征。基于学校制度与学校生活的这种统一性，本书提出了学校制度生活概念。

学校制度生活是指学校共同体成员在学校这一特殊公共领域中，借助学校制度这一调控系统，围绕学生全面自由发展而展开的一种具有公共性、规范性、理性的生活方式。学校制度生活通过提供外在制度保障和环境支持及内在的价值引导和实践平台来促进学生公民精神的养成。因此，本书的研究具有一定的价值和意义。

在理论层面，本书具有丰富公民教育理论与实践体系的价值。尽管现阶段社会各界对公民教育问题十分重视，公民教育的理论和实践研究取得了显著成效。然而，反观中国公民教育实践的整体状况，虽然出现了新景象，但仍然举步维艰，发展缓慢，远远落后于总体社会发展的速度，因此不得不让人思考当前中国公民教育发展所面临的主要困境是什么？一些学者认为，是中国的民主政治制度不完善阻碍了中国公民教育的发展，并且对中国公民教育的前景持悲观态度，形成了公民素质低—不能民主—公民素质低的恶性循环。这种观点无论对中国公民教育的发展，还是中国民主政治制度的完善都将是十分不利的。所以，在中国民主制度逐步完善的过程中，如何打破公民素质低—不能民主—公民素质低这一恶性循环成为摆在我们面前的紧迫问题。这就需要我们厘清民主制度与公民素质、公民教育之间的关系，思考如何建构与公民精神相一致的学校制度、如何通过创造初级的民主生活来提高学生的公民精神等问题。

在实践层面，本书具有推动学校教育整体变革及中国政治民主化完善的价值。公民教育不仅仅是德育的一部分，也不应局限于政治教育，它是整个教育和“社会整体转型”的表征，是现代教育的根本特质。因此，对公民教育开启与完善对于学校教育的整体变革和中国政治民主化的推行都具有重大意义。

中国的教育发展到今天，无论是从数量上还是质量上来说都获得了长足的发展，如义务教育的全面普及、高等教育的大众化等。在看到中国教育可喜成绩的同时，我们又不得不正视中国教育所面临的诸多问题，如教育的应试化、教育的功利价值取向等。这些问题的根本危害在于把我们的学生引入了一条仅为个人的、物质的、现实的功利去拼命奋斗的道路。这种所谓“成功”的生活，充斥着无休无止的竞争和物欲的满足，缺乏信任与关怀，也缺乏公正和友爱。在此条件下，教育仅成为个人欲望满足的工具，那些受过教育的人本应成为公民个体，却变成了“私化个体”，而这种私化个体是公共生活和民主社会最大的威胁。面对这场“无声”的危机，我们必须让教育回归到培养具有公民精神的公民这一目标上来，以此避免因愚昧和偏执而引起的各种灾难。

当然，这场“无声”危机的化解不是单方面的努力能完成的，它需要家庭、社会、学校各方的共同努力。对学校而言，我们首先要做的就是把培养具有公民精神的公民作为学校教育的根本目标。这种具有公民精神的公民能将自己的聪明才智和个人的利益诉求与公共理性和公共幸福紧密结合在一起，并置身于公共实践之中，关爱他人、服务社会，以促进社会的繁荣与发展。

## 二、学校制度生活与公民教育的研究现状

本书的落脚点在于培养符合现代社会要求的合格公民，在于通过学校制度生活建构推动学校生活的整体变革，进而促进学生公民精神的养成。因而，制度德育理论与公民教育理论构成本书的理论基础。

### （一）制度德育研究现状

改革开放以来，党和政府对德育给予了极大的关注。德育所取得的进步有目共睹，然而，正如鲁洁先生指出的那样，学校德育又是当今学校教育中最令人困惑与不安的（鲁洁，2002）。鉴于德育的现实困境，德育理论研究者与实践工作者从不同的角度出发，提出了一系列新的德育模式，制度德育是其中重要的理论之一。

杜时忠教授指出，社会道德、社会风气问题解决的根本出路在于完善制度，建设公正的制度体系，学校德育应重视通过道德的制度来教育人（杜时忠，2002）。那么，制度何以育德？要回答这一问题我们首先要在理论层面上分析制度与道德的关系、制度德性与个人德性的关系等问题。论证完善的制度体系既是道德建设的前提，也是道德建设卓有成效的关键。另外，“在实践层面上，探索通过制度德性培养学生个人德性的学校德育新模式”（杜时忠，2002：38-43）。

#### 1. 制度德育基本理论研究

在理论层面，已有研究不仅对制度德育论范畴中的基本概念——制度、德育制度、制度德育、制度德性、个人德性等进行了探讨，还对制度德育得以成立的理论及现实基础进行了研究。

（1）制度德育及相关概念研究

1）制度的概念。在制度德育研究领域，对制度概念的梳理主要采用两条路径进行：①根据学科门类。具体来说，分别从经济学（旧制度经济学、新制度经济学）、政治学、社会学等视角来研究制度的内涵（冯永刚，2008）。②采用经验分析与逻辑分析相结合的方法，分别对国内外的制度典型定义进行概括总结。国外学术界对制度的定义主要有以下四种代表观点：①制度被认为是思想习惯、生活方式。②制度被定义为集体控制个体的行动或机构和组织。③制度是约束行动的规则体系或规范体系。④制度被理解为社会互动系统。国内主要有以下几种代表观点：①制度被理解为社会基本的结构与形态。②制度被看成是行为规范。③制度被理解为社会的正式规则，且主张“制度仅指正式的规则”。④有学

者认为制度包括概念系统、规则系统、组织系统、设备系统四大要素（刘超良，2007：16-21）。这两种分析路径各有优势，按学科门类进行梳理，可以清楚地呈现各学科领域是如何具体运用与理解制度的。后一种路径通过对国内外不同学科，不同研究者对制度的理解进行归纳总结，提炼出典型的代表观点，具有精炼的优点。但它从国内外两个方面进行论述，避免不了有重复的缺点，如制度被看成是行为规则体系，这是国内外共有的观点。

2）德育制度的定义。关于德育制度的定义，目前有以下几种代表观点：第一种观点认为德育制度的构成要素有三，“首先，以法令法规的形式将活动开展的规范体系规定下来……如《小学德育纲要》《中学德育大纲》等。其次，要有一个组织体系，如我国学校的德育组织体系是一个由校领导，政教处，班主任，各党、团、少先队组织构成的德育组织体系。第三，要有一定的开展德育活动的物质条件，如教室等活动场所。制度的核心是体现一定德育思想的德育活动规范体系”（班华，2001：57）。第二种观点认为，“何谓德育制度？概言之，它是指有关学校德育的规范体系，它既对学校德育工作做出规定，也对学生的道德发展和道德面貌做出规定。包括正式的、理性化的、系统化的、成文的行为规范，如学生守则、学生日常行为规范、学习制度（考勤制度、课堂常规、考试制度、图书馆规则）、生活管理制度（作息制度、宿舍规则、食堂规则、卫生清洁制度等）、学生的礼貌常规和品德测评制度等”（杜时忠，2001：40-41）。第三种观点强调德育主体的利益关系，认为“德育制度是德育主体依据德育本质属性与德育主体之间的利益关系而制定并实施的有关德育活动的规范体系”（刘超良，2007：179）。第四种观点根据社会学意义上的制度含义来定义德育制度，认为“德育制度是在有目的地培养受教育者道德品质的活动中体现为规范人们的行为方式与交往关系的规则与程序，也就是德育中的制度因素”（李彦然，2002：4）。第一、第二种观点明确指出德育制度的呈现形式，并认为德育制度即是正式的规范体系。第一种观点泛化了德育制度的含义，把德育制度的外延扩展到德育的组织体系与物质条件。第三种观点试图从动态的角度把握德育制度的含义，不仅明确了德育制度的制定主体就是德育活动主体，指出德育制度的制定要从德育的本质出发，而且强调在德育制度制定与实施中对德育主体之间利益的关注。第四种观点强调德育制度在德育活动中的具体作用。这四种观点虽然表述与侧重点各不相同，但都认为德育制度是有关学校德育的规范体系。

依据不同的分类标准，德育制度有以下三种分类法：第一种以德育制度制定者为分类标准，德育制度可分为国家级的德育制度、地方级的德育制度、学区级德育制度、学校级德育制度。第二种以规范和调整的对象为标准，学校德育制度可分为学校德育主体行为制度、学校德育工作制度、学校德育内容制度、学校德育评估制度、学校德育管理制度。第三种以德育制度内容结构为标准，学校德育制度可分为专门性德育制度与综合性德育制度（刘超良，2007）。

3）制度德育的界定。关于制度德育的定义，目前有以下几种表达。①依据制度德育的基本思想（德育制度是德育的重要资源，应该通过道德的制度培养道德的个人），确立制度德育的含义为："制度是德育的资源；德育是制度性的育人活动，以制度规范德育的实施；制度具有道德教化价值，以制度德性养成个人道德。"（刘超良，2007：59）②"制度德育模式即通过道德的制度来培养道德的人的德育模式。它的主要理论观点包括：其一，制度具有先于道德的原生性和普遍性，拥有道德所缺乏的强制力，制度德性是个体德性的基础，因此完善制度体系是道德教育的前提。其二，德育制度是不可忽视的德育资源，可以而且也应该通过道德的制度来培养道德的个人。"（卢旭，2010：32-34）

从制度德育所倡导的理念来看，制度德育具有以下特征："第一，制度德育是重视参与性的德育。第二，制度德育是重视制度正义的德育。第三，制度德育是以制度正义为前提条件的。第四，制度德育是重视正当程序的德育。制度德育以制度正义为前提，正当程序是制度正义的应有之义。第五，制度德育是凸显德育批判功能的德育。"（谈心，2007：20-24）

（2）制度德育提出的理论与现实依据

德育社会学、制度伦理学、马克思主义人学、人的德性形成理论及其所揭示的制度与道德、制度德性与个人德性、制度与德育的共生互补关系构成了制度德育得以成立的理论基础。德育社会学认为德育是一种制度性的学校教育活动。学校制度所形成的教育环境影响着学生的道德养成。"从制度伦理学的视角看，学校中的制度具有道德教化价值。"（刘超良，2007：53）从马克思主义人学的视角看，正义制度能促进个体道德发展（谈心，2007）。从人的德性形成理论的视角看，制度是个体道德品质发展的重要因素。从发生学的角度看，个体德性形成经历了他律—自律—道德品格形成的过程。因此，德育应以此为依据，以他律作为德育的逻辑起点，他律性阶段的道德教育应体现为一种强制性和引导性的（卢楠楠，2006）。

制度德育的提出不仅有着坚实的理论基础，还是现实的需要。当前，我国德育也面临着一些困境，对德育造成不良影响的因素是多方面的，其中学校制度文化缺陷是影响学校德育工作的重要因素。因而，变革学校德育制度，切实保障德

育主体的权益，是走出当前德育困境的切实途径。（刘超良，2007：56-58）

2. 制度德育事实层面研究

制度德育事实层面的研究在于确认制度的缺陷是目前社会道德格局混乱，学校德育实效性低的重要原因之一。

学校制度的德性缺失是学校德育实效性低的原因之一（刘超良，2005）。首先，当前学校制度在科层制影响下所存在的等级性、专断性、不公正性，不仅使学校德育脱离学生的道德生活，影响学校德育作用的发挥，也不利于学生独立自主的道德人格的发展。此外，学校制度的功利化也使教师怠于学校德育工作，使学校教育远离了育人功能。其次，学校制度在制定、实施中所存在的问题也是影响学校德育实效性的原因之一。具体来说，这些问题包括：学校制度制定目的偏重社会需要，对学生发展关注不够（刘超良，2007）；决策主体的精英化，缺乏民主性；内容残缺不全等（胡斌武，2006）。学校德育制度在实施中存在执行目的错位（杜时忠，2002）、执行缺乏全面性、偏重物质奖惩等问题。（刘超良，2007）

3. 制度德育实践层面研究

制度德育的提出不仅是理论建构问题，而且要实现从理论建构到实践转化，探讨如何通过道德的制度培养道德的人。已有研究针对学校制度、德育制度所存在的缺陷，在实践层面探讨了如何通过完善社会制度、学校制度、德育制度来引导学校德育走出困境，实现学生道德品质的健康发展。

（1）变革学校制度，形成良好的育人环境

虽然科层制影响下的学校制度存在某些缺陷，并且对学校德育产生了不良影响，但从其“对学校管理所能产生的功能及其对学校目标实现的作用来看，科层制仍然是目前学校管理体制的现实选择”（刘超良，2007：164）。因此，已有研究主要从理论上对科层制影响下的学校制度的德性变革提出一些原则性的看法，而不是彻底否定当前的学校制度。针对当前一些学校制度存在的问题，学者认为当前学校制度变革的方向首先是确立以人为本的价值追求。其次，保持开放性，倡导民主参与。再次，实现由义务本位向权利——义务对待转型。最后，弱化学校制度的功利化追求，凸显德育价值（刘超良，2007：166-174）。

（2）创新德育制度，培养道德的人

德育制度创新应坚持公正性原则、学生参与原则、发展为主原则、服务生活原则、人文性原则、实践性原则、生态性原则等（杜时忠，2002）。具体而言，德育制度创新的基本路径有："其一，建构学校德育制度，合理定位德育，实现以德育人。其二，创新学校德育制度，合理规范并积极引导学校德育。其三，建立学校德育制度的运行机制，实行学校德育工作合理化管理。其四，以人性化的学校德育制度养成受教育者善的道德品质。"（刘超良，2007：263-267）

### （二）公民教育研究现状

公民教育是世界各国一直高度关注的重大教育问题。实施公民教育可以从整体上提高公民的主体意识和对国家的归属感、责任感。

1. 我国公民教育研究现状

相对西方国家而言，我国公民教育具有起步晚、发展道路坎坷的特点。19世纪末20世纪初，随着西方启蒙思想的传入，民主观念开始深入人心，公民教育思潮在教育界悄然兴起，众多教育家都对其进行宣传、研究，一时呈现出百家争鸣的繁荣景象。同时，随着民国初期教育改革的推行及启蒙思想家、教育家的积极推行公民教育实践，我国公民教育实践也实现了从无到有，最后发展到百花齐放的景象。1937年至中华人民共和国成立，由于受战争的影响，我国公民教育的理论和实践在整体上都处于时断时续的低迷状态。

中华人民共和国成立之后，公民教育在我国的发展既缓慢又曲折。受20世纪社会历史背景及国内诸多问题的影响，在中华人民共和国成立后的30年，我国公民教育的理论和实践都处在沉寂状态，改革开放以后才逐步复兴。

改革开放以来，我国的政治、经济、文化领域发生了深刻变革。市场经济逐步成熟，民主政治不断推进，思想文化领域百花齐放。我国社会的整体转型对公民的道德素质提出了更高的要求。应这一要求，2001年党中央颁布了《公民道德建设实施纲要》，要求加强公民道德建设。2010年，国家颁布《国家中长期教育改革和发展规划纲要（2010—2020年）》，明确提出要加强公民意识教育。在国家政策的导向下，近年来，公民教育理论研究拉开了复兴的序幕。通过CNKI检索，1987—2016年，以公民教育为主题公开发表的文章有39 528篇，其中，2000—2016年共有36 104篇，约占91%。另外，有关公民教育研究的著作多达100多本。

综观已有研究成果，我国学者主要从以下两个大的方面展开公民教育研究。

1）国外公民教育思想与实践经验介绍。现代公民教育是西方资本主义制度的产物。因此，对西方公民教育思想及学校公民教育实践的研究成为中国公民教育研究者研究的重要内容之一。近年来，在这方面比较有影响的成果有：《比较公民教育》（唐克军著）、《公民教育引论——国际经验、历史变迁与中国公民教育选择》（檀传宝等著）、《美国学校公民教育》（唐克军等著）、《美国公民教育模式研究》（孔锴著）、《公民教育：理论、历史与实践探索》（蓝维等著）、《国外公民教育概览》（秦树理主编）、《古典传统与公民教育》（李长伟著）、《美国现代化进程中的公民教育与道德教育关系》（付轶男著）、《英国青少年公民教育研究》（李丁著）、《美国现代化进行中的公民教育》（苏守波著）、《从臣服到公民——澳大利亚公民教育发展研究》（韩芳著）等。研究内容不仅包括对美国、法国、英国、德国等西方发达国家的学校公民教育历史演变、目标、内容、途径等多方面的考察，而且也包括对亚洲代表性国家如日本、新加坡等学校公民教育的讨论。

2）以我国社会全面转型为背景，构建中国特色的公民教育。在借鉴国外公民教育理论资源的同时，我国学者也从中国现代化实践出发，建构有中国特色的公民教育理论。这方面的成果主要有：《公共生活与公民教育：学校公民教育的哲学探究》（刘铁芳著）、《社会科课程中的公民教育研究》（王文岚著）、《全球化时代的中国公民教育》（王啸著）、《公共交往与公民教育》（叶飞著）、《大学生公民教育研究》（李晖著）、《公民身份认同与学校公民教育》（冯建军著）、《和谐社会建构中的公民教育问题研究》（杨福禄著）、《中小学公民教育政策——变迁与展望》（黄晓婷著）、《宪法与公民教育——公民教育与中国宪政的未来》（江国华）、《公民教育与认同序列重构》（任勇著）等。综观这方面的研究成果，已有的研究主要集中在以下几个方面：公民教育及其相关概念的界定、中国公民教育的历史演变、现代中国公民教育产生的背景分析、中国学校公民教育构建等。

2. 国外公民教育研究现状

在西方，公民教育的研究有着悠久的传统。早在古希腊时期，柏拉图、亚里士多德等思想家就对公民教育进行了深入研究。古典公民教育思想倡导积极“公民”角色，把参与公共事务当作理想“公民”的表现，认为个体只有生活在共和国中才能获得真正的自由，公共善优先于个人权利，并将美德、参与、奉献置于公民身份的核心。近代以来，卢梭等人倡导通过公民教育来维护资本主义制度，培养民族国家的合格成员。特别是凯兴斯坦纳等人的公民教育思想对 19 世纪初西方学校公民教育产生了重大影响。从此，公民教育成了西方国家基础教育的重要组成部分。公民教育在世界各国广泛开展，各国学者对此都进行了深入的研究，取得了丰硕的成果。

通过梳理国内外“公民教育”研究成果，可以得出如下基本结论：

第一，公民教育是世界各国共同关注的重大教育问题。

第二，公民教育与国家现代化、特别是民主政治紧密相关。

第三，公民教育是现代教育的根本特质。

第四，现代公民教育的内容涉及公德、法制、环境等诸多方面，其核心是培育公民精神，特别是公共精神。

第五，公民培养的方式途径多种多样，其中通过公民生活来培养公民是最根本的途径。

以上五点未必能穷尽所有的研究结论，但这些结论对于我们所要研究的课题而言，是具有基础意义的，是本书研究的“起点”。

## 三、学校制度生活与公民教育的研究方法

与所有科学研究一样，教育研究也包括三个基本要素，即客观事实、科学理论和方法技术。其中，“方法涉及研究问题的一般程序和准则，是解决思维、表达、行动等问题的程序，是通往远方的路，认识事物借助的工具，是问题与结果之间的桥梁”（曾天山，2008：12-16）。也就是说，选择了某种或某几种方法，问题就会依据所选择方法提供的思路和方向展开，进而得出结论。然而，具体的研究方法很多，如历史研究法、文献法、行动研究、调查法、比较法等，那么，我们究竟应该用什么方法来进行教育研究？杜威关于方法和材料关系的论述给我们以启示。他说：“方法是什么呢？方法不是什么外在的东西。方法不过是材料的有效处理——有效就是花费最少的时间和精力利用材料达到一个目的。我们能够识别行动的方法，并且单独讨论这个方法，但是，这个方法只是作为处理材料的方法存在。”（杜威，2010：181）方法与研究问题相统一，方法的选择取决于所研究的问题。本书各章节所论述问题的差异，因此在方法的选择上也有所不同。具体而言，本书主要采用了文献法、观察法、访谈法。

### （一）文献法

在研究之初，我们提出了以下研究假设：第一，学校制度不仅是一系列规则，更是一种生活方式。第二，作为一种生活方式，学校制度生活对学生公民精神养成起着决定性的影响。第三，要培养未来公民，学校生活应该被改造为有利于公民成长的自由、平等、民主的公民生活环境。对学校制度育人价值的强调与开发一直是制度德育研究的重点，在研究主题确定之前，本书提出的上述假设也是受到制度德育基本思想的启示。因此，为了确定本研究的重点和突破口，对制度德育研究已有成果进行总结和归纳就显得尤为必要。锁定了研究的主要范围后，笔

者先查阅了杜时忠教授撰写的有关制度德育的研究成果：《制度与做人》《制度变革与学校德育》《制度比榜样更重要》《制度德性与制度德育》《"无德而富"与道德教育的根本危机》《社会风气：在制度德性的变革中转变》等。杜时忠教授是国内研究制度德育的专家，他指出，社会道德、社会风气问题解决的关键在于建设公正的制度体系。同样，在学校层面上，要培养道德的人首先要建构道德的制度。另外，刘超良博士的专著《制度德育论》作为国内第一本专门研究制度德育的书籍也是笔者首先精读的文献。本书不仅从理论上研究了制度与德育的关系，还从实践的角度对社会制度、学校制度、德育制度与德育之间的关系进行了现实考察，并针对现实问题对德育制度的变革提出了建设性意见。通过对杜时忠教授及刘超良博士研究成果的阅读与吸取，并以他们文章中提供的参考文献为线索，通过滚雪球的方式，笔者在较短的时间内收集了制度德育及其相关研究的大量资料。通过研读这些资料，笔者对已有研究成果进行分析和总结，为本书奠定了理论基础。同时，为了科学论证自己的观点，使本书建立在可靠的材料基础上，在具体观点论证过程中，笔者也查阅了教育社会学、学校生活研究、自由思想、平等思想、民主思想等方面的相关著作及期刊文献。

### （二）观察法

为了了解当前学校实践中学校制度的制定与实施情况，笔者在武汉市A学校进行了为期一个月的调研活动。该校成立于2001年4月，是武汉市教育局直接管理的义务教育九年一贯制实验学校。该校有两个校区——小学部和初中部。此次调研活动主要有两个目的：一是收集该校的学校规章制度与班规，二是考察该校学校制度的具体实施情况。因此，在调研期间，笔者在对该校学校制度进行收集、整理和研究的同时，对该校的课堂制度生活、学校公共生活领域中的制度生活进行了观察。其中，课堂制度生活是笔者考察的重点，因为在当前中小学校，课堂生活是学校生活的核心。另外，课堂生活作为一种典型的制度生活，其所呈现出的特征在一定程度上反映了支配其运行的学校制度及课堂规则情况。为此，在研究过程中，在学校相关负责人的安排下，笔者分别进入1～9年级的一个班级跟班听课，了解课堂规则、班规、学校规章制度是如何在课堂中运行的，不同年级的教师在课堂规则、班规、学校规章制度的使用上有什么差异，不同学科的教师在课堂规则及学校规章制度的使用上是否有差别，不同年龄阶段的学生对课堂规则、学校规章制度表现出怎样的反应。通过课堂观察，笔者发现，武汉市A学校的学校制度的制定与实施存在以下问题：①该校的制度制定与实施存在两张皮现象。从笔者所收集的制度文本看，该校对学校的各项事务都制定了规章制度，在实际生活中却很少用到。教师在课堂中强调学生遵守的学校制度大多都是与评优或惩罚有关的规章制度。此外，该校也制定了课堂规则，但在实际教学过程中教师很少使用，只有在师生之间发生冲突或生生之间发生冲突时才使用。②在A学校课堂生活中，教师所使用的课堂规则、班规大多是非正式的。很多班级都说有班规，但这些班规并没有形成文本，并且据观察，许多班级所谓的班规都是由班主任根据突发事件临时制定的，并都以口头的形式告知学生。另外，很多科任老师都有自己的课堂规则，但大多数教师使用的规则都是非正式的，年级越高，这种现象越明显。③在A学校，无论高年级还是低年级，语文、数学、英语科任老师普遍比较强调学校规章制度，而像音乐、体育等科任老师相对比较宽松。④在A学校，不同年龄段学生对学校规章制度的反应也不同。小学阶段的学生对学校制度普遍有一种敬畏感，普遍愿意遵守学校规章制度，而初中生相对而言比较反感学校的一些规章制度，部分学生通过违规来表示自己的不满。

### （三）访谈法

一方面，为了了解学校领导、教师、学生对学校制度的感觉与想法，另一方面，为了解答笔者在学校观察过程中对学校规章制度方面存在的一些疑问，基于学校观察，在对学生、教师、领导、学校基本情况了解的情况下，笔者对武汉市A学校的22人进行了正式与非正式访谈，访谈对象有校长、班主任、科任老师、学生，有的是学校制度的制定者，有的则是学校制度的实施对象。笔者与该校校长分别进行了两次访谈。第一次访谈主要是校长向笔者介绍该校的基本情况，其中，校长对学校制度方面的问题进行了详细介绍。第二次访谈是在整个调研活动结束的当天进行的。此次访谈一是为了感谢学校对本次调研活动的支持，二是与校长交流学校制度制定的基本理念、学校制度的主要内容、学校制度的制定程序、学校制度创新的原因等方面的问题。笔者一般将对班主任的访谈安排在下午进行，通过上午跟班听课对班级有了一定的了解，这样交谈起来会比较顺利。班主任访谈主要涉及班规的制定与实施情况、班规与班级管理的关系等方面问题。对科任教师的访谈主要是了解他们对学校制度的看法及感觉，与他们的交流基本上属于非正式访谈。对学生的访谈则涉及学生对班规的认识、班会的开展情况与感受、学生会的组建与工作等。

# 第一章

# 制度生活视域下的公民教育演进

培养健全的公民是中国当代教育的基本主题和现实难题。2001 年颁布的《公民道德建设实施纲要》和 2010 年颁布的《国家中长期教育改革和发展规划纲要（2010—2020 年）》，都明确提出要加强公民意识教育，培养社会主义合格公民。当代中国社会的发展需要健全的公民，公民教育的重要性不言自明。尽管当前社会各界都十分重视公民教育问题，无论是在理论层面，还是在实践层面，都取得了一定的成绩。但一个不争的事实是，我们实施的公民教育还不是真正意义上的公民教育（我国当前的公民教育还停留在知识授受层面），学生的公民精神还没有培养起来。究其原因是多方面的，其中，学校制度及其外围国家制度的不完善是影响公民教育推行及其目标实现的重要原因。从中西方公民教育的历史演进我们可以看出，公民教育是民主政治制度的伴生物，公民教育的发展及健全公民的培养离不开民主的政治环境。

## 第一节　制度生活变革中的西方公民教育

公民教育的历史可追溯至古希腊时期。古希腊公民概念与公民教育是与古希腊的民主城邦同时产生的。古希腊民主体制和发达的公共生活，造就了希腊人自由、民主、平等的精神。然而，欧洲中世纪的神权、君权及封建等级特权的渗透造成对公民权利的挤压，西方公民教育出现了历史的断层。直至近代，伴随着城市的复兴，尤其是资本主义的兴起和市民社会的演进，市民的权力地位、阶级基础和生活秩序发生了变化，才孕育了西方现代公民。因而，从一定意义上说，没有民主政治制度主导下的制度生活，公民教育不可能出现，健全的公民也不可能产生。

## 一、古希腊的民主政体与古典公民教育

在古希腊时期，人类历史上最早的公民概念就已经出现。古希腊，特别是雅典成为公民及公民教育的摇篮。这不是偶然，而是有其深厚的社会基础。其中，发达的民主政体是其重要的根源。

雅典民主制度形成的原因是多方面的，萨托利从理性和经验两个方面给出了合理的解释[①]：首先，这是人的理性使然。亲自行使权力总是胜过将权力委托给别人，因为这样更安全。其次，古希腊城邦特殊的历史条件使这种直接民主成为可能。古希腊的城邦是和公民融为一体的，是集宗教、道德和政治于一身的民族精神所统一起来的、紧密的社会。对于“直接民主”这样纯粹而简单的民主原则来说，城邦确实是一个理想的场所。

雅典民主制度的起源和发展是一个渐进的过程，最初的政体是君主制，中间经历了贵族制。雅典奴隶主民主制确立的关键在于梭伦改革。梭伦改革的关键举措首先是废除了债务奴隶制。城邦出钱赎回因债务而变成奴隶的所有雅典农民，使其重新获得自由，禁止以自由民人身作债务抵押。梭伦这一改革的实际结果是增强了中等阶级——农民、手工业者和商人的地位与力量，使之成为雅典城邦的支柱，从而奠定了雅典民主政治的基础。其次，它提高了公民大会的权力。公民大会是城邦的最高权力机构，一切成年的雅典公民包括第四等级都有参加公民大会的权利；设立四百人的公民议事会，为公民大会准备议案；创立一切公民都可参加的陪审法庭。梭伦改革奠定了雅典奴隶主民主制的基本精神——主权在民，人民的意志高于一切，最高权力属于人民，所有公民皆有参加大会的权利。

公元前 509 年，克利斯提尼在雅典政治制度方面进行了一系列改革，标志着雅典民主制最终形成。主要改革内容包括以下三个方面：①根据地区原则来划分阿提卡。以地籍代替了族籍，旧的氏族血缘组织被废除，这一改革不仅促进了公民内部的团结，而且打击了传统的门阀势力。②雅典所有公民都有机会参与国家政治事务。把五百人的议事会作为雅典公民大会的常设机构，公民大会则是城邦的最高权力机构和决策机构，每次公民大会都要审核城邦官员，然后讨论国防、粮食供应等相关议题。在司法审判方面，克利斯提尼建议每年选出六千名年满三十岁的公民，担任民众法庭的陪审法官，然后再依据案件的性质，从中抽签选出两百、四百或五百名陪审法官进行审理，杜绝徇私舞弊行为发生。③“陶片放逐法”，主要是预防对国家权力有野心的人。克利斯提尼把梭伦的改革大大推进了，

① 乔万尼·萨托利.民主新论［M］. 冯克利，阎克文译，上海：上海人民出版社，2010：65-67.

血缘出身方面的因素几乎被根除于国家政治生活之外。公民不仅人数增加，而且在国家政治生活中发挥越来越重要的作用，每个公民都有机会进入议事会，参政议政，决定国家大事。那些有可能危害民众利益的人随时有可能被放逐，民主制度的根基由此大大增强。

从公元前443年起，代表平民利益的伯利克里实行了进一步的民主改革，从此，雅典民主制进入了黄金时代。伯利克里改革的主要举措包括以下几个方面：首先是日薪制的引进为公民参与政治活动提供了经济保障，第四等级的公民也能够更加自由地行使权力，能够在民众法庭、议事会里展示自己的政治主张。其次，公民担任政府官职的资格已经没有多少限制。

关于当时的雅典民主制度和国家精神，伯利克里在一次阵亡将士国葬典礼中这样评论："我们的制度之所以被称为民主政治，因为政权是在全体公民手中，而不是在少数人手中。解决私人争执的时候，每个人在法律上都是平等的；让一个人担负公职优先于他人的时候，所考虑的不是某一个特殊阶级的成员，而是他们有真正才能。任何人，只要他能对国家有所贡献，绝对不会因为贫穷而在政治上默默无闻，正因为我们的政治生活是自由而开放的，我们彼此之间的日常生活也是这样的。当我们隔壁邻人为所欲为的时候，我们不至于因此而生气；我们也不会因此而给他以难看的颜色，以伤他的情感，尽管这种颜色对他没有实际的损害，在我们私人生活中，我们是自由的和宽恕的；但是在公家的事务中，我们遵守法律。这是因为这种法律深使我们心服。"（修昔底德，1991：130）

从伯利克里的精彩演说中我们可以感受到雅典城邦制度所洋溢的民主精神、自由精神和人文主义精神。在这样的民主制度和城邦精神支配下，城邦与公民融为一体，城邦是全体公民的城邦，而不是某个君主或某些当权者的私物，城邦的意义是为全体公民谋幸福，公民关心并投身国家事务是其权利和义务的统一。

至此，我们也就不难理解，为什么在古希腊，"公民"（Polites）是指属于城邦的人。亚里士多德在《政治学》一书中写道："（一）凡有权参加议事或审判职能的人，我们就可以说他是那一城邦的公民；（二）城邦的一般含义就是为了要维持自给生活而具有足够人数的一个公民集团。"（亚里士多德，1965：113）"城邦，是以一个城市为中心的独立主权国家。"（顾准，1982：45）从本质上来说，城邦的主要特征是主权在民及直接民主制度。

从公民与城邦的内涵及关系我们可以清晰地看到，在古希腊时期，公民概念与民主政体并存。或者说，是因为有古希腊的民主城邦，才有古希腊的公民概念及公民教育。关于这一点，亚里士多德明确地说道："公民的本质，犹如城邦问题，也常常引起争辩；至今还没有大家公认的定义，可以在民主政体中作为公民的人，在寡头政体中常常被摈于公民的名籍之外。”（亚里士多德，1965：110）随后，亚里士多德讨论了为什么公民只能存在于民主政体中。亚里士多德说：“我们所要说明的公民应该符合严格而全称的名义……最好是根据这个标准给它下一个定义，全称的公民是‘凡得参加司法事务和治权机构的人们’。”（亚里士多德，1965：110-111）在亚里士多德看来，区别公民与奴隶、侨民的标准既不是居住地，也不是诉讼和请求法律保护的权利，而是是否能够参与城邦的政治活动。这里的“能够参与”需要两个条件才能成立：一是自身条件，即是否有参与的意识和能力；二是城邦政治制度条件，即制度是否支持和鼓励参与。在古希腊的城邦制度中，两者互为因果，相互推动。从公民的成长来看，公民是“造成”的，而非“自然”的。公民的培育不仅需要观念层面的指导，更需要实践层面的行动。政治制度的民主与否是影响公民参与行动的重要因素之一。一方面，公民的参与行动需要制度的支持；另一方面，民主政治制度本身即是一种公民培育途径。没有民主城邦政治制度构架下的公民经历与体验，没有民主制度的教育与训练，公民是无法培养起来的。

古希腊之所以能够成为公民的摇篮，成为公民教育的源头，就在于古希腊的城邦民主制度为公民参与政治活动提供了充分的保障，为公民习得公民精神搭建了实践舞台。从城邦民主制度的起源和发展来看，没有公民对民主的追求与向往，城邦民主制度也很难稳固发展。例如，公元前5世纪，雅典在经历希波战争和伯罗奔尼撒战争时，民主制度曾两次遭到废除，但因民众反抗，寡头制最终还是被民主制度所取代，并且促使雅典人民对民主制度更加珍惜。雅典民主制度之所以会成为民主的典范，离不开雅典人民所具有的公民精神和城邦意识。

## 二、西欧中世纪的专制制度与臣民教育

“中世纪”一词，最早出现于文艺复兴时代，由意大利人文主义语言学家和历史学家比昂多等人首先提出。作为希腊、罗马古典文化的崇拜者，他们把西罗马帝国灭亡看作是古典文化的衰落，认为自己所处的时代是高度发达的古典文化“复兴”时期，于是把西罗马帝国灭亡至文艺复兴前的这一段时间称之为“中间的世纪”即“中世纪”。之后的许多历史学家都把中世纪作为人类历史的一个阶段。大约从18世纪开始，中世纪概念便被西方学术界长期沿用下来。唯物史观认为历史是社会形态有规律地逐渐向前更替的过程。马克思、恩格斯等都曾援用

过中世纪这个专门概念，并赋予它新的科学内容。他们把中世纪视作封建生产方式在世界范围内占统治地位的时期。

中世纪社会具有鲜明的等级特征，并成为一种政治形态。马克思指出，欧洲封建主义的特征是“土地占有的等级结构以及与此相联系的武装扈从制度”（中央编译局，1992：70）。苏联学者费多罗夫认为，“社会的衔位等级结构和各等级封建主之间关系的错综复杂性，乃是封建制度的特征”（康·格·费多罗夫，1985：91-92）。我们认为，剥开中世纪的封建面纱，其制度框架就是专制制度。这种专制等级制表现为封主与附庸（陪臣）的臣属关系。“国王在形式上是封建国家的首脑，也是全体封建主的最高‘封主’。国王把大部分土地通过采邑形式分封给大封建主——公爵和伯爵，即所谓‘戴王冠的封建领主’；大封建主把土地留下一部分，其余的土地分封给中等封建主——男爵和子爵，即占有几个或几十个庄园的所有人；中等封建主也把土地留下一部分，其余的再分封给小封主——骑士。”（刘明翰：1982：46）在这个金字塔等级结构中，每个人对其上级来说都是附庸，对下级来说则是封主。这样，以国王为首的封主形成整个的特权等级，而封建主全部负担都压在农民身上。在中世纪，封主和附庸的关系是由王权批准并以契约的形式固定下来的。例如，法国公元847年颁布的《墨尔森法令》中就规定：一切自由人都必须选择国王或国王的任何一个臣属作为自己的主人，并且要举行独特的仪式。法兰德斯的一位伯爵的公证人这样描述伯爵接纳附庸的经过。首先，他们以下述方式来表示臣服：伯爵询问未来的附庸是否愿意无条件成为他的人，他们回答“我愿意”，然后把手放到伯爵手中，让伯爵紧紧抓住。通过亲吻礼确证他们的联盟。该仪式的实质是表示一个人对另一个人的自我顺服：附庸把手放到贵族的手里就表示附庸个人为贵族所支配，贵族抓住附庸的手表示贵族接纳了这种顺服。

中世纪的这种专制制度是在法律、世袭制、基督教等一系列因素的合力作用下形成的。

在西欧中世纪，一切权威都来自于法律，因而法律是中世纪专制制度形成的有效方式。《大英百科全书》认为封建制度是“欧洲中古时期存在于上流社会一个由契约关系所形成的制度。如果公爵过于强大，以致危害到附庸的自由，附庸可要求公爵履行契约。英国大宪章是一部典型的封建资料。这是由英王约翰的部属为他撰录的，因为其部属发现他违反了封建法”。梅特兰对于法在中世纪社会中这种至高无上的地位进一步论述道：“法创造了国王”“王不在任何人之下，但在法律和上帝之下，法律造就了国王，故国王应遵守法律，没有法律治理的地方

也就没有国王。”（孙守春，2003：41-44）

世袭制是中世纪社会的一大特征。马克·布洛赫认为世袭制是中世纪专制制度存在的一个条件。“他认为，13 世纪以前的欧洲不存在贵族阶级。并断言就阶级含义而言，13 世纪以前的欧洲并不存在一个世袭的，家谱清晰的贵族特权阶级，只是在 13 世纪以后，加洛林王朝时的显贵后裔、地方上的地主和不同起源的骑士，才共同构成一个有着共同生活习惯的贵族阶级。并强调贵族必须具备两个特点，必须拥有确证其至上地位和社会特权的法律身份，这种身份必须是世袭的。对农奴的定义，‘农奴就是世代相传的人身属于主人的人’，也强调其世袭特性。”（孙守春，2003：41-44）世袭制强化了专制制度的等级观念，因而世袭制的发展过程也是专制制度的巩固过程。

在西欧中世纪，基督教会对整个社会生活都具有决定性影响。就专制制度而言，基督教会通过对等级观念的宣传加速了人们对专制制度的认可。例如，为了维护封建等级制度，中世纪的经院哲学家托马斯·阿奎那编造了“宇宙秩序论”，给它披上了一层神圣的外衣。阿奎那认为，整个宇宙秩序是上帝按等级体系进行安排的。最低一级是无生命界，其上是植物界，再上是动物界，再按等级阶梯上升到人、圣徒、天使、最后是至高无上的上帝。另外，阿奎那认为，人的才智有差异，他根据人才智的高低把人分为杰出者和愚昧者，认为杰出者治人，愚昧者治于人。如果有人想改变上帝的安排，去提高等级，那是犯罪的。他说：“一切现存的事物都是神安排的。”“天意使较低的神灵必须依靠较高神灵的帮助才能达到完善的地步。而且，因为人具有某种程度的智力，天意要使根本缺乏智力的禽兽服从人的支配。禽兽虽然没有智慧，却还有点懂事，因而天意就把它安排在植物和其他一切无知识的东西之上。”“体力从属于感性和智力，并决心服从它们的指挥，而感官则从属于智慧，并遵从它的指导。”“由于同样的道理，在人们中间也可以找到一种体系；因为才智杰出的人自然享有支配权，而智力较差但体力较强的人则看来是天使其充当奴隶。”（马清槐，1963：97-99）

在这样的制度条件下，西欧中世纪的儿童教育状况如何？教育的目的是培养公民抑或其他？

在西欧中世纪，教堂的钟声和骑士的马蹄声谱成了中世纪教育的主旋律。这两种教育都具有明显的等级性和宗教性。在中世纪的欧洲，宗教成为封建制度的精神支持，教育被教会垄断，僧侣教育的目的是培养对上帝虔诚、忠于教会的教士。骑士们则在家庭和贵族家里进行军事战术和上流社会礼仪的骑士七技训练和礼法教育，以便成为能够维护封建主利益及满足其种种需要的强悍军人。在这样的教育情境中，从教育内容的选择到教育活动的展开都是围绕培养孝忠于上帝与封建主的教士和骑士进行，丝毫看不到儿童的影子。

中世纪专制的社会制度决定了这一时期教育具有明显的等级性，公民概念与公民教育在中世纪也由于封建专制制度的兴起而消沉下去。首先，公民概念反映了社会成员之间的平等关系，因而处处体现着不平等关系的西欧中世纪没有公民，只有服从于专断君王的臣民。另外，公民概念还意味着公民权利得到法律的保障。西欧中世纪尽管也存在法律，但法律不是用来保护人们权利的，而是用来惩罚人们、维护君王权威的。因而，古典公民概念在西欧中世纪出现了断层。其次，在西欧中世纪等级观念的影响下，儿童被看成“恶的种子”，儿童的社会地位极其低下。“法国历史学家菲利普·阿里耶斯（Philip Aries）根据当时的教育书籍、肖像画和抚育儿童的方式等多方面材料研究了中世纪儿童的处境。他得出的结论是，儿童在中世纪文化中毫无地位可言。他认为，在中世纪的肖像画中，儿童只是一个小型的成年人，中世纪的文学作品没有刻画出具有鲜明个性的儿童形象。儿童与同一阶层的成年人生活在一起，并没有引起人们的注意。”（郭法奇，2009：63-67）因此，在西欧中世纪，无论是儿童的日常生活、学习，还是教育，在很大程度上是受成人生活影响的，儿童没有任何独立可言。

## 三、西方现代民主制度与现代公民教育

自古罗马帝国灭亡之后，公民一词就在西方销声匿迹了。随着资本主义的兴起、民族国家的发轫、市民社会的演进，现代民主逐渐在民族国家范围内大规模兴盛起来，并呈现出持续扩张的态势。在此背景下，公民及其教育又重新出现在西方社会的历史舞台上。

### （一）美国现代民主化进程中的公民教育

在西方，美国是较早进入现代化的国家，也是西方民主制度最发达、最成熟的国家，还是推行公民教育最早的国家。

殖民地时期的自由主义传统为美国民主制度诞生和发展提供了基础。美国最早的移民来自英国。当时正是英国资产阶级革命的酝酿时期，主张改革宗教、打倒君主、实行民主共和是那时英国社会的最强音。这种强烈的反对宗教压迫和封建统治的激情随着英国移民被带到北美大陆。这里的居民热爱自由，反对任何形式的专制和集权，他们漂洋过海来到美洲不单单是为了逃避英国教会的迫害，而是为了追求一种自由、幸福的生活。对于这些来到美洲的英国移民而言，自由胜

于生命的安全。“埃德蒙·柏克曾对北美居民热爱自由的精神状态作过简洁而准确的描述：‘在美利坚人的这种性格中，热爱自由乃是一个突出的特征，它是他们全体的标志，使他们卓尔不群’；他们认为，‘自由是使他们感到最值得为之生活的唯一好处，一旦他们觉察任何用武力夺走或用诡计骗取的微小企图，他们就会变得忧心忡忡、桀骜不驯和难以驾驭。这种凶猛的自由精神，在英属殖民地居民中最为强烈、地球上其他任何人民均难出其右……’”。（苏守波，2011：68）因此，英国移民到达北美大陆后就建立两个最早的殖民地——弗吉尼亚和新英格兰，并着手实施民主制度的探索与实践。

弗吉尼亚原是公司殖民地，建于 1607 年，由公司任命总督进行管理，民主管理思想还不突出。后来，随着移民人数的增加，民主管理的要求越来越强烈，于是，1619 年，弗吉尼亚建立了代议制机构，商讨弗吉尼亚的政务。尽管弗吉尼亚代议制机构只是议会的雏形，没有什么实权，但它在弗吉尼亚民主化进程中具有里程碑式的意义。尤其是后来该议会通过的弗吉尼亚《权利法案》，被美国宪法所沿袭。该法案规定了一切权利属于人民的原则，从法律上奠定了美国民主制度的基础。

新英格兰的情况与弗吉尼亚大不相同。1620 年，因弗吉尼亚公司头面人物——埃德温爵士的许可，曾离开英国到荷兰西南部莱登避难的英国移民准备移民到弗吉尼亚。他们搭乘从英国普利茅斯到北美殖民地的“五月花”号船去弗吉尼亚。但因在途中遭风暴袭击，船只偏离了原来的航线，所到之处是科德角港口。这是一块完全陌生的荒凉土地。这对于这批移民来说无疑是不幸的。但从另一方面说，对于这群追求自由的人们来说，这也许又是件好事，因为他们不必受弗吉尼亚当局的管束，可以各行其是。于是，他们怀着不安与兴奋交织的心情规划着他们无法预知的未来。对于此时的他们来说，上岸之前的头等大事是制定和成立一个大家都认可的管理制度和管理机构，否则上岸后他们将什么事情也办不成。于是他们签订了符合自己心意的《五月花号公约》。该公约的主要精神是要建立一个按照少数服从多数原则实行自治的共和政体，每个成员都是自由、平等的。《五月花号公约》郑重宣布：“吾等越海扬帆，以在弗吉尼亚北部开拓最初之殖民地，在上帝面前庄严立誓签约，自愿结为一民众自治团体。为使上述目的得以顺利进行，维持并发展，亦为将来能随时制定和实施有益于本殖民地总体利益的——应公正法律、法规、条令、宪章及公职，吾等全体保证遵守与服从。”（赵一凡，1989：2）《五月花号公约》虽然不是一个完备的法律条文，但却是一个体现自由、民主、平等的重要文献，其中很多原则都为当时的民众自觉遵守，对新英格兰民主制度模式及美国民主制度的发展产生了重要影响。特别是在《五月花号公约》基础上形成的新英格兰城镇直接民主制度，一直沿用到联邦成立以后。所以，后人称之为“北美民主的一块基石”。

对美国民主制度的形成和发展来说，《独立宣言》及《权利法案》的颁布起到了关键性的作用。对于北美殖民地人民来说，民主、自由的最大障碍是英国的殖民统治。1775年北美独立战争的爆发是英国国王及其在北美的统治者与殖民地人民之间矛盾不可调和的结果。北美人民首先对英王颁布的糖税法及印花税法不满，后来的波士顿倾茶事件及1775年列克星敦和康科德发生的流血事件促使北美殖民地人民抱着“不自由、毋宁死”的必胜决心向着独立大步迈进。于是，1776年，北美13个州代表参加会议，宣布与英国断绝关系，通过了著名的《独立宣言》。《独立宣言》主张人人都享有自然赋予的平等权利，政府建立的目的是为了保障人的权利。《独立宣言》虽然不是一部正式的法律条文，但宣言中奠定的人权思想是整个美国人权立法的基础。正因为此，马克思把它誉为“第一个权利宣言”。

独立战争的胜利推翻了英国政府的殖民统治，建立了独立自主的共和国。美国人民开始按照自己的方式来确立美国的民主制度。由于对中央集权极不信任，美国在相当长时间内都没有建立对各州有约束力的中央政府。各州通过邦联联合在一起，不过邦联只是一个松散的软弱政府，各州各自为政，美国处在分崩离析的困难时期。美国人开始意识到权威中央政府的缺失正在威胁着美国民族。于是，1787年，各州代表聚在费城，决定抛弃邦联体制，颁布了《美利坚合众国宪法》，这是世界上第一部成文宪法，把人民主权、三权分立、直接民主制度等以法律的形式确定下来，成为美国民主制度的核心。不过，尽管联邦宪法是一部具有划时代意义的宪法，但它有一个明显的缺陷即没有一条是保障人民权利的条款，因此这一宪法引起了人们的抗议。在这种情形下，国会于1789年讨论通过了麦迪逊起草的12条宪法修正案，并提交各州批准。1791年12月15日，修正案的前10条获得多数州批准，成为正式的宪法修正案，统称为《权利法案》。这样，美国第一次把人民的基本权利和自由以法律的形式确定下来，并且把这些权利和自由当作美国民主制度的基础。

另外，无封建统治的历史为美国民主制度的形成和发展创造了得天独厚的客观社会环境。在其他欧洲国家，封建统治存在了几百年，甚至上千年，而且根深蒂固，因此这些国家在现代民主制度形成和发展过程中都不同程度地受到封建势力的阻挠。美国则不同，由于没有封建社会时期，也没有封建势力的直接干扰，美国从建立的那时起就是资产阶级的，这对美国民主制度的形成和发展具有深远的意义。关于这一点恩格斯曾说道："美国从一诞生起就是现代的、资产阶级的；美国是由那些为了建立纯粹的资产阶级社会而从欧洲的封建制度下逃出来的小资产者和农民建立起来的。"（中央编译局，1974：147）

作为西方现代民主制度最成熟的国家，美国也是现代公民教育研究与实践的策源地。自美国成立以来，教育就被赋予一种培育公民的使命：促进有社会责任感公民的发展，增强公民参与民主的治理能力，增进公民对立宪民主的价值与原则的认同。美国教育政治家哈里斯曾经这样写道："可以期望的是，在公共学校中比在其他任何地方更能体现出美国学校的精神。如果年轻一代不是发展民主思想，那么，责任就在于公共教育制度。"（劳伦斯・A. 克雷明，1994：19）以杰斐逊为代表的政治家和思想家认识到，良好的政治制度的构建与确立，其基础本身并不足以支撑立宪民主。一个民主的国家最终必须依赖于存在于其中的公民的能力、知识与素养。他们相信学校教育培育公民的使命就是为了增进公民理性与感性的特质，这些特质是维护美国民主制度所必不可少的。因此，从美国诞生的那天起，培养合格的公民就是其学校教育的使命。当然，公民培养是一项长期而系统的工程，是多方面共同努力的结果。

美国学校通过开设专门的公民教育课程、公民实践、社区活动等多种形式实施公民教育。

美国学校所实施的公民教育，一般是通过开设"社会科"这一门综合性课程来完成的。关于这门课程的目的，美国社会研究协会这样介绍道："社会科学习是为了提升公民能力、关于社会科学和人文科学的综合性学习。在学校的计划中，社会科由多种地位同等的，而且成体系的学科领域所组成，这些领域来自于人类学、考古学、地理学、历史学、法学、心理学和社会学等。课程贯穿于从幼儿园到 12 年级的整个学校教育。"（李维勇等，2001：1）

另外，美国的政党从诞生之日起，就成为大众进行公民教育的重要途径。这一途径，对于美国公共学校体系尚未健全的 19 世纪来说，其作用显得尤为重要。关于美国公民教育的这一传统，美国学者查理斯・爱德华・麦理安在其所著的《美国公民教育》一书中强调指出：美国公民训练制度最显著的特点之一就是政党制度。因为，政党制度是公民利害关系观念上的重要元素。政党已经募集了新分子，使他们和政治现实接触。他们已经大规模地激起人民对政事的兴趣，使公共事务的进行成为一般讨论的题目……大体上来说，政党不能不说是大众公民教育的一种卓越的工具。"（查理斯・爱德华・麦理安，1935：205-206）

除此之外，社区所开展的各种形式的大型庆祝活动、公共建筑、纪念碑等具有象征意义的爱国主义教育也是美国公民教育的一种重要方式。美国社会科学委员会的执行委员查理斯·E. 孟利欧（Charles E. Merriam）在其所著的《美国公民教育》一书中对这一重要途径给予了充分肯定：“各种历历在目的聚会、示威、游行、国旗典礼，以及重要日期、伟大的庆典等，这一切无疑成为公民教育过程的重要组成部分……随处可见的名人纪念馆，成为举国炫耀的中心，它们在未来青年的心理上与情绪上，所留下的印象是深刻的，对于参观者及参加者的影响是深远的。在这里，个人乐意认为自己是属于这个国家的，因为这个国家是由有光辉的人物所表现的，他们是国家功业与称颂的传送者，是公民团结的重要力量。在个人周围，产出纪念馆，纪念碑，绘图，神话，然后崇拜英雄的仪式出现，当作爱国主义教育的媒介物，并最终集中于我们公民教育的制度化方式里。”（查理斯·E. 孟利欧，1931：109-111）

综观美国现代民主制度及现代公民教育的发展历程，我们可以看到美国现代民主制度与现代公民教育之间相辅相成的关系。一方面，美国现代民主制度不仅为公民教育提供制度保障，而且其本身就是一种公民教育途径；另一方面，公民教育通过培养具有民主实践能力的公民来维护和推动美国民主制度的发展。

### （二）法国现代民主化进程中的公民教育

法国现代公民教育的发展与法国大革命中政治平等的呼声和民主政治制度的建设同步共生。

大革命前的法国实行的是一种高度中央集权的封建专制统治。统治者只关心军事和经济，对教育比较忽视。随着启蒙思想运动的展开，以卢梭、拉·夏洛泰、狄德罗等为代表的启蒙思想家激烈地抨击了封建专制制度及教会对法国政治及教育的不良影响。他们主张人是生而自由和平等的，都具有追求生存与幸福的本性和权利，提倡民主、反对王权神授，主张彻底改革国民教育，实行平等、世俗化的教育，将学校从教会手中收回，交由国家办理。他们的这些政治思想及教育主张逐步为资产阶级所接受，新的政治氛围也逐步形成，国民教育第一次被提上议程。现代公民教育理念也随着启蒙思想运动的展开而初见端倪。恩格斯对法国的启蒙思想运动和思想家们给予了极高的评价，他说：“在法国为即将到来的革命启发过人们头脑的那些伟大人物，本身都是非常革命的。他们不承认任何外界的权威，不管这种权威是什么样的。宗教、自然观、社会、国家制度，一切都受到了最无情的批判；一切都必须在理性的法庭面前为自己的存在作辩护或者放弃存在的权利……以往的一切社会形式和国家形式、一切传统观念，都被当作不合理的东西扔到垃圾堆里去了。”（中央编译局，1974：56-57）

1789 年 7 月 14 日，巴黎人民攻克象征封建统治堡垒的巴士底狱，标志着法国大革命的开始。法国资产阶级革命进行得十分彻底，推翻了封建王朝的统治，建立起资产阶级专政的法兰西共和国。大革命爆发后，制宪议会宣布废除了封建特权。紧接着，制宪议会通过了《人权宣言》，宣布“自由、财产、安全和反抗压迫是天赋不可剥夺的人权；言论、信仰、著述和出版自由；法律面前人人平等……”。宣言强调人权和法治，这是从根本上否定封建王权、神权和特权，沉重地打击了封建制度，启发了人民的革命意识，也推动了法国现代公民教育的发展，特别是《人权宣言》中的“人权”学说，成为法国现代公民教育的核心内容。1793 年制定的法兰西共和国《公共教育法》明确要求把《人权宣言》和宪法列为中小学学生“绝对必需的基本知识内容”。总体上看，在第一共和国和第二共和国时期，法国公民教育还没得到足够的重视。但公民教育对革命和政治统治的重要性越来越凸显，教育被看作是促进公民认同新阶级的意识形态的一个必不可少的工具。雅各宾派尤其热衷于根据自身的民主共和理念重塑社会，他们把教育看作是赢得天下的最佳战略，试图通过教育普及自己的政治理念，培养公民的共和精神，从而实现为国家服务的目的。

第三共和国的建立从根本上确立了法国的资本主义制度，保证了真正意义上的现代公民教育的形成和发展。由于大革命以来共和派教育思想的影响，以及普法战争中失利的刺激，在教育部长费里的努力下，法国政府颁布了一系列教育法令，《费里法案》就是其中的一部。该法案要求取消公立学校的宗教课程，改设道德课与公民课。《费里法案》对公民教育的重视是法国乃至西方公民教育发展过程中的一个里程碑，从此加强公民教育就成为法国学校中的一个传统。

1923 年，法国政府把公民权利和义务教育列入小学各年级教学大纲。后来，为了使学生具备必要的社会生活常识，法国政府又决定在小学结业班开设“公民生活基础知识”课。第二次世界大战爆发后，法国学校公民教育的重心发生了变化，爱国主义教育成了此时公民教育的代名词。应该说，在 1940 年前，公民训练一直是法国整个公共教育的关键。政治家和民众都对公民训练为社会制度的巩固所起的中心作用深信不疑。它甚至被看作是共和思想乃至共和国的主要支柱之一。可见，国家的需要和民族的利益乃是当时法国进行公民教育的出发点和归宿。

1946 年以后，由于第四共和国政府的软弱无力以及阿尔及利亚战争，政府无暇顾及公民教育，法国公民教育发展又进入低谷。随着 20 世纪 60～80 年代教育民主化学潮的影响，公民教育课程又得到了恢复和重建。1985年，法国以教育部名义颁布了有关公民教育的官方指引、学习规划等方面的文件。之后，历届政府均十分重视公民教育。法国公民教育的制度化和体制化，确保了法国公民教育发展走在欧洲各国的前列。

作为法国资产阶级大革命的最重要的遗产，法国公民教育始终以自由、平等、人权等理念为核心内容。法国公民教育在维护资产阶级民主理念与资本主义制度以及培养该制度所需的公民方面，发挥了重要的作用。

### （三）英国现代民主化进程中的公民教育

英国是世界上第一个迈进现代社会的国家，是现代民主思想的发祥地，也是西方现代公民教育深深植根的沃土。

文艺复兴运动（公元14世纪初期至17世纪中叶）是英国进入现代社会的第一推动力。文艺复兴运动是一场资产阶级反对封建主义和教会神权的思想解放运动。它反对封建神权对人的心灵统治，高度弘扬人的自由与尊严，认为世界万物的主宰是人而不是神。恩格斯曾高度评价"文艺复兴运动"在人类历史上的作用，他写道："这是一次人类从来没有经历过的最伟大的、进步的变革，是一个需要巨人而且产生了巨人——在思维能力、热情和性格方面，在多才多艺和学识渊博方面的巨人的时代。"（中央编译局，1995：445）毫无疑问，这场深刻的变革在传统、保守的英国激起了阵阵涟漪，为之注入了新的活力。以杰弗里•乔叟、托马斯•莫尔、弗朗西斯•培根等为代表的英国人文主义思想家对人道主义思想的宣扬为英国由封建社会向资本主义社会过渡提供了思想基础。

宗教改革为英国进入现代社会扫除了政治屏障和精神藩篱。自都铎王朝的亨利七世开始，英国的民族意识开始迸发。在英国民族建立的过程中，宗教首先成为需要解决的重大问题。英国虽远离欧洲大陆，但天主教的影响并未因为距离的拉大而减弱，天主教严重干扰了英国当时的世俗生活。Sheils（1989）通过对英国1530～1570年改革的研究指出当时英国教会具有强大的经济实力。大主教的经济实力、权力和世俗君主相当，据说亨利八世时期的红衣大主教托马斯•沃尔西拥有雄厚的经济实力，年收入可达50万英镑之多，而且他利用职务之便，为其儿子谋取了十几个兼职的教士职位，在英国其他教区的主教可以身兼多个教区的教士职务，这些人占据了一些教区的大部分，教士在贫富教区的兼职行为造成了教区内收入和劳动分配的严重不均衡的现象。英国教会不仅具有强大的经济权力，还干预国家政治。例如，1511年的伦敦有一位名叫理查德的人，因为拒绝缴纳儿子葬礼应给予教会的费用，被教会以邪教异端指控，并把他关进监狱，理查德于1514年12月4日在监狱中上吊自尽。教会的这些恶劣行为严重影响到了他们在英国民众心中的名声。英国都会对世俗生活及君主权力的威胁坚定了亨利八世选择与罗马天主教会的决裂。英国与罗马教廷决裂过程中最重要的举动是1534年亨利八世颁布的《至尊法案》。《至尊法案》的主要内容是确立国王在宗教方面的权威。在此之后，英国还进行了一系列宗教改革，宗教改革的成功带来了英国国内的安定，确立了商业资本主义所要求的道德观和行为模式，促进了英国资本主义的兴起。

英国的重商主义传统以及之后的工业革命使英国成为世界上第一个现代化国家。“重商主义”一词由古典经济学创立者亚当·斯密在1779年提出，与“重农主义”“自由贸易”相区分。“重商主义”是一个颇具争议的词，至今仍然没有统一的界定。一位历史学家曾大胆地指出：“有多少个重商主义者，就有多少种重商主义。”（布罗代尔，1993：599-601）我国学者李新宽综合几家百科全书有关“重商主义”的界定后指出，所谓“‘重商主义’主要指一种经济学说和经济实践，主张应由政府控制国家的经济，以便损害与削弱竞争对手国家的实力，增强本国实力，是政治上专制主义在经济上的翻版”（李新宽，2005：12-13）。重商主义在英国的确立是英国资本原始积累时期社会经济、政治和思想文化领域一系列深刻变化的产物，在英国现代化进程中起到了举足轻重的作用。首先，重商主义促进了英国的经济繁荣和资本增长。据重商主义者查尔斯·达维南特的推算，英国的社会财富在“1600年达到1700万镑，到1630年增加近一倍，达2800万镑，30年后即1660年增加一倍，达5600万镑，1660年至1688年增加50%以上，1688年达8800万镑”（查尔斯·达维南特，1995：160）。其次，重商主义带动了英国社会生产方式的变革，促使英国从封建农业经济向资本主义经济过渡。这一时期，英国生产方式最大的变革是雇佣劳动的出现和对小生产者的剥夺，使得农民放弃了他们自给自足的生活方式，到工厂为工资而工作，并最终使资本主义得以成功实现。最后，重商主义带动了生产技术的变革。随着重商主义时代工农业的发展，社会对生产资料，尤其是对制造纺织品、火器、金属器具、船舶等需求不断扩大。为了满足这些新市场的需要，工业必须改善其组织和技术，如印刷机、纺车、采矿设备、冶铁炉等都是在这一背景下出现。这些技术进步为工业革命提供了一个稳固的机械基础。英国正是通过重商主义经济体制，在一个农业社会里培育了新文明的要素，最终借助累积的技术变革，完成向工业文明过渡的最后一跃。史学家对于重商主义在英国现代化发展中的作用给予了充分肯定。英国史学家指出：“从都铎时代直到亚当·斯密时代，‘重商主义’这一体制为英国提供了政治权力，提高了工人的生活水准，并使英国成为世界工厂。”（李新宽，2005：14）法国史学家亦言：“英国政策在18世纪的胜利，同时也是重商主义的胜利。”（保尔·芒图，1997：74）

与英国的现代化进程相比，英国的公民教育发展一直缓慢滞后，但整体方向是比较同步的。在现代化初期，英国教育实行的是双轨制：一轨是面向精英主义的公民教育，另一轨是面向大众的顺民教育。精英公民教育主要通过家庭、公学和大学来进行，侧重于法律教育、权利教育，而面向大众的顺民教育主要通过教会和慈善学校等宗教教育场所来进行，强调大众对国王的忠诚、对国家义务与责任，以及对国家统治的顺从。从总体上看，这一时期的公民教育思想比较消极、落后，还没有完全摆脱中世纪专制教育的影响。

大约从19世纪30年代开始英国的保守政治有所松动，英国民众的民主意识不断增强，公民教育开始从早期的培养顺民的教育转变为培养工人阶级的民主素养的宪章主义公民教育。从这一时期开始，英国公民教育思想开始具有明显的激进式的、民主的特点，这是英国公民教育发展过程中重要的一步。

从20世纪之初，官方开始关注公民教育，具体表现为一系列文件、报告的颁布，如《诺伍德报告》（1943年）、《公民在成长》（1949年）、《1988年教育改革法》、《学校卓越》（1997年）、《克里克报告》（1998年）等。其中，《克里克报告》是英国公民教育发展历程中的一个里程碑，也是英国国家实施公民教育开端的一个重要标志，成为此后英国公民教育国家课程的指导性文件。报告中明确提出了英国公民教育的主要目标是培养积极公民，公民教育内容主要包括三方面，即社会的和道德的责任、社区参与、政治素养。

## 第二节　制度生活变革中的中国公民教育

德国著名社会学家拉尔夫·达伦多夫曾说：“在近代史上，公民比任何社会人物都更有活力。”（托马斯·雅诺斯基，2000：1）这不仅是对西方近代社会的写照，在某种程度上也符合中国近代社会。以有没有公民为衡量标准，可以把中国历史分为两个时代：臣民社会时代和公民社会时代。所谓臣民社会就是权力至上的社会，权力可以随意地剥夺人的生命、财产等。所谓公民社会就是公民权利至上的社会，权力仅仅为公民的权利而生并为公民服务。中国封建社会属于臣民社会时期；清末民初是中国从臣民社会向公民社会过渡的时期，也是公民教育萌芽的时期。公民及公民教育产生于清末民初不是偶然，而是民主政治的产物。在与民主政治相对的封建专制体制下，只有臣民，没有公民，更没有公民教育。

## 一、中国古代专制制度与臣民教育

自秦以来，中国的政治制度一直是专制主义。所谓专制，就是权力垄断于一个人，典型的表现为独裁制、终身制和世袭制。所谓的“普天之下，莫非王土，率土之滨，莫非王臣”就是写照。在中国古代，皇帝是国家的主人，居于权力的顶峰，皇帝不仅拥有最高的立法权、人事权、监察权等，还把天下的土地都看成是他一家的私产，所有的臣民都是供他使唤的奴仆。

在王权之下，中国的“民”都是“臣妾”“奴隶”。严复曾对中西方社会中统治者与人们的关系进行了比较。他说：“西洋之言治者曰：‘国者，斯民之公产也，王侯将相者，通国之公仆奴隶也。’而中国之尊王者曰：‘天子富有四海，臣妾亿兆。’臣妾者，其文之故训犹奴虏也。夫如是则西洋之民，其尊且贵也，过于王侯将相，而我中国之民，其卑且贱，皆奴产子也。”（陈永森，2004：29-30）严复的结论不是情绪的发泄，而是理性思考的结果，他揭开了中国专制社会君子“爱民”的面纱——所谓的“君轻民重”只是君王的统治术。可以说，在中国漫长的封建专制社会，朝代不断更替，但国人的奴隶地位始终未变：“吾国历史，乃独夫民贼普渡世人超人奴隶之宝筏也……今吾历史一握于独夫民贼之手，设立若干种奴隶规律，划成若干奴隶圈限，以供一己之操纵，其绝无民义可知……独夫民贼，视天下人皆草芥牛马也，乃专务抹煞一切奴隶之权利，而惟以保其私产之是图，用悬一一丝不溢之奴隶格式，号召天下，入此格者为忠为良，出此格者为僇为辱。胎孕既久，而奴隶二字，遂制成吾国人一般之公脑，驯伏数千年来专制政体之下，相率而不敢动。”（陈永森，2004：36-37）

长期的奴隶地位塑造了国民的奴隶性人格。具体来说，这种人格具有以下特点：一是人身的依附性。在中国古代，皇帝有着“普天之下，莫非王土，率土之滨，莫非王臣”的专利地位，因而迫使每个人都以“卑臣”“贱民”而自居。每个人都在为家族、王朝活着，个体的生命价值变得微不足道。梁启超曾做出如下形象描述：“举国之大，竟无一人不被人视为奴隶者，亦无一人不自居奴隶者，奴隶视人之人亦即为自居奴隶之人，岂不异哉！岂不痛哉！其自居奴隶时所受之耻辱苦孽，还以取偿于彼所奴隶视之人，故虽日日为奴，而不觉其苦，反觉其乐，不觉其辱，反觉其荣焉。不见夫土豪乎，皂役乎，彼入而见长官也，局脊瑟缩无所容，吮痈舐痔无不至，及出而武断乡曲，则如虎傅翼，择肉而食；而小民之畏彼媚彼奔走而奉养彼者，固自不乏人矣。若是乎，则彼之得者，足以偿所失而有余也。若是乎，奴隶不可为而果可为也。是以一国之人转相仿效，如蚁附膻，如蝇逐臭，如疫症之播染，如肺病之传种。”二是思想的萎缩性。古代国人的奴性不仅表现出人身的不自由——“身奴”（梁启超语），还表现出思想的不自由——“心奴”（梁启超语）。梁启超总结“心奴”具体表现为：称颂并效法先人；一举一动随人摆布；听从命运的安排；心神被生活、功名利禄所驱使，受到形体的奴役。相比而言，“心奴”比“身奴”更可怕。三是对国家的无责任性。古代中国国家观念尚未形成，而国民也普遍缺乏参与国家事务的条件与意识，因此，国家的荣与辱对于他们来说几乎均是分外之事，国人普遍表现出缺乏民族集体意识。对此，梁启超指出 ：“中国人不知群之物为何物，群之义为何义也，故人人心目中但有一身之我，不有一群之我。”中国人奉行“‘各人自扫门前雪，不管他人瓦上霜。’吾国民人人脑中，皆横亘此二语，奉为名论，视为密传，于是四万万人也，遂成为四万万国焉。亡此国而无损于我也，则束手以任其亡，无所芥蒂焉；甚且亡此国而有益于我也，则出力以助其亡，无所惭怍焉。”（梁启超，1989：159，162）

另外，统治者为了便于专制统治，其教育的目标是把国人培养成顺从的臣民：“夫专制君主之御民也，必托黜邪崇正之名，以束缚臣民之思想，使臣民柔顺屈从，而消磨其聪明才力。法儒孟德斯鸠之言曰：‘半开专制君主之国，其教育之目的，惟在使人服从而已。’吾以是语观中国，彼数千年来之教育，孰有外此宗旨者乎？彼以尊君抑民为目的，见夫宋儒尊三纲、定名分之说，可以有利于专制也，遂从而表彰之，名为尊圣道，实则塞人民之心思耳目，使不敢研究公理而已。其有一二智能之士，则坐以非对无法之名，而加以刑辟。”（王忍之，1960：706）即是说，无论是进行“尊三纲”“定名分”的伦理教化，还是进行“加以刑辟”的法律威慑，其目的都是要弱化民智，磨灭个性，以达到控制人们的思想和行动，从而维护专制统治。因此，在古代，不仅中国的学堂是批发奴隶的教育，中国的家庭教育也是驯化奴隶的教育。章士钊在《箴奴隶》一文中对中国制造奴隶的家庭教育进行了描述：“奴隶教育，得毋东西一致乎！故通俗于儿童学语之初，即告以奴隶之口号；扶立之顷，即授以奴隶之拜跪；借口于佩觿佩韘之训，而赠以奴隶之徽章，不曰‘金玉满堂’，则曰‘三元及第’；而童子者，乃奉此口号，拜跪徽章，牢印于脑膜而不能去，未几而入塾矣，先受其冬烘之教科，次受其豚笠之桎梏，时而扑责，时而唾骂，务使无一毫之廉耻，无一毫之感情，无一毫之竞

争心，而后合此麻木不仁天然奴隶之格。”（陈永森，2004：39）

因此，在中国封建社会时期，只有臣民，没有公民，只有培养臣仆的臣民教育，没有培养公民的公民教育。

## 二、中国近代民主意识觉醒与公民教育萌芽

鸦片战争后，在外来资本主义势力的侵略面前，清政府的反动性、腐朽性暴露无遗，再加上西方资产阶级民主思想的传入，专制君主制逐渐解体。

公元 1912 年元旦是区分中国专制时代与民主时代的界碑：历史把封建专制政体拦腰斩断，翻开了民主共和的新纪元。晚上 10 时，孙中山在南京举行临时大总统受任典礼，庄严宣告中华民国正式成立，统治中国两千多年的封建帝制从此结束。

中华民国是代表资产阶级利益的政权，遵行民主共和的制度，最高领袖称为总统。总统是人民的公仆，人民是国家的主人。“共和之所以异于专制，专制乃少数人专理一国之政体，共和则国民均有维持国政之义务。”“专制与共和之别，专制皇帝为民之至尊，而共和总统为民之公仆。专制为一私人之国，共和为众百姓之国。故专制国不可一日无君，而共和国则不然，譬一公司，百姓股东也，总统者犹股东，推一谁某为总理，乃公司之代表也，公司之草章犹约法，董事会犹参议院，总统之遵守约法，听从参议员，犹公司之总理听从董事，遵守草章。”（孙中山，1981：478）共和制度设内阁制，无形中消除了君尊臣卑，官贵民贱的观念，这与以往的封建王朝的专制政治有根本性的区别。孙中山在《临时大总统宣言书》中简明扼要地把中华民国的建国方针概括为：一定要“能尽扫专制之流毒，确定共和，以达革命之宗旨，完国民之志愿”（张历生，2012：55）。

为了稳固中华民国之根基，临时政府在短短的 3 个月中颁布了 30 多项法令规章，力图推行资产阶级民主政治制度和资本主义生产方式等，改造和取代封建专制的政治制度和愚昧落后的社会习俗。其中，最有标志意义及代表性的就是 1912 年 3 月 11 日颁布的《中华民国临时约法》，这是近代中国第一部具有资产阶级共和国宪政性质的根本大法。第一章“总纲”规定：中华民国由中华人民组织之；中华民国主权属于国民全体。这就从根本上否定了两千多年来君主专制制度，确认了“主权在民”的政治原则和资产阶级政权的合法性。《中华民国临时约法》第二章“人民”规定：中华民国人民一律平等，无种族、阶级、宗教之区别；人民享有人身、居住、财产及营业、言论、著作、刊行、集会结社、书信秘密、信

教等自由；人民有请愿、诉讼、考试、选举和被选举等权利；人民有纳税、服兵役等义务。

《中华民国临时约法》是中国历史上一个伟大的创举，一直以来被人们视为民国的象征。列宁对孙中山曾作过如是赞誉："这里的亚洲的共和国临时大总统是充满着崇高精神和英雄气概的革命的民主主义者。"（张磊，2001：99）

正如马克思所言："随着每一次社会制度的巨大历史变革，人们的观点和观念也会发生变革。"[①]在南京临时政府颁布的民主法令规章的鼓舞下，长期在专制制度桎梏下的教育、舆论等各界民众对新国家、新政府、新生活充满美好向往，焕发出蓬勃的新生机。人们通过成立各种社会团体宣扬共和，反对专制。人们对共和所发生的浓厚兴趣激发了国民意识的增长：首先表现在人们的国家意识已突破了"忠君爱国"的传统观念，充满着为新生的共和国做贡献的热情；其次表现在人们已具有较强烈的主人翁责任感，将个体生命与近代意义上的民主国家的命运联系在一起。教育、出版、文艺界大声疾呼将培养国民意识视为至要之急务。上海文化界表示"先身淬励，期完全国民之资格"；教育界则呼吁废止奴性教育，养成共和之国民；报界之名称大多聚集在"民"字上，反映民意，如《民主报》《民权报》《民国报》《民立报》等。

国民意识的发轫，导致民主参与意识的高涨：①报刊风起云涌，蔚为壮观，评时议政，非常活跃。据当时人统计，1911 年，全国报纸陡增至 500 家，总销数达 4200 万份，均突破历史最高纪录。民初的报纸大多自称是独立的，反映民意的。如《民立报》称自己是"舆论之母""舆论代表""四万万众共和之言论机关"。②党派社团勃然兴起，参与国事，盛喧一时。依据宪法所规定的公民权利，民初组党结社成为一种时尚，出现了中国历史上空前的组党热潮。有人统计，自武昌起义至 1913 年底，新兴的公开党会有 682 个，具备近代政党性质的团体有 312 个，这些政党团体大多有较为明确的政治意向和较为严密的组织（陈永森，2004：245）。其余多数从属于某种社会活动，诸如事业、学术、教育、宗教等社会团体。在这些团体中，有一般性支持共和国，以扶持宪政、宣扬共和、启迪民智为己任的；有关注政治监督，以国民权利、监督政府为己任的；也有关注法制建设的；有谋求各业发展的等。③公民参政热情迸发，古来罕闻。公民参政的一个主要途径就是参加选举。中国第一届国会选举，是中国历史上公开、和平的政党竞争最为活跃的时期。为了拉选票，各个政党可谓使出了浑身解数。例如国民党为了吸

① 转引自何启林. 中国特色社会主义宗教理论的形成和发展［A］. 改革开放 30 年统一战线理论与实践，2008，(11)：199-208.

收选民，号召“介绍党员，以有选举权者为标准”“党员愈多，人才愈众，多一党员则将来多一选举权，并可多得一议员，政治上始有权力”（陈永森，2004：252）。④女权运动，异军突起。当部分男子获得完全公民资格，并在政治实践中发挥作用的时候，国民的另一半——妇女则为获得完全的公民资格而不懈地斗争着。妇女争取公民资格成了民国初年一道亮丽的风景线。为了获得公民资格，妇女通过报刊对其不宜参政的怪论进行了反驳。当时的一些妇女有一种不获公民资格誓不罢休的精神。如《女子参政同志会宣言书》提出：“今之革命，吾国异族专横之毒，已划削销磨，建立民国，将以公民团体组织议会，以为政府监督机关。吾女子既居全国公民之半，则吾党今日冲决网罗，扫除障碍，其第一步之事业，即在争取公民之地位。”（上海社会科学院历史研究所，1981：915） 这些在中国社会从未有过的景象显示了中国公民社会的生机，昭示着民主时代的到来。公民社会的权利主体是公民，不再是臣民。民众需要经过特殊训练，方能“堪任公民资格”。公民教育遂成为民主宪政制度的基石，同时民主宪政也为中国公民教育的真正确立与蓬勃发展提供了制度基础。

1912 年元旦，中华民国成立，随之对政治、经济、文化等方面进行了全方位的变革。在教育方面，自 1 月 9 日南京临时政府教育部成立以来，以资产阶级教育家蔡元培先生为总长的中央领导机关教育部开始了全国的资产阶级教育改革。作为资产阶级教育家，蔡元培认为“教育有二大区别：一种是隶属于政治者；一种是超轶于政治者。在专制时代，教育家循政府之方针以标准教育，常为纯粹之隶属政治者。共和时代，教育家得立于人的地位以定标准，乃得有超轶政治之教育”。因此，他主张对清末学部颁布的“忠君、尊孔、尚武、尚实”的教育宗旨加以修正，并指出“忠君与共和政体不合，尊孔与信教自由相违。”基于此，蔡元培认为共和时代的教育方针应为公民道德教育、军国民主义教育、实利主义教育、世界观教育、美感教育，其中公民道德教育是五育的核心。蔡元培之所以重视公民道德教育，是因为他认为只有把公民道德建设好了，才能实现民主、自由、平等的共和理想。他说：“何谓公民道德？曰法兰西之革命也，所标揭者，曰自由、平等、亲爱。道德之要旨，尽于是矣。”（周蜀溪，2005：45）蔡元培的“五育并举”公民教育思想具有非常鲜明的民主共和精神，对民国初期教育实践具有深刻的影响。据当时学者研究，在蔡元培教育方针的指导下，中小学德育课程发生了相应的变化：小学训育由消极管理变为积极训育；由不系统、不完善到系统、完善。蔡元培公民教育思想对学校教育的影响开启了公民教育思想进学校的先河，对于中国公民教育发展来说无疑迈出了重要的一步。

在随后的教育发展中，公民教育的声浪越来越高，培养合格公民当以公民教育为中坚成为这一时期众多有识之士的共识。1916 年 4 月，朱元善先生在《教育杂志》中大声疾呼“共和立宪之国民，果当以如何方法以养成之乎？则余敢直接解答曰：‘非实施公民教育不可’，‘我知根本方针，舍公民教育，决无有当者也’”（朱元善，1916：5-6）。在此声浪下，1916 年，教育部颁布《国民学校令施行细则》规定修身科从第三学年起，在原授“道德之要旨”外，加授《公民须知》。《公民须知》的内容涉及民国组织及立法、行政、司法等。所以，此时的公民教育虽然还没有成为一门独立的课程，但公民知识已进入学校课程，公民教育在中国教育史上实现了从无到有的转变。

1917 年，中华书局出版的《公民读本》（上、下两册）（方浏生著），成为中国公民教育首部教科书。上册包括国家、国民、民族、国体、政体、国会、政府、法院、国民之权利和义务、法律与道德、自治和选举等内容，下册包括军备、警察、户口、租税、国债、预算决算、货币、教育、生计、公众卫生、外交及第一次世界大战等内容。这些课文囊括了现代公民的基本常识。台湾教育史家司琦教授认为这是我国最早的公民教科书。

1923 年，国民政府制定《新学制课程标准纲要》，颁布《小学公民课程纲要》《初级中学公民学课程纲要》，中小学均将“修身科”改为“公民科”。根据新的课程标准，公民科在各级的目的是：小学阶段了解自己和社会的关系，启发改良社会的常识和思想，养成适于现代生活的习惯；初中阶段研究人类社会的生活，了解宪政的精神，培养法律的常识，略知经济学原理，略知国际的关系，养成公民的道德。小学初级四年级社会科的目的为：略知社会的过去、现在的善和人生与社会的关系，培养能观察社会的兴趣，养成社会生活的种种必要习惯。至于高中的人生哲学科，其主要功能在于使学生渐明人生之真相与修养之方法；社会问题一科则侧重了解和研究社会问题，并略知社会学原理。至此，我国正规的学校公民教育开始发展。

在近代中国，随着中华民国的建立，西方启蒙思想的传入，民主观念开始沁入人心。公民教育思想开始出现在众多教育家的言论中，并呈现出百家争鸣的繁荣景象。随着众多公民教育思想的不断涌现、民国初期教育改革的推行及爱国人士实验教育的展开，中国公民教育实践实现了从无到有，最后发展到百花齐放的局面。但是，从 1937 年“卢沟桥事变”的爆发，直至 1949 年中华人民共和国成立，受战争的影响，中国的公民教育实践整体上处于时断时续的低迷状态，且公民教育内涵发生明显变化（公民课等同于思想政治教育、道德教育）。

## 三、中国现代民主制度与公民教育的勃兴

我国公民教育发展之路并不平坦。从中华人民共和国成立到 1979 年，由于国际局势紧张，国内百废待兴，再加上“文化大革命”，在中华人民共和国成立后 30 年间，中国的公民教育无论是在理论上还是在实践上都处在沉寂状态。随着市场经济的发展，特别是民主政治的完善，中国公民教育再次迎来了新的发展机遇。

### （一）集权体制下沉寂的公民教育

1949 年 10 月 1 日，中华人民共和国的成立开辟了中国历史新纪元。从此，中国结束了一百多年被侵略、被奴役的屈辱历史，真正成为独立自主的国家，中国人民从此站起来了。但在中华人民共和国成立初期，“国际上只有苏联和东欧、亚洲一些社会主义国家、人民民主国家和民族独立国家承认新中国，到 1950 年 10 月中华人民共和国周年之际，只有 25 个国家承认新中国，17 个国家同中国建立外交关系。而以美国为首的西方国家拒绝承认中华人民共和国，也阻挠其他国家承认，并在经济上对中华人民共和国实行封锁、禁运”（孙中亲，2008：28）。而中国当时的经济基础又相当薄弱，“当时全国工农业总产值只有 466 亿元，人均国民收入为 66.1 元。在工农业总产值中，农业总产值比重为 70%，工业总产值比重为了 30%，而重工业产值占工农业总产值的比重仅为 7.9%”（中国经济年鉴编辑委员会，1982：4），而且随时面临战争危机。

面对这样的局势，党和国家领导人深刻地认识到，能否迅速恢复和发展国民经济，摆脱贫穷落后，是关系到国家和政权生死存亡的头等大事。就当时的国情而言，采取革命胜利以前的社会所采取的那种以市场为基础配置资源的办法显然行不通，而唯一的办法只能是通过国家的计划统一配置资源，即计划经济体制。

新的经济体制的实施不仅短期内帮助中国顺利渡过了经济困难时期，还让中国在第一个五年计划时期建立起比较完整的基础工业体系和国防工业体系的骨架。于是，人们对于这种高度集中的模式给予了充分肯定，并把它泛化到其他领域，致使全国上下各个领域都高度地整齐划一。

计划经济的关键是加强中央的职权。为此，中央改变了以前主要依靠大区来领导各地的体制，将大区人民政府改为行政委员会，作为中央的代表机关，其职权范围大大缩小，中央权力得到加强。随后，各省份的行政管理权力收归中央，部分因地制宜的权限也被取消。于是，中央政府逐渐拥有了高度集中的政治、财

政经济及行政管理权力。

诚然，中央高度集权体制，与高度集中的计划经济体制相适应，在特定历史条件下取得了预期的效果：政权迅速得到巩固，各项社会民主改革顺利推进，经济在几年内得到恢复并有所发展，中央政府集中财力、物力开展了一系列大型建设工程，综合国力得到了迅速提升。因此，强调中央权威，强化国家力量是新中国的必然选择。但另一方面，当社会生活始终处在国家统一安排下，不可避免地会导致国家凌驾于个人之上，个人的权利、自由不被重视。与此相应，“公民”被“人民”所取代，公民教育也悄然被思想政治教育所取代。

思想政治教育是新中国教育的重要组成部分。《中国人民政治协商会议共同纲领》规定：中华人民共和国的文化教育为新民主主义的，即民族的、科学的、大众的文化教育。人民政府的文化教育工作，应以提高人民文化水平，培养国家建设人才，肃清封建的、买办的、法西斯主义的思想，发展为人民服务的思想为主要任务。第四十二条提出：提倡爱祖国、爱人民、爱劳动、爱科学、爱护公共财物为中华人民共和国全体国民的公德。第四十七条还提出给青年知识分子和旧知识分子以革命的政治教育。在《共同纲领》方针的指导下，学校形成了比较完备的思想政治工作制度。第一，实行教导合一。各级各类学校实行校长责任制。在校长之下设教导处（中小学）、教务处（大学）等组织机构，统一安排学校的教学与思想政治工作。第二，开设政治课。各级各类学校形成了由马克思主义理论教育、时事政策教育和日常思想品德教育组成的思想政治教育架构。第三，各级各类学校建立共产党、共青团、少先队和学生会组织。1949 年 10 月 13 日，中国新民主主义青年团中央委员会发出《关于建立中国少年儿童队的决议》，要求“学校、机关、街道、村庄各单位有少年儿童队组织的地方，应设队部”（何东昌，1998）。各地在学校中公开中国共产党组织，开展了建团、建队、成立学生会、建立教工组织等工作。各地学联和青年团举办青年园、学习团、青年讲座等。据统计，京、津、沪等 50 个大中城市参加学习的学生约有 12 万人。1949 年 11—12 月，仅北京、沈阳就有 2300 多名儿童首批入队（中央教育科学研究所，1983）。第四，组织师生参与各种政治运动和社会活动。“在 1949～1952 年间，全社会的政治运动比较多，主要的有土地改革、镇压反革命、抗美援朝、‘三反五反’等。在土地改革中，通过教育使青少年认清封建制度的反动性，认识地主阶级残酷剥削农民的反动本质，土地改革的必要性，以及应当怎样正确地对待改革。经过教育，出身于地主家庭的学生同反动的家庭划清了界线，支持土地改革，出身贫下家庭的学生提高了觉悟，坚定了社会主义信念。在抗美援朝运动中，青少年提高了对帝国主义反动本性的认识，清除‘亲美、崇美、恐美’的思想。经过教育，在大中学掀起了参加军事干部学校的热潮，以实际行动保家卫国。‘三反五反’运动则是针对不法冷酷家的，结合运动，青少年提高了对资本主义、资产阶级的认识，认识到在新民主主义时期资产阶级具有两面性，必须严厉地打退资产阶级的猖狂进攻。”（金一鸣，2000：110）社会活动主要有冬学、扫盲等。在轰轰烈烈的思想政治教育的冲击下，“公民教育”一词在这一时期销声匿迹了。

### （二）民主体制下公民教育的复兴

党的十一届三中全会以来，中国在全面推进改革开放和社会主义现代化建设的过程中，积极推进政治体制改革，加强社会主义民主和法制建设，当今中国的政治体制和整个社会政治生活已经发生了深刻变化，社会主义民主政治展现出蓬勃的生命力。

1）村民选举的普遍推行。选举是民主的标志之一。在中国的各项选举改革中，近年以来最受注目的要数村民选举。在中国，村民选举至今已有整整 30 年的历史，正式开始于 1987 年的《中华人民共和国村民委员会组织法（试行）》。“就覆盖范围和程序而言，在中国，农村选举的实施情况已经有了进步。根据民政部的说法，现在有将近 6 亿选民参加。自从《中华人民共和国村民委员会组织法》于 1998 年经修改实行以来，各基层政府对选举程序做出了阐述。在 2005 年左右，差不多每一个省都出台了与全国性的法律相匹配的、甚至走在其前面的选举规章条例，许多区、县、镇一级政府制定了详细的实施指导原则。”（欧博文，2008：59-70）

中国村民选举的普遍推行对于中国民主政治意义重大。“第一，村民选举大大促进了中国广大乡村的民主参与和自治。第二，使许多中国人获得了竞选直选实践的经验，也使许多人了解了民主选举的过程，村民选举已经成为一个巨大的民主培训基地。第三，农村居民的政治化进程改变了他们同村委会尤其是同村主任的关系，村民直选使村支书退于防守的地位，从而促使党组织越来越倾向于在选拔村支书时把村民选举制度因素考虑进来，因此，即使目前还不能直选村支书，至少也要间接地由村民民主投票产生。第四，村民的政治化不仅体现为村民参与地方政治愿望的增强，体现为村民习惯于同政府干部面对面地‘依法抗争’，还体现为农民加强了同村干部的接触，最终催生了农民的公民意识。”（吴晓云，2008：85-95）

2）公民社会的兴起。中国公民社会之所以能够兴起和发展起来，主要是因为民主政治的推行，党和国家从许多“社会领域”中“战略性退出”。“据民政部门数据统计显示，自1988年实施统一登记制度以来，中国公民社会组织发展经历了近4年的迅猛发展，即从1988年的4446个扩张到1991年的82 814个，此后，便驶入到一个震荡徘徊期，即从1992年的154 502个到2000年的153 322个，在这近9年的期间里，中国公民社会组织的总体数量则一度在150 000个上下波动。然而，在历经了一段时间的‘冰冻’之后，中国公民社会组织不断‘解封’，并从沉寂的冰河中慢慢苏醒，伊始露出冰山一角。在2001年，其总体数量一举突破200 000个，此后的发展态势更是一路飙升，其发展速度几乎以几何级数增长，一直以年均10%左右的速度递增，截至2009年底，中国公民社会组织的总体规模高达430 843个。”（齐久恒，2015：113-119）

其实，除正式登记在册的组织外，还存在大量未经登记的公民社会组织。俞可平曾通过调查指出，“县以下的各类民间组织至今没有正式的统计数字，但保守地估计至少在300万个以上”（俞可平，2003：22）。

另外，中国公民社会的壮大又为中国民主政治的进一步完善创造了社会基础。一方面，公民社会的自治状态为民主化目标的实现提供了一片沃土。民主的终极价值追求是要最大限度地维护人民的根本利益，在现实中的具体操作途径就是实现人民的自我管理，民主可以被看作是通过人民的自我管理实现维护人民利益目的的政治制度。另一方面，公民社会通过民主参与、民主监督来削弱国家权力，从而在建立和维护民主方面发挥关键作用。自国家出现以来，社会被分为政治社会和公民社会，同时也受到来自两大领域的监督。政府自身的监督在很大程度上依赖于政府工作人员的自律能力，存在很大的冒险性，因此，来自公民社会的监督才是人民监督的根本要旨所在。

3）人民代表大会政治地位的提高。人民代表大会制度是我国体现社会主义民主的根本政治制度，体现了人民当家做主的原则，符合中国国情。但是，在很长的一段时间内，人民代表大会没有充分发挥其政治作用，只起到“橡皮图章”的作用。1978—1989年，人民代表大会在经过一系列改革后，开始在中国的政治制度中占据新的位置，如今已经成为中国政治权力中心之一。国内外关注全国人民代表大会制度的学者对此持肯定态度。“默里·斯科特·坦纳（Murray ScotTanner）认为，党、国务院及其各个部委和全国人大是中国立法的主要机构和主体，但是在立法过程中这三个立法行动者的权力关系已经发生了变化，全国人大对立法过程的影响和重要性正在日益增加。日本学者加茂具树认为，自20世纪80年代以来，全国人民代表大会改变了对政府提案不进行修正、只是简单表示承认的局面，正在逐步提高其在中国政治过程中的作用，积极对国务院的提案进行审议和修正，从而改变了被人称为‘橡皮图章’和‘党委挥手、政府动手、人大举手’的尴尬角色。韩国学者赵英男指出，到20世纪90年代初，中国的地方人大通过采取获得党的支持和同政府合作的战略实现了提高自身政治地位的目标。此后，地方人大开始积极建立新的监督措施，对政府和官员产生重大影响，从而同党和政府一道成为地方政治生活中的重要行动者。"（吴晓云，2008：85-95）

人民代表大会制度的完善是中国民主政治体制改革的重要组成部分。习近平在纪念现行宪法公布实施 30 周年大会上的讲话中指出："维护宪法权威，就是维护党和人民共同意志的权威。捍卫宪法尊严，就是捍卫党和人民共同意志的尊严。保证宪法实施，就是保证人民根本利益的实现。只要我们切实尊重和有效实施宪法，人民当家作主就有保证，党和国家事业就能顺利发展。反之，如果宪法受到漠视、削弱甚至破坏，人民权利和自由就无法保证，党和国家事业就会遭受挫折。"[①]

4）法治化程度的提高。改革开放以来，特别是1997年中共十五大做出依法治国，建设中国特色社会主义法制国家的战略决策，法律在我国社会中的地位已经发生了根本性的变化。所谓依法治国，就是广大人民群众在党的领导下，依照宪法和法律规定，通过各种途径和形式，管理国家事务，管理经济文化事业，管理社会事务，保证国家各项工作都依法进行，逐步实现社会主义民主的制度化、法律化。

第一，建立了完备的法律体系。中国在三十几年的改革开放和社会发展进程中，一直高度重视立法工作，立法成就引人注目，初步形成了以宪法为核心的中国特色社会主义法律体系基本框架。权威数据统计显示，"从十一届三中全会后的1979年五届人大起至2008年2月底止，全国人大及其常委会共制定了现行有效的法律229件；国务院共制定了现行有效的行政法规600余件；地方人大及其常委会共制定了现行有效的地方性法规 7000 余件；民族自治地方人大共制定了现行有效的自治条例和单行条例600余件；五个经济特区共制定了现行有效的法规 200 余件"[②]。第二，中国人的法律意识不断增强。加强公民的法律意识是实现依法治国的前提。自 1986 年普法教育实施以来，中国公民的法律意识不断增强，有更多的公民愿意通过法律手段来维护自身的权利。调查显示，作为个人，

① 习近平. 在首都各界纪念现行宪法公布施行 30 周年大会上的讲话[OL].http://politics.people.com.cn/n/2012/1204/c1024-19792087.html.

② 信春鹰. 中国国情与社会主义法治[OL].http://www.legaldaily.com.cn/fxy/content/2008-06/29/content_889145.htm.

当人身、财产受到侵害时，有超过八成的人会选择打官司；当消费者的合法权益受到侵害时，也有四成以上的人选择打官司。作为企业，当发生债务纠纷时，有八成会选择打官司。[①]第三，司法系统建设取得长足进步。法官，检察官的素质得到了提高，私营律师行业的发展进一步促进了司法系统整体的专业化。

改革开放以来，中国经济、政治、文化领域的重大变革，特别是民主政治的推行，为中国公民教育的复兴奠定了制度基础。

第一，公民教育政策法规不断出台。中国社会的整体转型及世界民主浪潮对公民的道德素质提出了更高的要求。应这一要求，2001 年党中央颁布的《公民道德建设实施纲要》要求加强公民道德建设，培养有理想、有道德、有文化、有纪律的社会主义公民。遵循《公民道德建设实施纲要》的精神，2001—2004 年，教育部先后制定并发布了中小学开展公民教育必修和选修课的课程标准，公民知识正式被纳入中小学课程。按照新课程改革要求，小学一、二年级开设《品德与生活》，主要目标是引导学生健康、安全、愉快、积极、负责任、有爱心、动脑筋、有创意地生活，为其成为爱祖国、爱人民、爱劳动、爱科学、爱社会主义的公民奠定基础。小学三至六年级开设《品德与社会》，课程根据小学中高年级学生社会生活范围不断扩大的实际，以及认识了解社会和品德形成的需要，以儿童的社会生活为主线，将品德、行为规范和法制教育，爱国主义、集体主义和社会主义教育，国情、历史和文化教育，地理和环境教育等有机融合，引导学生通过与自己生活密切相关的社会环境、社会活动和社会关系的交互作用，不断丰富和发展自己的经验、情感、能力、知识，加深对自我、对他人、对社会的认识和理解，并在此基础上养成良好的行为习惯，形成基本的道德观、价值观和初步的道德判断能力，为他们成长为具备参与现代社会生活能力的社会主义合格公民奠定基础。初中开设《思想品德》，“课程的任务是引领学生了解社会、参与公共生活、热爱生命、感悟人生，逐步形成正确的世界观、人生观、价值观和基本的善恶、是非观念，过积极健康的生活，做对社会、国家、世界有见识和负责任的合格公民”[②]。高中开设《思想政治》，课程目标是：“知道中国共产党是中国特色社会主义事业的领导核心，马克思列宁主义、毛泽东思想、邓小平理论和‘三个代表’重要思想是中国共产党的指导思想，‘三个代表’重要思想是马克思主义在中国发展的最新成果；了解中国特色社会主义现代化建设常识；学习运用马克思主义

① 廖卓斌，黄燕玲．广州人法律意识越来越强，八成市民不怕打官司［N］．扬子晚报，2002-1-14.

② 中华人民共和国教育部．思想品德课程标准(修订稿)（2011）［OL］．http：//www.zxxk.com/ ArticleInfo. aspx?InfoID=145043&Page=1，2011-8-4.

基本观点和方法观察问题、分析问题、解决问题；具备在现代社会生活中应有的自主、自立、自强的能力和态度；具有爱国主义、集体主义和社会主义思想情感；初步形成正确的世界观、人生观和价值观。”①新课程标准的制定与实施明确规定了中小学德育课是传授公民知识的课程，其目标是培养合格公民，标示了我国公民教育课程的存在。《国家中长期教育改革和发展规划纲要（2010—2020年）》明确提出要加强公民意识教育，培养具有民主、法治、自由、平等理念的社会主义合格公民。这些政策法规的出台为我国公民教育发展指明了方向。

第二，公民教育研究成果不断涌现。在国家政策的导向下，近年来，公民教育理论研究也拉开了复兴的序幕。通过CNKI检索，以公民教育为主题公开发表的文章有39 528篇，其中，2000—2016年共有36 104篇，占91%。另外，有关公民教育研究的著作多达100多本。综观已有研究成果，我国学者主要从以下两个大的方面展开公民教育研究。

一是国外公民教育思想与实践经验介绍。现代公民教育是西方资本主义制度的产物。因此，对西方公民教育思想及学校公民教育实践的译介与研究成为中国公民教育研究者研究的重要内容之一。近年来，这方面比较有影响的翻译著作有：《美国小学社会与公民教育》（[美] 沃尔特·C. 帕克著，谢竹艳译）（该书主要介绍了美国小学社会科学课程的问题及教学方法，对我国基础教育阶段公民教育的实施具有重要的参考意义）、《变革中的公民身份：教育中的民主与包容》（[英] 奥斯勒；斯塔基著，王啸等译）（该书立足于世界公民身份，关注社会公正和年轻人的社会参与，对公民教育如何才能满足学习者在多元文化与全球化社会中的需求、学校如何才能化解纪律性与包容性之间的紧张关系等问题做出了回应）、《公民身份：世界史、政治学与教育学中的公民理想》（[英] 希特著，郭台辉等译）等。

研究西方公民教育思想及学校公民教育实践的代表成果有《比较公民教育》（唐克军著）等（其他代表成果参见绪论）。此外，一些学者对苏联和俄罗斯的学校公民教育也进行了深入的研究。这些研究为我国开展公民教育提供了丰富的可资借鉴的理论与实践经验。

二是以中国社会全面转型为背景，构建中国特色的公民教育。在借鉴国外公民教育理论资源的同时，中国学者也从中国现代化实践出发，建构有中国特色的公民教育理论（其他理论参见绪论）。

三是公民教育实验学校的有益探索。在政府的积极倡导，学术界的理论影响

① 中华人民共和国教育部. 普通高中思想政治课程标准（实验）[OL]. http://www.pep.com.cn/rjqk/sjtx/sxzz/pg2004_3z3/201101/t20110106_1006355.htm，2004-12-29.

下，一线的许多学校从本校实际情况出发，积极探索公民教育的实践路径，涌现出像深圳市中央教育科学研究所南山附属学校等一些优秀的实验学校。

中央教育科学研究所南山附属学校是教育部中央教育科学研究所和南山区教育局于 2002 年 7 月联合创办的一所九年一贯制公立学校（2014 年 6 月更名为南山第二实验学校）。时任校长李庆明十分重视德育，提出了独具特色的“五公”教育：“追求公民人格完善，培育学生的自我识；遵循公德基本伦理，养成学生的尊重意识；倡导公益精神，树立学生的关爱意识；学会公共事务参与，发展学生的民主意识；促进公理世界认同，增强学生的和平意识。”（赖配根，2009：53-61）

“五公”教育在丰富的学校生活中逐步开展。第一，南山附属学校通过创设博雅、兴趣、专长三类学分制个性化课程来培养学生的个性及自我意识。“博雅类根据‘五个天天’（天天奥运、天天艺术、天天英语、天天科技、天天阅读）要求，开设了音乐欣赏、影视赏析、科普指导、文化阅读、健身活动等课程；兴趣类按照学生的爱好开设‘超市’式课程，如‘英语歌曲赏析’‘手工制作’‘小说阅读’‘实验数学’‘生活中的科学’等等；专业类则根据学生的发展潜力和基础成立准专业性社团，如合唱团、管乐团等。”第二，为了培养学生的公德心，“附属学校提出了‘毋伤己、毋损人、毋害物、毋坏事、毋违规’的公德基本原则，并据此制定了《学校一日行为规范》《公共领域学生行为细则》。希望借此并通过‘一日常规’‘一周一事’的强化训练，使学生逐步树立起牢固的公德心。”第三，为了传授公益精神，附属学校通过成立义工交通妈妈组织、开展慈善捐赠等活动来培养学生的关爱意识。第四，附属学校倡导通过学生参与公共生活来培养其自主能力及民主意识，如班级自主管理、社团、“年度竞选”等。其中最具魅力的民主生活就是学校组织的“年度竞选”。这项活动在每年 10 月中旬至 11 月中旬进行，历时 1 个月，竞选岗位有班级导师小助理、年级主任小助理、少先队大队长、学生自主管理委员会会长、校长小助理。其中，校长小助理竞选最激烈。它要经过 4 轮海选：班级海选—年级海选—年段海选—全校海选。“全校海选先是候选人进行自我介绍及施政纲领演讲、才艺展示，然后是对手质疑，最后是全民投票，再由学生组成的选举监察委员会统计结果——得票最多的 3 人当选（低中高年段各 1 名），任期 1 年。”1 周后结果出来，然后就会举行就职暨新一届学生自主管理委员会成立仪式。会议上，“选举监督委员会宣布当选者名单，落选人向对手祝贺，校长向小助理颁发聘书，小助理宣誓、发表就职演说”。整个过程程序完整、严谨、公开、透明，让学生体验了什么是民主。最后，附属学校通过组织如纪念“9·11”遇难者和祈祷世界和平的仪式等活动来培养学生向往世

界和平的胸怀。（赖配根，2009：53-61）

## 第三节　民主制度生活与公民教育的互动

### 一、民主制度生活：公民教育的摇篮

从中西方公民教育的历史沿革来看，公民教育不是凭空发生的，而是在特定的社会历史背景中产生和发展起来的，它与社会制度的民主与否直接相关。具体而言，两者的互动关系表现为以下两方面。

1）公民教育所塑造的公民精神是民主制度的重要前提和基础，没有相应的公民精神支持，民主制度就很难良性地运作和巩固。民主作为一种生活方式，其建构不只是制度建设问题，还是有关社会成员价值观、生活方式等的转型问题。民主的建构过程实际上是社会成员理解、认同、接纳及践行民主的过程。因此，本杰明·巴伯说："对于强有力的民主而言，所依靠的概念在于自我管理的公民群体，他们之所以能够致力于共同的目的和联合的行动，是由于他们的公民态度和参与机制，而不是由于利他主义或良好本性。"（Benjamin，1984：117）简而言之，民主制度的良性运转需要公民具备诸如民主参与等公民精神的支持。民主参与作为民主观念指导下的公民参与，其习得离不开公民教育。通过梳理公民教育发展脉络，我们发现公民教育与民主息息相关，因为其核心目标始终与树立民主价值，培养自由民主的公民紧密相连。

2）没有民主制度架构下的公民经历和体验，没有民主制度的教育和训练，公民精神也是很难形成和成熟的。要提高公民精神，单凭说教是不够的，必须使民众有学做公民的机会。只有提供一个制度的平台，民众才有训练当公民的机会。在公民的民主实践过程中，公民素养不断获得提高，制度也不断获得改善。不给民众学做公民的机会，一味高高在上地指责民众素养低，就像成年人不许孩子开口说话、迈开腿走路，而又指责其语言能力、行走能力低下一样，十分荒唐。"日本明治维新时代的启蒙思想家福泽谕吉说得好：'民主是一种操作制度，关键是运用，不要担心人民不会使用民主，也许第一次选举出一个不太合意的人物，只要选举这个民主程序能够坚持下去，人民就可以再选出一个稍好一些的，第三次就会更好一些，人民会在实践的过程中，成熟地运用民主。'"（陈永森，2004：488）正是这种民主制度架构下公民的经历和体验，使公民学得民主的规范，接受民主的理念，养成民主的行为习惯，并将民主制度内化到自己的人格体系中，

从而使公民教育得以发展；与此同时，公民教育的发展与完善，又巩固和推动着民主制度的发展。所以，公民教育的发展与民主制度的建构在时间上孰先孰后，并没有一以贯之的固定模式，也就是说，成熟的公民教育不是民主制度建立的必要前提，民主制度下的公民民主生活经历是民主意识培养和成熟的必要前提，但不是充分必要的前提。

公民教育作为为社会培养公民的教育活动，在古希腊民主城邦时期就出现了。与现代民主政治相适应的公民教育则兴起于近代的欧洲，是为了配合资产阶级反对中世纪神权统治和封建专制压迫的民主革命斗争而兴起的。因而，反对神权、追求人权，反专制、追求民主，反对特权、追求平等，反对束缚、追求自由等公民权利成为公民教育的基本价值诉求。当然，在其漫长的发展过程中，公民教育的价值诉求在不同时代、不同国家有不同的侧重。这正是各国民主政治发展状况的真实反映。历史证明，民主政治制度的发展必然带来发展公民教育的要求，只有公民教育才能培育出具有自由平等、民主法治、权利义务意识的现代公民。现代公民是民主政治的主体，民主政治制度之所以能兴起和发展，正是广大公民为了争取和享有民主权利的结果，也只有具有主体意识的现代公民才能维护和推动民主政治向前发展。

## 二、民主制度生活与公民教育的互动类型

通过前面从制度视野对中西方公民教育历史演进的考察，我们大致可以总结出民主制度生活与公民教育互动的两种类型。

### 1. 两者同步发展，相互推动

在原生自发型的民主国家中，民主制度生活的进程与公民教育发展、公民成熟基本是同步发展和同步扩展的。互动的典型过程是：民众中先有部分人产生了民主意识，推动了某种程度的民主的建立，然后在有限的民主制度下，一方面在享受民主权利的社会集团内部培育了更大范围的公民意识；另一方面在民主权利集团政治行为的影响下，促使没有充分公民权利的社会集团也产生了民主意识，继而又争取更大范围的民主。以美国为例，对公民教育的强调可看作是民主制度生活逐渐扩展的过程。托马斯·杰弗逊（Thomas Jefferson，1743—1826）是美国的三大开国元勋之一。独立革命胜利后，他认为，“理想的‘共和政体’应该是一个有道德、充满民主精神、人民安居乐业的民主社会，即‘由全体公民按照多数确立的规则、直接而亲自进行治理的政体’”（肯尼思·W. 汤普森，1997：130）。

而要使每一个公民成为治理过程中都起作用的一员，那么每一个人都应该有平等的机会接受自由、民主的教育。因此，杰弗逊主张教育要“改进每个公民的道德和学识，使每个人都懂得他对邻居和国家应尽的责任；了解自己享有的权利，维护秩序和正义……学会按自己的意愿选举自己信任的人进入代表机构；学会聪明又正直地观察自己身处其中的所有社会关系……要使每个公民都懂得自己的权力、利益和职责。”（张民选，1992：143）杰弗逊的公民教育思想既是美国建国早期民主政体发展的时代反映，也是其民主理论在教育上的具体体现。19 世纪是美国民主政治不断深化的重要时期。政党成为本时期美国公民教育的重要方式。美国学者查理斯·爱德华·麦理安（Charles Edward Merrian）对此时期政党制度对于公民教育的意义进行了论述。20 世纪是美国民主政治由大社区向大社会转化的时期。在这个转化过程中，公民教育在美国民主社会延续过程中起到了重要的作用。杜威在 1916 年发表的《民主主义与教育》一书中写道：“由于民主社会实现了一种社会生活方式，各种利益相互渗透，并特别注意进步或进行调整，这就使民主社会比各种社会更加关心审慎的和有系统的教育。”（约翰·杜威，1990：92）1994 年美国公布的《2000 年目标：美国教育法》中对如何成为一个好公民做了进一步的强调：“到 2000 年，所有 4、8、12 年级的毕业生应该能够掌握具有挑战性的内容，包括公民学和政府，以便他们为承担公民责任、进一步学习和有效工作做好准备。所有的学生将会参与能增进并展现良好公民资格、社区服务以及个人责任的相关活动。”“到 2000 年，每一个成年美国人都应该是有文化的，并能够掌握履行公民权利和职责所必需的知识和技能。”（Kennedy，1997：146）

2. 民主建制超前于公民参与能力

在外生后发型的民主国家中，民主制度的建立往往不是自然和自发的，其发展进程与公民教育发展、公民成熟也不同步。在世界性民主浪潮及本国社会发展的推动下，这些国家中一部分社会精英开始具有公民意识。他们受到急于民族发展及民主化潮流的裹挟，领导其所在国家在民主资源先天匮乏的情况下直接建立起完整形态的民主制度。这样就出现了民主建制超前于公民参与能力的情况。在这种情况下，民主制度与公民教育的互动关系呈现出以下两种情况。

1）民主制度由外向内推动公民教育发展。民主制度勉强生存下来，借助民主制度及其指导下的生活体验，公民对民主制度由陌生、接受到适应，最终形成民主的精神品质。至此，民主已由外在的、人为的权力建制转化为公民的内在品格。以德国为例，借助民主制度和民主生活，公民意识不断发育成熟。与欧洲其他国家相比，德国的民主制度发展历程非常曲折。当英、法等国已纷纷走上资本主义发展道路，开始建立民主政体时，德国还处于邦国林立的封建割据状态。1918年11月，德国进行了自1871年统一以来的第一次政治制度变革，建立议会民主制替代君主专制制度。1933年，这一民主制度被德意志第三帝国的法西斯独裁制度替代。第二次世界大战后，在英美等国的强制要求下，德国建立了民主制度。初建时，民众对民主的支持率并不高。1951年的调查显示，45%的受访者仍然怀念霍亨索伦王朝，42%的人思慕第二次世界大战前的第三帝国，而对魏玛和波恩两个共和国的评价都极低。直到1970年，支持民主的人才达到90%。与民众对民主的支持率由低到高的变化过程相一致，民众的公民意识也在不断增强。1976年的调查显示，“89%的受访者表示愿意参加在请愿书上签名的活动，88%的人赞成参加公民创制团体，59%的人愿意参加经过批准的政治示威活动，愿意参加联合抵制的受访者也达到了25%。在20世纪70年代后期，在联邦德国已经有约3000个公民创制团体，成员总数达到了200万。1959—1975年，参加志愿组织的西德被访者的比例从44%增加到59%，积极活动者的比例从7%增加到17%，已经超过了英国在1959年的水平（13%）”（马超，2005：26-30）。当然，在民主支持率较低的情况下运行会带来很多问题，但只要民主制度能够维持下来，终将成为民众的一种生活方式，从而带动公民教育的发展。

2）超前的民主制度被颠覆，威权主义卷土重来。这种情况在东南亚国家表现得比较突出。第二次世界大战至20世纪60年代初，在世界性民主潮流的影响下，东南亚国家先后仿效西方议会民主体制对本国政治体制进行改革。但事与愿违，移植并没有使其走上真正的民主道路，反而导致了经济的停滞、政治的混乱。于是，适应特定历史条件的威权主义卷土重来，逐渐代替原来的民主政体。虽然民主化进程在这些国家遭受了失败，但民主的经历仍然发挥了公民教育的功能。美国政治学家塞缪尔·亨廷顿通过对世界范围内三次民主浪潮的分析认为，有过民主经历的国家再民主化要比从来没有过民主经历的国家更容易些，即使是一次失败的民主经历，也是实现民主化最好的条件（塞缪尔·亨廷顿，1999）。

# 第二章

# 学校制度生活的开启与公民教育目标的实现（上）

## ——学校制度生活的内涵与结构

从中西方公民教育的历史演进我们可以看出，公民教育是民主政治制度的伴生物，公民教育的发展及健全公民的培养离不民主的政治环境。对于学校公民教育而言，学校制度生活的民主与否直接影响到公民教育的实施及健全公民的培养。因此，为了了解和完善中国当前学校公民教育实施的制度环境，我们首先需要对学校制度生活的内涵与结构问题进行阐述。

学校作为一个社会组织，必定有一套适合自身运行的规则体系，这些规则体系是学校共同体成员共同生活必须遵循的行为模式。这些规则因它们存在方式的不同而有所差别。有些规则是稳定的、理性化的、系统化的，且是成文的；有些规则既不稳定，也比较零散，且只存在于人们的意识之中。前者表现为正式的学校制度，后者则表现为道德、校风、学校传统等。因此，我们可以从制度的维度（即具体的学校生活是由学校制度调控还是由道德、学校传统等调控）把学校生活区分为学校制度生活与学校非制度生活。

## 第一节　学校生活的内涵与类型

学校制度生活是学校生活的重要组成部分，因此，为了全面而准确地界定学校制度生活，我们需要对生活及学校生活有清晰的理解。

## 一、生活的内涵与类型

在日常生活中，我们经常使用“生活”，谈论“生活”，当然也了解“生活”，似乎没有什么比“生活”更常见、更熟悉。不过，熟知未必真知，一旦追问或反问“生活是什么”或“什么是生活”将会茫然不知所措。正如大多数学者指出的那样，生活是“一个含糊而又复杂的概念”，生活问题是古往今来最为深奥的哲学问题之一。因此，面对这样一个复杂问题，本书只能从已有“生活”理论的启示中，对“生活”一词的内涵提出一些看法。

### （一）生活的内涵

生活是个复杂概念，古今中外学者依据不同的视角对生活概念做出了不同的理解。代表性的观点如下。

#### 1. 生活即是人的各种活动

从广义的角度看，生活是指人为了生存和发展所进行的一切活动及其所产生的一切。克里希那穆提就是在这个意义上理解生活的，他说：“生活是美、悲哀、喜悦和困惑；它是树、是鸟、是水中月；它是工作、痛苦和希望；它是死亡、寻找永恒、信仰或否认至上；它是善、恨和忌妒；它是贪婪和野心；它是爱和缺乏爱；它是创造能力、追逐权力的机器；它是深不可测的极乐；它是头脑、禅修者和禅修。它是所有这一切。”（克里希那穆提，2005：197）无独有偶，我国现代新儒学大师冯友兰先生也是在这个意义上理解生活的。他提出：“人生就是‘人之生活之总名’，人生的当局者是人，吾人的生活就是人生，人们的动作行为，举措设施等一切都是人生，所谓吃饭、生孩子、招呼朋友以及一切吃苦或享乐是人生，就是问人生，讲人生，也都是人生。所谓人生的真相也就在于此。”（冯友兰，1996：333）因此，广义的生活概念不仅说明了它的主体——生活着的人，指出了人生存和发展的背景——自然和社会空间，也表达了人的存在状态——悲哀或喜悦、吃苦或享乐等，而且道出了人的生活的核心——人的生命活动。

#### 2. 生活即生命

把生活当作人的生命活动的动态展开过程是在狭义上使用和理解生活这一概念。人的生命活动是生活的实质与核心，它的动态展开构成了人的全部生活。马克思认为：“生产生活就是类生活。这是产生生命的生活。一个种的全部特性、类特性就在于生活活动的性质，而人的类特性恰恰就是自由的有意识的活动。”

（中央编译局，1995：46）在这里，马克思不仅指出了生活的实质即是人的自由生命活动，而且表明了人的生活不是现成的，而是人自己创造的结果。我国著名教育家梁漱溟先生也认为生活即生命，他说："生命与生活，在我说实际上是纯然一回事……""生命与生活只是字样不同，一为表体，一为表用而已。""'生'与'活'二字，意义相同，生即活，活亦即生。""所谓'生活'者，就是自动的意思，自动就是偶然。""生命是什么？就是活的相续。"（宋恩荣，1989：217）

3. 生活即经验

在杜威看来，生活与经验乃是同义词。他说，"生活这个词表示个体的和种族的全部经验……包括习惯、制度、信念、胜利和失败、休闲和工作。""我们以同样丰富的含义使用'经验'这个词。通过更新而延续的原则，适用于最低生理学意义上的生活，同样适用于经验"（杜威，2010：7）。经验与它类似的生活一样，"既包括人们所做的、所遭遇的事情，人们所追求的、所爱的、所相信的、所忍受的事情，也包括人们怎样活动和接受活动，人们行动和遭受、意欲和享受、观察、信仰、想象的方式"（杜威，1981：272）。

4. 生活专指精神生活

胡塞尔认为生活即精神生活，他说，"作为一个个人活着就是生活在社会的框架之中，在其中，我和我们都一同生活在一个共同体之中，这个共同体作为一个视界而为我们所拥有……在此，'生活'一词不可取生理学的含义，而是指有目的的生活，它表明精神的创造性——在最广泛的意义上说，它在历史中创造文化。正是这种生活构成了种种精神科学的主题"（胡塞尔，1988：135）。解释学之父狄尔泰也关注人的生活的精神性。他说，"生活——人类的精神生活，它是人类文化的一种整体建构，它是人类存在的一种最高境界，它成为人本身。它创造生命的价值，因此，它本身就含有生命的意义。但是，生活还并不就是一种确定的理论范畴，它乃是一种现实，它的背景就是人类的永恒历史"（周国平，2005：195）。

5. 生活即人的生成

我国学者李文阁博士从生活的目的出发，把生活理解为人的自我生成。他说："所谓生活，其实是人的自我生成之过程，生活的本义就是人的生成。""人的生成是内蕴于人类活动背后、支撑着人类活动无限向前的东西。"李文阁博士认为，以往对生活的界定并没有真正理解生活，因为这些定义只规定了生活的外延，没有揭示出“我们为什么把这些东西称为生活”或者说把“这些活动‘串联’起来的是什么”（李文阁，2005：21-22）。因此，要真正地理解生活，需要我们到现实生活之中去追寻生活的价值，寻找那个把生活中各种活动串联起来的东西。

通过以上简单列举我们可以发现，生活的概念是多么的复杂。生活是人的生活，只有人表现着生活。现存的每个人都在体验着生活、创造着生活。已故的人也曾体验、创造过生活。因此，每个人都有对生活的理解，我们不可能穷尽所有的生活定义。

在这里，本书把生活定义为人不断展开的生命活动，是实现自我存在与发展的活动过程。它包含以下几层含义。

1）现实的个人是生活的主体。生活是人的生活，生活的主体只能是生活着的现实个人。“一种生活如果忘掉了人、遗忘了人，那这种生活就不再是人的生活。”（高德胜，2005：13）同样，如果人离开了生活，人也就不构成生活的主体。在这个意义上说，生活具有自我性，人具有生活性。“我连续不断的生活，就是‘我’”，因此，“不能将‘我’与连续不断的生活一分为二。”（宋恩荣，1989：217）此外，人与生活的共在性也决定了两者的内在统一性。对此，马克思说：“个人怎样表现自己的生活，他们自己就是怎样的。因此，他们是什么样的，这同他们的生产是一致的——既和他们生产什么一致，又和他们怎样生产一致。”（中央编译局，1995：67-68）

2）生活由创造性活动构造而成。生活的实质就是人的生命活动的展开过程，因而，生活不是现成的、永恒的静态存在物，而是处于不断的形成过程中，是人创造性活动的结果。同时，创造性活动本身也构成了人的生活内容。在这个意义上，生活是创造的结果，具有创造性，而不是给定的。我国著名教育家陶行知先生在生活教育论中也强调生活的形成性、创造性。他说，什么叫生活？“有生命的东西，在一个环境里生生不已的就是生活。”（中央教育研究所，1981：109）在这里，陶行知先生精辟地论述了人的生活不仅是持续不断的生命活动结果，而且更为重要的是创造生命活动的过程。

3）生活的目的指向人的发展。人不仅仅是物质性存在，更是精神性存在；人不单单围绕日常物质活动展开生活，而且以精神活动为中心来展开生活；人不仅有生存的需要，更有发展和完善的需要。不论是物质性，还是精神性，都是人性的组成部分，是人的不同存在方式；不论是物质生活，还是精神生活，都是人的生活，是人的不同生活方式；不论是生存，还是发展，都是人的需要，是人的不同层次的需要。但是，在最一般意义上，是发展，而不是生存更能体现人之为人的特性。因此，从人类生活的总体来看，支撑人持续不断地展开生活的动力不是人的存活，而是人的发展。因而，人的发展才是生活的最终目的。

### （二）生活的类型

“内涵与外延的揭示是对于一个对象的最为基本的界定。”（衣俊卿，2005：11）因此，为了呈现本书对生活概念的一般性理解，有必要在对生活内涵把握的基础上，从外延的角度揭示生活的含义。

依据不同的划分标准，我们通常可以把生活划分为不同的类型。

1. 物质生活与精神生活

根据人的不同需要及需要满足方式的不同，人的生活可以区分为物质生活与精神生活。因为“人具有物质精神二象性”，是物质性与精神性的统一体，所以人不仅有物质性需要，而且有精神性需要；不仅从事物质生产，而且从事精神生产（林德宏，2001：4-7）。这样，人的生活不仅表现为物质性，而且表现为精神性，体现物质性的物质生活与蕴含精神性的精神生活是人的完整生活不可或缺的两个组成部分。对于人而言，既没有单纯的物质生活，也没有单纯的精神生活；人的物质生活总表现出目的性、自发性，而人的精神生活也总是需要借助于物质生活才能得以实现。人的生活的这种整体性要求我们对物质生活和精神生活的理解必须从它们在人的生活总体中的作用及相互对比中进行。

据此，我们认为，所谓物质生活是指人为满足自身的物质性需要，而利用物质工具，从事物质生产，进而创造出人类生存与发展所需的物质财富的一切活动。其中，物质性需要的满足是物质生活的目的，利用物质手段，从事物质生产是物质生活的特有方式。

所谓精神生活则是指人为满足自身的精神性需要，“有精神投入和精神（文化）交流的，并对主体自身的精神状态与精神建构带来直接影响的，包括精神文化的创造与消费在内的一切活动”。其中，满足精神性需要是精神生活的目的，“有精神文化投入与精神文化交流是精神生活的根本特征和内在要求，对主体自身的精神状态和精神建构带来直接影响是精神生活的功能与作用”。（张同基，包哲兴，1996，（6）：78-85）

不言而喻，物质生活与精神生活是两种具有不同特性的生活类型。尽管物质生活包含精神性因素，但它在根本上是一种现实的、实在的生活；精神生活虽然也含有物质性因素，但它在根本上是一种象征性的、非实在的生活。

当然，物质生活与精神生活的不同并不意味着它们泾渭分明，毫不相干；相反，它们具有内在的统一性，表现出相辅相成的关系。

一方面，物质生活是精神生活的基础，并制约着精神生活。因为物质生活是保全人的生命存在的前提，精神生活只能在有生命的个人的存在条件下进行，同时物质生活资料的相对匮乏也要求人类的精神生活服务于物质生活资料的积累。因而，精神生活以物质生活为基础，并受制于物质生活的约束。关于物质生活与精神生活的这一关系，马克思直白地说道："精神从开始就很倒霉，注定要受物质的纠缠"。（中央编译局，1995：34-35）

另一方面，精神生活的相对独立性与超越性决定了精神生活在某种程度上规定着物质生活的存在形式。精神生活的相对独立性是指精神生活具有自身独特的发展规律与运行特点，具体表现为精神生活与物质生活发展并不完全同步（或者超前于物质生活，或者落后于物质生活）；精神生活具有历史继承性，精神生活不仅受到物质生活的制约，还受到社会政治、文化传统等的影响；精神生活具有能动反作用（促进或阻碍作用）。精神生活超越性的具体内含体现在：精神生活是整体性的个体生活对狭隘的个体生活的超越，是无限的、可能的未来生活对有限的现实生活的超越，是精神价值对物质价值的超越，是多元意义对一元意义的超越等。在这个意义上，精神生活对物质生活在某种程度上的决定作用就是借助于它在未来可能生活中选择出各种水平的理想生活类型去引领人的物质生活，使之具有意义性、理想性，从而趋向于可能的理想生活。这样，精神生活通过对人的物质生活的引领与超越而成了人的物质生活的必要条件。

2. 日常生活与非日常生活

布达佩斯学派主要代表人物阿格妮丝·赫勒与我国著名学者衣俊卿以个体再生产与社会再生产为基点，把整体的人类生活划分为日常生活与非日常生活两大类型。

按照他们的理解，日常生活是指以个体的生命维持与延续为旨归所进行的各种活动的总称。赫勒在其代表作《日常生活》一书中开宗明义地指出，"如果个体要再生产出社会，他们就必须再生产出作为个体的自身。我们可以把'日常生活'界定为那些同时使社会再生产成为可能的个体再生产要素的集合"（阿格妮丝·赫勒，2010：3）。衣俊卿教授则更明确地说，"一般说来，所谓日常生活总是同个体生命的延续，即个体生存直接相关，它是旨在维持个体生存和再生产的各种活动的总称"（衣俊卿，2005：13）。它包括三种基本活动类型：①日常消费活动，即"以个体的肉体生命延续为宗旨的日常生活资料的获取与消费活动"，如衣食住行、饮食男女等；②日常交往活动，即“以日常语言为媒介，以血缘关系和天然情感为基础的日常交往活动”，如杂谈闲聊、礼尚往来、情感交流、游戏等；③日常观念活动，即是指贯穿于包括日常消费活动和日常交往活动在内的一切日常生活活动中的一种自在的思维活动。这样，围绕个体生命维持与延续的日常消费活动、日常交往活动和日常观念活动构成了日常生活的基本框架，它们从不同的角度反映了日常生活的特征——自然性、重复性、非反思性。

1）日常生活运行在总体上遵循一种自然的流程，因而它呈现自然性。例如，“一天的日常生活由昼与夜和人的饥饿与温饱、体力消耗与恢复（睡眠）等自然和生理节奏所规定；一年的日常生活由春夏秋冬四季运行的自然规律所框定；而一生的日常生活则在生老病死所规定的生理变化坐标系中展开；群体的日常生活的进程则由个体的日常生活的交叉和一代又一代人的日常生活的自然交替所构成”（衣俊卿，2005：219-220）。

2）重复性与创造性是人的两种基本存在方式。日常生活所涉及的内容都是人的生命维持与延续所不可或缺的基本条件，它们具有相对的稳定性与不变性；同时，日常生活总是有意识或无意识地遵循实用主义原则。因而，日常生活在一定程度上是一个重复性的生活领域。日常生活的这种重复性不仅体现在形式上，而且体现在内容上。从形式上看，不论在传统社会、现代社会还是未来社会，每个人每天都在相对恒常的时空中，按照相似的方式开始、展开和结束一天的生活。从内容上看，无论人类社会如何发展，吃饭、劳动、休闲、睡眠都是每个人每天日常生活的基本环节。

3）日常生活是借助传统、习惯、风俗、经验和常识等实现自身的，因而它不是一个公开而充分运用理性的自觉过程，而是一个非反思性的自在过程。反思是人的本质特征之一，但我们并不时时刻刻都需要反思。日常生活的自然性、重复性、实用主义等特征决定了日常生活是一个日用而不知的过程，日常生活中的消费、交往在大多数情况下都是不假思索的结果。

所谓非日常生活，“是同社会整体或人的类存在相关，它是旨在维持社会再生产或类的再生产的各种活动的总称”（衣俊卿，2005：13）。它由两个基本层次构成，即非日常的社会活动领域与非日常的精神生产领域。非日常的社会活动领域主要包括社会化大生产、政治活动领域、经济活动领域、公共事务领域、技术操作活动领域等。这些诸多的社会活动领域都超越了基于生存本能、血缘关系和天然情感的日常生活，建立了各自的运行规则与机制，并借助于法律制度来调节和维持本领域的正常运行。也正是在这个意义上，赫勒与衣俊卿教授把非日常的社会活动领域称为自在自为的制度化领域。赫勒说道："自在自为的客观化领域是由于自在和自为的两个领域分化而产生的。这是社会——经济——政治诸制度的领域。这些制度建立它们自己有关交往、活动和程序的一整套规范和规则。"（阿格妮丝·赫勒，1990：59-64）非日常的精神生产领域则是指自觉地运用创造性思维进行科学、艺术、宗教、道德、哲学等精神生产的自为性生活领域。

这样，日常消费活动、日常交往活动、日常观念活动、非日常的社会活动领域和精神生产领域整合在一起形成了人类整体生活蓝图的金字塔结构（衣俊卿，2005：13）。①处于金字塔底层的是日常生活，它构成了人类生活的条件。日常生活是"所有活着的人所必须共享，所有死去的人所曾经共享以及所有未出生的人所必将共享的一切东西"（阿格妮丝·赫勒，1990：59-64）。②处在金字塔顶端的是非日常的精神生产领域，它们为人类生活提供意义，因而是最高的生活领域。③处在日常生活与非日常的精神生产领域之间的非日常社会活动领域则构成人类生活金字塔结构的中间部分。它由日常生活与精神生产领域分化而来，在总体上依赖于作为人类生活条件的日常生活和为生活提供意义的精神生产领域。同时，社会活动领域作为制度化的领域也给日常生活和精神生产领域以确定的形式，但并不总能同化它们。

3. 过去生活、现实生活与未来生活

从时间的样态来看，人的生活可以区分为过去生活、现实生活和未来生活。生活的过程就是人的生命动态展开过程，而生命（不论是个体生命还是共同体生命）不仅是一个结构关联，由认识、情感、意识构成，而且也是一个时间关联。作为时间关联，"生命总是一个历程，总处于绵延不断的时间之流中"（李超杰，1994：110）。正如卡西尔在《人论》中指出，"有机物绝不定位于一个单一的瞬间。在它的生命中，时间的三种样态——过去、现在、未来形成了一个不能被分割成若干个别要素的整体。""现在包含着过去，而又充满了未来。我们不能在描述一个有机物的瞬间状态时，不把这个有机物的整个历史考虑进去，不把这种状态与其未来状态相关联"（恩斯特·卡西尔，1985：63-64）。在这个意义上，生活与生命的同一性决定了生活也是一个永不停歇的时间之流，时间性也是人的生活的重要特征。回忆过去、立足现在、展望未来乃是人的生活不可分割的组成部分。因此，从生活的时间性出发，我们把人的生活可以区分为过去生活、现实生活和未来生活。

过去生活是人曾经经历过的生活，它不仅被包含在人的现实生活中，而且也在一定程度上影响着人的现实生活状态。许茨把这种由个体生活经验积淀而成，并时刻影响着人现实生活的过去生活视为“生平情境”。他说：“人在其日常生活的任何一个时刻，都会发现自己处在一种被从生平角度决定的情境之中”。（阿尔弗德·许茨，2001：36）在这种情境中，人拥有自己的独特立场（或是由外在时空确定，或是由其社会地位和角色决定，还可由其道德和意识形态立场确定。）“说这种情境界定是从生平角度被决定的，也就是说它具有它的历史；它是一个人所有以前经验的积淀，是通过他现有的知识储备所具有的习惯性所有物而得到组织的”（阿尔弗德·许茨，2001：36）。

现实生活是人正在经历着、体验着的生活，它是过去生活的延续、未来生活的基石，它在对“当下”的意识中就已经包含了过去和将来。

未来生活则是人将要去过的可能生活，是“每个人所意味着去实现的生活”（赵汀阳，2004：148）。与过去生活和现实生活相比，未来生活是人对现实生活发展趋向和可能前景的理解与把握，是一种具有超越性、意义性、理想性的生活。在我们的生活世界中，未来生活是一个必不可少的因素，并在一定程度上起支配作用。威廉·斯坦恩曾说：“观念生活的整个早期发展的特点就在于，这些观念似乎并不全是对过去某些事件的回忆，而是对未来的期望，即使仅仅是指向一个直接当下的未来。在这里我们从一开始就遇见了一个一般的发展法则；意识所抓住的与其说是对过去的关联，不如说是对未来的关联。”（恩斯特·卡西尔，1985：68）

总之，人的生活处于不断的形成过程中，是人的生命活动在过去、现在、未来的持续展开，过去生活、现实生活和未来生活构成了人的生活不可或缺的组成部分。

以上是我们从三个不同维度对生活概念所做的外延揭示。由于人的生命活动展开形式有所不同，关注内容也各异，且在时间维度上也有先后。因此，我们可以把生活做领域、内容、时间的划分，可以在概念上把物质生活与精神生活、日常生活与非日常生活、过去生活、现实生活与未来生活区分开来。但同时我们也不能遗忘这样一个事实，即“生活本身是一个整体，并不存在一个天然的裂缝或纹理可供我们截然的切割”（高德胜，2005：14）。因此，我们对生活所做的类型划分只是一个相对意义上的区分，物质生活、精神生活，日常生活、非日常生活，过去生活、现实生活、未来生活之间存在着密切联系。

## 二、学校生活的内涵与类型

### （一）学校生活的内涵

美国社会学家英格尔斯指出，给一个概念下定义有三条途径：一是历史的途径，二是经验主义的途径，三是分析的途径。历史的途径在于发现某个概念的原初含义；经验主义的途径在于从当代的相关论述中获得启示；分析的途径在于从“是什么”的角度对某一概念做出解释（英格尔斯，1981：23）。本书对学校生活的理解从这三个方面进行：首先，总结、梳理已有研究成果对学校生活的理解（历史与经验的途径）；其次，从理性的角度对学校生活是什么做出回答。此外，考虑到当前研究中相关概念如教育生活、校园生活等与学校生活在使用上的模糊，本书也试图对学校生活的相关概念做出辨析。

1. 学校生活的基本内涵

关于学校生活的理解，主要有以下几种代表观点。

第一种观点认为学校生活是学生的生活方式、生活内容、生活过程的总称。例如，胡春光博士认为，“学校生活决不是指‘学校生活环境’，而是包括学生的生活方式、生活内容、生活过程。我们主要从‘生存状态’和‘生存方式’的角度去理解它，即关注学生在学校现实情境中的生命活动，尤其是他们的精神生命活动，关注他们的过去生活、现实生活和将来的可能生活”（胡春光，2007：34）。胡春光博士强调学校生活的动态性、过程性，试图从生存论的角度对学校生活做出描述性定义是值得肯定的，但他仅把学校生活理解为学生的生活方式、内容、过程的总和是不正确的。因为学校生活的主体不仅包括学生，还包括教师，所以学校生活就不单单是学生的生命活动展开过程，也是教师的生命活动展开过程。

第二种观点认为“学校生活是处在学龄期儿童在以学校为主要活动空间的场所里所过的一种有组织、有纪律、时间严格划分，以接受知识为主要目的特殊生活”（陈慧，2006：3）。这一概念从空间的角度把学校生活理解为与家庭生活、社会生活相区别的一种特殊生活。学校生活的这一特殊性不仅表现在它是一种制度性生活，还表现在它是一种同龄人密集、以接受知识为主要目的生活。这一界定基本上抓住了学校生活的本质特征，但其也有遗忘教师这一生活主体之嫌。

第三种观点从学校生活的要素即主体、方式、内容、目的的角度出发，指出“优质的学校生活的主体是学校人，即包括老师和学生，师生的学校生活质量是密切相关的。学校生活的基本内容是文化知识的交流传递和个体精神的生长生成。优质的学校生活最基本的层面是在保障基本学校生活正常进行的基础上学校人之间的相互尊重、彼此激励、积极交流、共同分享；优质学校生活的更高的目标则是学校人潜能的充分发挥，学校人积极向上的生存状态，以及学校活动中创造性的文化知识生活”（刘铁芳，2005：42-45）。这一定义为我们描述了什么是好的或优质的学校生活。学校作为以培养人、发展人为主要目的的场所，如何为师生提供和创造有利于其全面自由发展的学校生活是学校必须做出的回答。因此，刘铁芳教授从理想角度对学校生活的理解为我们反思与建构现实学校生活提供了一个参照系。

第四种观点从学校的公共性出发，认为学校生活是一种特殊的公共生活。张晓东博士认为“学校生活是社会公共生活的重要组成部分，既具有公共生活的一些特征，同时内含教育生活的独特意蕴，是一种特殊的公共生活”（张晓东，2010：18-20）。这种特殊性主要表现为学校生活是一种尊重儿童权利的学习生活、体现批判精神的向善生活、共识与差异并存的多元生活、沟通社会的完整生活。这一定义为我们提供了一个从公共性出发理解学校生活的视角。在以公民培养为教育目标的今天，理清作为特殊公共生活的学校生活的独特意蕴对于营造学校公共生活，进而实现公民培养意义重大。

以上对学校生活的解释是我们理解学校生活的理论基础，与本书对生活概念的理解一脉相承。本书认为，所谓学校生活就是教师与学生在教育活动中为了自我存在与发展所展开的生命活动过程。具体而言，它包含以下几层含义。

第一，学校生活的主体是教师与学生。学校作为一种特殊的社会组织，学校生活有其特殊的主体，即作为社会代表者及文化传递者的教师与作为未来社会成员及文化学习者的学生。教育社会学认为，他们是具有几乎互为相悖的“社会属性”的组织成员。就文化品质而言，作为社会代表者的教师象征的是一种规范性文化、权威性文化，而作为未成熟者的学生则以需求性文化为中心，是一种受抑性文化（吴康宁，2008：257-259）。学校生活的特殊主体构成了学校生活区别于其他社会生活的主要特点之一。

第二，学校生活的基本内容是文化知识的传递。学校是通过有意识地传递人类文化知识遗产而谋求学生成长与发展的正式机构与组织。这些文化知识既包括显性的法定文化知识，也包括隐性的非正式文化知识，还包括学校共同体的生活经验。一方面，文化知识的传递是学校教育的基本职能。学校教育的产生在一定程度上是人类文化知识传承的需要。另一方面，学校传承文化的过程也是促进主体发展的过程。“文化的英文为 culture，其本意就是培养、培育、教养，应当说，这是最典型的教育本义，文化实质上是教育意义上的积累延伸。”（冯增俊，2000：234）

第三，学校生活的终极目标是学生的全面、自由发展。自 20 世纪 80 年代以来，我国教育界关于学校功能的论述逐渐形成了一种泛化功能现象。据燕国材教授考察，就教育的社会功能而言，目前至少有以下几种说法，即教育具有政治功能、教育具有经济功能、教育具有生产功能、教育具有文化功能、教育具有生态功能等。本书赞同燕国材教授的观点，即培养人、促进人的发展是教育的唯一目的与功能，因为“无论政治如何变化，经济如何发展，社会如何进步，教育总是为了解决四个问题，即培养什么人——教育的目的，用什么培养人——教育的内容，怎样培育人——教育的方法，谁培养人——教育者”（燕国材，2003：43-44）。因此，以文化知识传递为主要内容的教育活动乃至全部的学校生活都应以学生潜能的充分发挥、积极生存状态的创造为终极目标。舍此，学校教育将会成为奴役人的工具，学校生活也将成为外在于学校人的异化过程。

2. 学校生活与教育生活

在当前教育理论界，学者普遍在教育即是一种生活方式的基础上理解教育生活。例如，傅松涛教授认为，“所谓教育生活，简明地说，也就是人们的教育存在和活动过程。”“教育生活就是教育活动主体通过教育活动能动地摄取和展示生命的存在和活力，获得和体验到生命的感觉、意识、情趣和价值，满足自身的教育需要，实现自身与外部环境的教育平衡，积极、全面地再现、参与、创造和享有社会生活的过程”（傅松涛，刘树船，2004：1-5）。刘铁芳教授也在此意义上理解教育生活，他说，“任何教育都发生在人的生活之中，教育以人的生活为基础与背景而展开，教育本身即构成了人的生活的部分。教育作为生活的过程乃是一种特殊的生活过程”（刘铁芳，2005：34）。这种特殊的生活过程就是教育生活。

基于以上对教育生活的理解，笔者认为，教育生活与学校生活的关系分两种情况。

如果把学校生活定位于在“学校”这一特殊物理空间中所展开的生活，例如，有学者认为“学校生活是处在学龄期儿童在以学校为主要活动空间的场所里所过的一种有组织、有纪律、时间严格划分，以接受知识为主要目的的特殊生活”（陈慧，2006：3）那么它与教育生活既有联系也有区别。这种联系主要表现为：教育生活包括学校生活，学校生活是教育生活的一部分。傅松涛教授认为教育生活丰富多彩，有多种表现形态，“从教育活动主体的身份角度看，有教师生活、学生生活和校长生活；从日控处所角度看，有学校教育生活、家庭教育生活、社会（社区）教育生活和企业教育生活等；从教育内容的性能和领域角度看，有专业性教育生活和非专业性教育生活（普通社会生活或日常生活）”（傅松涛，刘树船，2004：1-5）。而两者的区别主要表现为所存在的场域不同。学校生活以“校园”为场域，而教育生活不仅以校园为场域，还包括家庭、社会等场域。

如果对“学校”的理解超出了“场域观”，把“学校”定位于一种具有文化表征的教育符号，学校生活与教育生活则表达着相同的意蕴。

3. 学校生活与校园生活

学校生活研究出现了两个表达学校生活之含义的相近概念：一为学校生活，一为校园生活。本书认为，这两个概念并不完全等同。两者在实际运用中的模糊源于“学校”与“校园”这两个词的密切关系。首先，“‘学校’不同于‘校园’”“‘校园’只是一个由学校的围墙所圈限的物理场所，而‘学校’则是超越这一场所限制的文化场域”（周宗伟，2006：17）。其次，“学校”与“校园”密切相关。学校总是占据一定校园的学校，因而没有校园也就没有学校；校园之所以称为校园是因为它是作为一种学校组织的存在，没有学校组织也就没有校园。在这个意义上，校园生活特指物理空间限制下的教育生活，所表征的是学校物质建筑所具有的特殊限定意义。而学校生活所表达的意蕴并非仅把师生展开的教育活动限定在校园这一特殊空间中，学校围墙之外同样可以是学校生活的场所。

## （二）学校生活的类型

学校生活作为教师与学生的存在与发展过程，其形式具有多样性，内容具有丰富性。因而，根据不同的标准，学校生活也可以区分为不同类型。

1. 学校公共生活与私人生活

作为社会公共领域的重要组成部分，学校从根本上说是一个公共领域。但学校同时也是一个独立的组织系统，学校内部不仅表现出公共性，还表现出日常性。正如有学者所言，“总体上看，学校属于公共生活领域，学生、教师、工作人员在这个区域内的活动大多属于公共生活范畴。但是，私人领域也同时存在。例如：几个同学组成一个篮球队，这属于他们私人的小圈子。只要他们的活动不妨碍别人，没有违反公共秩序或者他人权益，别人就不能加以干涉”（王雄，朱正标，2007：33-38）。在这个意义上，我们认为学校系统内部也存在着一个由学校公共领域与私人领域所构成的整体结构。如果这一前提成立的话，根据学校具体生活领域的不同，我们可以把学校生活分为学校公共生活与私人生活。

（1）学校公共生活

公共领域是介于国家与社会之间的领域，是公众影响国家行动的渠道。它是一个坚持公开性、共存性、开放性的领域。学校公共生活不仅为解决学校共同体的公共事务而存在，还为培养学生参与公共生活的能力与精神品格而存在。在这个意义上说，所谓学校公共生活是指学校成员平等地、以正确的方式、自觉地参与学校公共事务，实现学校自治的各种交往活动。学校公共生活“作为社会公共生活的组成部分，它不仅具有社会公共生活的一般特征，同时也具有教育生活的独特意蕴”（张晓东，2010：18-20）。因此，学校公共生活不仅表现出客观性、公共性、共享性，还表现出教育性。①客观性。它包含两个方面的意思：首先，学校公共生活的主体是现实的学校共同体。其次，学校公共生活是学校共同体实践的结果，实践是学校公共生活存在的方式。②普遍性或公共性。学校公共生活是学校共同体所有成员依据公共意见进行共同生活，承担公共责任，形成类意识的活动过程。学校公共生活不是“你的”或“我的”生活，而是“我们”的“共同生活”。公共生活依据的不是“你的”或“我的”行为偏好，而是“我们”共同协调形成的共识。学校公共生活为“我们”提供了共同生活条件，因而，它要求学校共同体共同承担责任。③共享性。学校公共生活是学校共同体追求公共价值并分享公共利益的非竞争性的领域。④教育性。学校公共生活不仅是学校共同体的一种存在方式，还是一种教育途径与方式，具有教育功能。

就学校公共生活的内容而言，在学校范围内，以班级为单位的学校公共活动包括课堂生活、小组活动、晨会、班会、班干部选举、班级制度制订、黑板报的编写等。在全校范围内展开的公共活动有各种制度化的仪式（如升旗仪式、入队、入团、入党宣誓仪式、新生入学典礼、开学或毕业典礼、节日庆典等）、校运动会、学生会干部选举、社团活动、公益活动、听证会等。

（2）私人生活

私人领域总是相对于公共领域而言的，私人领域的内容、范围、边界等都与公共领域有一定的联系。正如学者对公共领域的内容、范围众说纷纭一样，关于私人领域，学者也是见仁见智，观点不一。有学者认为私人领域就是个人生活，如阎云翔教授在《私人生活的变革：一个中国村庄里的爱情、家庭与亲密关系（1949—1999）》一书中指出，“私人领域指的是在理想状态下既不受公众监视，也不受国家权力干预的那部分个人生活。私人领域实现的关键仰赖于家庭，因为家庭以有权对外关闭、自成一体的特性保护其个体成员不受国家权力的侵犯”（阎云翔，2006：12）。有学者则认为私人领域就是经济交往。例如，敬海新博士认为，“私人领域是指私人自主地从事商品生产和交换的经济活动的领域，其中市场机制和私人产权构成私人领域的两大要素，它们保证个人能够自主地从事经济活动和追求特殊的私人利益”（敬海新，2007：12）。私人领域的主要形式有社会劳动领域和商品交换、流通领域，家庭生活，休闲娱乐活动。“在哈贝马斯看来，所谓‘私人领域’，基本上是由‘家庭、邻里关系和社交之类的非正式关系界定的’领域，‘市民社会总的说来一直是私人领域，因而与公共权力机关或政府是相对立的。’”（余维武，2009：44-47）阿伦特则认为家庭领域即是私人领域，这是一个必须性的、被剥夺性的领域。他说：“私人生活领域与公共生活领域的区分对应于家庭领域与政治领域的区分，而至少从古代城邦兴起以来，家庭领域和政治领域就一直是作为两个不同的、分离的领域而存在的。然而，在另一方面，一个既非私人又非公共的社会领域的兴起严格说来是比较晚的现象。从起源上说，它是随着近代而开始的，并且在民族国家中获得了自己的政治形态。”“家庭领域的一个显著特征在于，人们是在匮乏和需要的驱使下才共同生活在一起的。”“家庭内部的自然共同体的产生乃是出于一种必然性，这种必然性制约着共同体的一切活动。”（汉娜·阿伦特，2005：62-63）

综观学者对私人领域的分析，本书认为私人领域不仅是一个空间范畴，更是一种生存方式或生活样式。私人领域是一种自在的、以私人利益满足为中心的存在方式。所谓私人生活是指个人以私人利益为根本指向而展开的各种活动。与公共生活的公共性相对，私人生活的典型特征是私人性，是一种“为我”的生活，即活动的目的始终指向自我。在这个意义上，笔者认为，在学校生活范畴中，凡是以自我存在与发展为直接指向的各种活动都属于私人生活。例如，学生为了个体发展而进行的自主学习活动，教师为了自身发展而进行的自主学习与研究，师生为了生存而进行的诸如日常消费活动、日常交往活动，课外休闲、娱乐活动等。

2. 教师生活与学生生活

正如本书已经指出的，学校生活由泾渭分明的两个群体组成，即作为成人代表的教师群体和未成熟的学生群体。在学校系统中，他们的文化品质不同，地位有别，生活的中心也有所区别。一般说来，在学校教育系统中，每个教师都扮演着两个基本的角色，即“社会代表者与同事：对学生而言是代表者，对其他教师（包括学校领导）而言是同事”（吴康宁，2010：203）。作为社会代表者，教师的首要任务是向学生传递社会文化知识，与学生进行各种正式与非正式的教育交往。当然，社会代表者只是教师在学校系统中的一种角色，与其他教师之间的日常交往也是教师学校生活的重要组成部分。教师的学校生活在一定程度上是交替扮演这两种角色的过程。

与教师角色相对，作为学校成员，学生的角色首先是文化学习者，其次是其他学生的同伴。作为文化学习者，在教师引导下围绕社会规范文化进行学习活动是学生学校生活的主要内容之一。同样，在学校系统中，与同辈群体进行交往也是学生学校生活的需要。教育社会学研究指出，学生同辈群体具有两个主要功能即保护功能与发展功能。“所谓保护功能是指使学生少受或免受成人世界之伤害的功能。”（吴康宁，1998：229）同辈群体通过为其成员提供平等互助的环境而发挥保护功能。“所谓发展功能是指对于学生的社会能力的促进作用。”（吴康宁，1998：232）由于同辈群体之间的交往是一种平等交往，通过参与活动目的、内容的协商，以及活动过程中出现的问题的解决，学生的自我表达能力、竞争与合作能力等逐步获得发展。

吴康宁（2010）教授指出，像学校这样由文化品质完全相异的两极成员组成的社会组织绝无仅有。因此，基于学校生活成员组成的这一特殊性，从学校生活主体的身份角度，我们可以把学校生活区分为教师生活与学生生活。

所谓教师生活是作为教育者的教师为了存在与发展在学校这一特定场域所展开的生命活动。从教师生活的内容来看，主要包括教学生活、教研生活、管理生活、日常消费活动、日常交往活动等。其中，教学生活是教师生活的中心，是教师自我发展、自我完善的过程。依据教师生活的内容，我们认为教师生活表现出以下特征，“‘为我性’和‘我为性’的辩证统一；理性与非理性的统一；日常性与非日常性的统一；同质性与异质性的统一；相对稳定性与动态生成性的统一”（罗儒国，2009：58-64）。

所谓学生生活是指作为受教育者的学生为了存在与发展在学校这一特定场域所展开的生命活动。从学生发展的不同层面来看，学生生活主要包括学习生活、社会生活与政治生活。学习生活通过扩展和提高学生的认识范围与能力而实现学生的个体发展。社会生活则通过帮助学生认识社会，建立人际关系，形成基本的社会生存能力而实现学生的群体性发展。精神生活通过引导学生对学校生活意义及生命价值的追问而实现学生的精神性发展。

教师生活与学生生活并不是彼此分离，而是相互关联的。正如美国学者梅舍与科弗所言，“一种社会角色总是以与其交互作用的另一种社会角色为其存在前提的，比如，没有学生这一角色，教师角色也就毫无意义”[①]。同样，教师生活与学生生活也互为前提，没有学生生活就没有教师生活；没有教师生活也就没有学生生活。在学校范围内，教师生活与学生生活的相互交融构成了学校生活的整体。

① 转引自：吴康宁，1998：222.

### 3. 课堂生活与课外生活

从学校生活的空间维度看，学校生活可以区分为课堂生活与课外生活。

（1）课堂生活

所谓课堂生活是指教师与学生在课堂这一特定场所中，依据特定的目标，通过认识、理解、体验、感悟而进行的精神能量与信息转换活动。这一定义包含以下几个方面的内容：首先，课堂是课堂生活展开的“场所”。在这里，课堂不单单是一个物理空间，而是充满着社会性，是物理空间与社会空间的统一。其次，课堂教学是课堂生活的主要内容。“它包括课堂教学的组织与管理、课程实施、教学评价以及教学反馈等一系列教学活动。”（罗儒国，2009：72）课堂教学与课堂空间交织在一起构成为师生的课堂生活。自夸美纽斯创设班级授课制以来，课堂逐渐成为师生进行教育交往的主要场所，课堂教学也就成了学校的主要教育形式，课堂生活也就顺理成章地成了师生学校生活的主要内容。

课堂生活是师生在课堂情境中的意义建构过程，人际互动的复杂性决定了课堂生活的复杂性。因此，从不同的视角出发，我们可以发现各种特性的课堂生活。古德和布罗菲依据教师类型的不同，认为存在四种对比强烈的课堂生活类型，“第一类是‘不能应对型’；第二类是‘贿赂学生型’；第三类是‘铁腕手段型’；第四类是‘与学生合作型’”（T. 古德，J. 布罗菲，2002：167）。他们认为，这四种类型的课堂生活所存在的差异不能完全归因于学生的类型，在一定程度上取决于教师的类型。因而，这四种存在鲜明对比的课堂生活形态在各种各样的学校中都能找到。

佐藤学把课堂视为微型社会，从课堂的人际关系出发，认为课堂社会存在三种形态。“课堂社会的第一种形态，是对班集体的直接性归属意识与对课堂之规范的无意识承认结合而成的原始共同体社会。”这种课堂的典型特征是：对内追求统一性，如在教学过程中追求认识与文化共识，在人际关系上寻求基于信赖的合作关系。对外则表现出排他主义。“课堂生活的第二种形态，是课堂中权利义务的契约关系与制度性的角色关系所构成的群集性社会。也可以说是以个人自由为前提的市民社会那样的课堂社会。”这一课堂的典型特征是在承认主体自主的前提下强调师生间的契约与制度性角色关系，淡化人际关系的情感纽带。与第一种形态的课堂社会相比，在第二种形态的教学过程中，个人的主体性活动受到鼓励；在人际关系上，则强调个人权利与义务的统一。“课堂社会的第三种形态，是意识到上述两种人际关系并加以变革的实践中所形成的学习共同体。”这一课堂的典型特征是寻求个性与共性的平衡：在教学过程中追求实现个性的主体性活动与体现社会性的合作性活动的统一；“在人际关系上，通过自我探索与社会性联合，寻求主体性与共同体的相互媒介的形成。”（佐藤学，2003：143-146）

（2）课外生活

所谓课外生活是指师生在课堂生活之外，在课余时间或节假日，依据自主、自愿原则而进行的各种活动的总称。与课堂生活相比，课外生活具有内容丰富、形式多样、参与自愿、进程开放等方面的特点。具体而言，从内容上看，课外生活的基本内容包括科技活动、学科活动、文学艺术活动、体育活动、课外实践活动等，有些是有组织的，有些则是师生自发的结果。从形式上看，课外生活既包括不以教育教学为目的的师生共同参与的活动，也包括学生群体共同参与的各种活动，还包括教师或学生个体进行的个别活动。

课外生活与课堂生活虽有本质的区别，但两者也存在一定的联系。根据课外活动指向的不同及是否具有组织性，它可以分为课外的教学生活与课外的非教学生活。因此，课外生活与课堂生活的这种联系分两种情况。第一，课外的教学生活与课堂生活。课外的教学生活又分两种情况，即完全为课堂生活服务和兼具课堂生活与课外生活的特征的课外生活。完全为课堂生活服务的课外生活除了不具有严密的组织计划外，它与课堂生活无异。因此，这种课外生活完全是课堂生活的延伸，对于课堂生活的积极作用是不可忽视的。兼具课堂生活与课外生活特征的课外生活在选择上具有一定的自主性，因此，对于课堂资源的开发及调动学生的学习积极性大有裨益。第二，课外的非教学生活与课堂生活。课外的非教学生活包括体育活动、参观、旅游、绘画等，是一种完全娱乐性的活动，因此，无论是从调节高压的课堂生活出发，还是从陶冶性情出发，它在师生的生命历程中都具有十分重要的意义。

## 第二节　学校制度生活存在之可能

将学校制度生活作为一个概念呈现在人们面前，首先面对的是“学校制度生活”概念何以成立的问题。为了明确这一问题，笔者将从学校生活的制度性、学校制度的生活性及学校生活与学校制度的关系三个方面进行论证。

### 一、学校生活的制度性

在社会学研究中，尽管关于社会组织的构成要素没有统一的观点，但制度（规范）作为社会组织构成要素之一是没有任何争议的。学校作为一个特殊的社会组织，明文规定的规章制度是其正常运行的重要条件，制度性是其重要特征。作为一种制度性存在，学校生活在根本上是制度指导与约束下的生活。具体而言，学校生活的制度性主要体现为以下几方面。

1）学校生活的公共性。现代学校教育是随着现代民族国家的建立而产生的，由国家向全体公民提供，旨在保护公民的教育权利，从而实现其教育福利。在此意义上，公共性是现代学校教育的基本特征。这种公共性主要表现为：①教育机会平等。现代学校教育是基于全体公民需要而由国家提供的，因而它平等地向全体公民开放，具有平等性。②教育目的的公益性。现代学校建立的目的不是出于对贫穷者的怜悯，而是基于对每个公民基本教育权的尊重、认同与保护，以及人类公共福祉的追求。③教育成果的共享性。教育目的的公益性决定了教育成果的共享性，即教育成果不仅使个人受益，而且使他人乃至整个社会受益。总之，现代学校教育的公共性既反映了学校生活的制度性，也要求学校生活具有制度性，以保证学校生活的正常运行。

2）学校生活的科层制。在组织化的现代社会中，科层制已成为社会运行的主要方式，它是一种"基于法理型统治之上的，依职能和职位进行分工和分层，以规则为管理主体的等级组织体系和管理方式"（刘超良，2007：151）。具体而言，科层组织在总体上具有五个方面的特点："其一，坚持等级式的管理和对低层人员的监管。其二，确定和保持适当的垂直交流。其三，制定明确的书面规章和程序以确定标准和指导行为。其四，颁布明确的计划和目标以供参与人员遵守。其五，在组织等级中增加监理人员和行政人员。"（罗伯特·G. 欧文斯，2001：95-96）

作为社会子系统，学校也不可避免地具有组织化社会特征，表现出科层性。对照科层组织的特点，现代学校是一个典型的科层组织。①学校组织结构具有等级性。学校层面形成了一个校长—分管处长—年级组长—班主任—任课教师—学生的等级式金字塔结构，各等级都对最低等级的学生群体进行监督和管理。班级层面也同样存在一个由班主任—任课教师—班干部—小组长—组员构成的金字塔结构，班主任、任课教师、班干部、小组长都对最低等级的组员进行监督。②国家与校级层面的方针政策和指令一般都是通过自上而下方式传递。③学校有明确的规章制度及其执行程序，这些规章制度包括教学管理制度、日常管理制度、学校文明礼仪制度、考核制度、课堂管理制度等。④学校有明确的计划与目标，如教学计划、教学大纲、学科教学目标、单元教学目标、课程表、校历等。⑤校长助理、副班主任等新行政群体的出现。尽管当前关于学校应不应该实行科层制还存在争议，但一个不争的事实是，目前学校至少是一个“准科层制”组织。

3）学校生活的规范性。首先，教师和学生都遵循着一定的行为规范。在现代社会，每个人都扮演着多种角色。对每一个教师来讲，他既是社会中的成员、也是学校中的教师。作为社会成员，他必须遵守基本的社会法律法规；作为教师，他不仅要遵守社会对教师这一特殊职业提出的教师职业道德与规范，同时还要遵守所在学校基于校本提出的有关教师的各项规章制度。对学生来说，作为“半”社会成员，他同样需要遵守基本的社会法律法规；作为学生，他需要遵守学校的日常行为规范等。其次，空间分配和使用有一定的规则。学生进入哪个教室、班级都是学校根据一定的计划安排的，而不是自由选择的结果。同样，在班级中，学生处在班级的什么位置也不是自己说了算，教师总是依据一些或明或暗的规则把每个学生放置在属于他（她）的位置上。此外，“学校空间的使用也有严格的制度规定。一般而言，教学区、生活区、办公区是有严格划分的，相互之间互不干扰”（高德胜，2005：203-204）。

## 二、学校制度的生活性

### （一）作为一种生活方式的制度

作为现代社会的重要维度，制度已成为众多学科与学者研究的重点。然而，由于研究背景及视角等方面的差异，人们对制度有不同的理解：有人把制度理解为思想习惯，有人把制度理解为一系列正式的规范体系，有人则把制度理解为一种行为模式，有人把制度理解为社会系统……综观中外有关制度界定的代表性观点，我们发现大部分学者倾向于把制度理解为规则体系或行为模式。

把制度界定为规范体系是中外理论界大多数学者持有的观点。在西方，从伦理学大师罗尔斯到新制度经济学家康芒斯、诺斯，他们都把制度理解为一系列规则体系。罗尔斯在《正义论》中开宗明义地说道：“现在我要把一个制度理解为一种公开的规范体系……这些规范指定某些行为类型为允许的，另一些则为被禁止的，并在违反出现时，给出某些惩罚和保护措施。”（约翰·罗尔斯，2011：54-55）需要指出的是，罗尔斯并不认为制度仅仅指规则体系，它同时还是一种行为模式。康芒斯认为制度就是集体行动控制个人行动的一系列行为准则或规则。诺斯也认为制度是人为设计的规范体系，在内容上由正式规则与非正式规则构成。他说：“制度是一系列被制定出来的规则、守法程序和行为道德伦理规范。”（道格拉斯·C.

诺斯，1999：225-226）“制度是个社会的博弈规则，或者更规范地说，它们是一些人为设计的、型塑人们互动关系的约束。”（道格拉斯·C. 诺斯，2011：3）

把制度理解为规则或规范体系也是国内研究者普遍持有的观点。如施惠玲教授从伦理学角度把制度定义为“通过权利与义务来规范主体行为和调整主体间关系的规则体系”（施惠玲，2003：10）。鲁鹏教授通过对制度各种界定的比较后认为制度就是社会规则，并指出思想习惯、行为模式、生活方式等只是规则的不同表达形式。

在西方，米德、奥唐奈、亨廷顿等把制度理解为一种行为模式。米德在《心灵·自我与社会》中指出，“社会制度是群体活动或社会活动的有组织的形式”“这些形式经过组织，使得社会的个体成员能够通过采取他人对待这些活动的态度而恰当地合群地动作”（乔治·赫伯特·米德，1999：282）。基尔摩·奥唐奈在其代表作《论委任制民主》中也精辟地论述“制度是规则化的行为模式”，一旦这些行为模式被人们所知晓、实践与接受，人们将希望继续在这些规则与规范的指导下相互交往（基尔摩·奥唐奈，1999：49）。塞缪尔·P. 亨廷顿则从政治学的角度指出制度是一种按特定周期发生的、稳定的，并受到人们尊重的行为模式（塞缪尔·P. 亨廷顿，1999：12）。

笔者认为“规则说”与“行为模式说”都没有全面揭示制度的本质。

一方面，当我们把制度框定在规则范畴时，不可避免地容易导致对制度的静态化理解，即把制度仅仅当作成文的规则。同时由于规则有正式与非正式之别，对于制度的理解也就相应地有广义与狭义之分。一般而言，广义的制度包括正式规则与非正式规则。正式规则是指由人们制定出来并形诸文本的、理性化、系统化的规则体系；而非正式规则是人类在长期的生活过程中积淀而成的给定性的自在规则体系，包括内在于人们心中的传统、道德、风俗、习惯、常识、禁忌等，与正式规则相比，给定性、自在性、非正式、非理性化、非系统化是非正式规则的主要特征。狭义的制度即我们通常所说的正式规则。因此，笼统地把制度界定为规则体系容易导致制度理解的泛化，从而模糊制度的本质。本书使用狭义的制度一词，即制度仅指正式规则。

另一方面，从行为模式的角度来理解制度也只把握了制度的部分属性而不是全部属性。将制度看成一种行为模式，其积极意义在于强调制度对社会群体行为的范导作用。但这一观点只强调制度结果，遗忘了制度约束功能实质上是过程与结果的统一，即制度对社会群体行为的规范与引导也就是个体内化规则意识、理性意识的过程。社会群体的行动模式不单单是制度强制的结果，而且也是社会群体自觉选择的结果。

因而，笔者认为，制度是规则与行动的统一。制度不仅是一种外在于人的规则体系，更是一种生活方式，养成一种适应规则化、理性化、公平、正义的生活方式和行为态度，制度才得以真正实现。伦理学大师罗尔斯及我国学者彭定光教授关于制度的理解为我们提供了理论渊源。罗尔斯认为制度不仅是一个规范体系，而且还是一种行为模式。彭定光教授指出，“制度是一定历史条件下形成的正式规范体系及与之相适应的通过某种权威机构来维系的社会活动模式”（彭定光，2002：26-30）。在这个意义上理解制度，一方面把制度的作用范围限制在公共生活领域；另一方面揭示了制度作为一种公共资源的公共性，即制度制定与实施的目的在于实现“公共善”，从而维护公共机构的权威性。

我们把制度理解为一种生活方式还有以下理由：①从社会存在与发展来看，制度是人类在特定发展阶段所选择的一种社会生活方式。正如英国法律史大师梅因所说，“所有进步社会的运动，到此处为此，是一个‘从身份到契约’的运动”（梅因，1984：97）。从社会发展来看，现代社会发轫于人的自由和解放。人的自由与解放在带来社会进步与发展的同时，也增加了社会的不确定性，加剧了社会的复杂状况。这就要求现代社会必须走出一条完全不同于道德主义策略的路线来应对社会的复杂性，这条技术路线就是制度。这是因为制度不仅能“简化复杂性，同时又以规则维持复杂的系统，生成复杂系统的秩序，使复杂的社会系统涌现出集体力”（邹吉忠，2006：36-41）。在这个意义上，制度是人类经过长期实践而选择的一种社会生活方式。②从制度的产生来看，制度起源于人们的交往实践需要。“关于制度的产生与变迁，马克思有一个著名的论断：制度是‘个人之间迄今所存在的交往的产物’。”（邹吉忠，2003：126）透过马克思关于制度产生的论断，我们可以窥见制度产生的实践根基。制度作为社会群体之间关系的调节因素，是在群体的社会生活实践中产生与发展起来的。在这个意义上，制度不仅是人类交往实践的产物，制度本身还是人生活的重要组成部分，制度的产生过程即是人的生活过程。③从制度的动态运行来看，制度为社会群体的生产与生活提供了框架。在组织化的社会中，社会群体不仅“生产”着制度，还“消费”着制度；他们不仅是制度的生产者，还是制度的消费者。“制度生产”过程是人们生活的重要组成部分，同样，“制度消费”过程也是人们生活的重要组成部分，因为制度消费过程也就是社会群体依据制度规范行动的过程，它表明了社会群体对制度所包含的价值有意识或无意识的认可。制度一旦被社会群体接受，其所包含的价值就会内化为群体的精神品格，成为其人格的重要组成部分。此时的制度不仅仅是约束社会群体行动的外在规则体系，更是社会群体共同遵循的行为方式。

## （二）作为一种生活方式的学校制度

目前，国内有关学校制度定义主要有以下几种代表性的观点。

第一种观点认为“学校制度是关于学校的规则体系”。它有广义和狭义之分，“广义的学校制度，指的是为了指导和协调学校的行为和与学校有关的组织、机构、人员等的行为而制定的教育法律、规章等成文的规则体系，以及学校所在的社区中的组织、人员认可了的与学校有关的习惯、道德标准、风俗等未成文的规则体系。”“狭义的学校制度，指的是一个国家的各级各类学校的体系方面的规则，简称学制。它规定了各级各类学校的性质、任务、入学条件、学习年限以及它们之间的衔接和关系”（褚宏启，2004：22）。这是我们通常所理解的学校制度。

第二种观点认为学校制度就是一系列规则和准则。这些规则与准则不是给定的，而是利益主体博弈的结果。康永久博士采用新制度经济学的分析方法，把学校制度理解为“人们通过利益博弈而达成的界定个人和组织在与学校相关事务上的选择集的规则和准则”，“与学校相关的事务既包括学校内部事务，又包括学校的外部环境。因此，学校制度可以区分为校本制度和学校体制两个方面。校本制度是学校的制度安排，学校体制是学校的制度框架”（康永久，2004：30）。

第三种观点以现代社会为背景，把学校制度等同于现代学校制度，认为现代学校制度是以现代教育观为指导，以自主、平等的政府与学校关系为基础，从而实现学校自主办学，师生与学校、社区共同发展的一套完整的制度体系（朱小蔓，2008b：19）。

上述三个观点都视学校制度为规范体系，并都在超出学校范围的意义上使用学校制度这一概念。在他们看来，学校制度不单单是学校的内部治理结构，也是调整学校与政府、社会关系的手段。理顺学校与政府、社会等相关利益主体的关系对学校教育发展意义重大。但他们都存在一个共同的缺陷即视学校制度为静态的“制度文本”，而忽视其动态的制定与实施过程。

笔者认为，学校制度不仅仅是指导与约束学校及有关的组织机构和人员行为而制定的规则体系，更是一种内在于学校共同体成员的认识、情感、态度和行为之中的规范化、理性化、民主化的生活方式。作为生活方式的学校制度的最大特点不在于是否规定个体能或不能做什么，而在于学校制度所蕴涵的价值取向和角色期望是否内化为个体的精神品格，成为个体的行动依据。这些内在的精神品格体现在个体日常生活和与人的交往过程中：承认个体之间的人格平等，自觉遵守公共规则，积极地履行义务，尊重多元，尊重选择，选择协商的方式处理公共事务等。

需要指出的是，作为一种生活方式的学校制度与作为规则体系的学校制度并不是割裂的，更不是对立的，而是相辅相成，互为因果。学校制度规则的落实需要现实基础，这个现实基础就是规范化、民主化、理性化的生活方式；同样，规范化、民主化、理性化的生活方式需要学校制度提供保障。在教育学的理论视野中，制度、学校制度并不“新奇”，然而，把学校制度看作是一种教育过程，一种生活方式，而不仅仅是静态的管理规则，并把它与公民培养联系起来，对我国而言，有着强烈的时代印记与时代精神。

## 三、学校生活与学校制度的统一

在学校规模日益扩大的现代社会，学校作为一个组织系统越来越复杂，在有序与无序的矛盾中，学校的“有序”已成为问题。然而，正如布罗姆利所言，“没有社会秩序，一个社会不可能运转。”（布罗姆利，1996：55）同样，没有教育秩序，一个学校也不可能运转。从人类的发展历史来看，秩序的形成有两种途径：一是自发产生，二是借助制度来维护。正如我国经济学家张宇燕指出，“当群体很小时，秩序自发地产生是可能的，而当群体相当大时，秩序则不会自行出现”（张宇燕，1997：22）。也就是说，作为一个大量群体聚集的地方，教育秩序不可能自发地产生，只能借助制度达到学校秩序的形成。正如我国学者邹吉忠所言，“一切制度的产生，本身就是为了解决社会的秩序问题。存在于人类社会生活中的各种制度，之所以能够产生出来，就是因为社会生活客观上需要社会秩序”（邹吉忠，2003：219）。正是在这个意义上，本文认为学校生活需要学校制度的支持。

（1）学校制度保障学校生活时间的获得

学校生活总是发生在特定时间之流中。海德格尔认为，“任何一种存在之理解都必须以时间为其视野”（海德格尔，1999：1）。然而，与日常生活不同，学校生活时间是制度安排的结果，学校对于在什么时间进行怎样的活动都有明确的规定。学校生活时间的这种制度性主要以作息时间表、课程表、教学进度等形式体现，其功能和意义主要在于为学校生活提供一种时间秩序，保障学校生活科学、合理、正常的运行。即使米歇尔·福柯也肯定这种时间安排的优点，他说“精确、专注及有条不紊，是有纪律的时间的基本优点”（米歇尔·福柯，1999：171）。

一方面，学校生活时间安排能够为各种类型的活动提供时间保障。教育行政部门及学校对每学年、每学期、每月份甚至每周和每天所要进行的活动的安排是各种类型活动得以开展的制度保障。另一方面，学校生活时间安排是以学生的身心发展规律为基础而设计的，因而，它们具有一定的科学性与合理性，能够保障时间使用的质量。

（2）学校制度保障学校生活目的的实现

学校生活的最终目的在于实现学生全面自由发展。学生的全面自由发展不仅依赖于学科教学、各种各样的学校活动，而且也受到学校环境的影响。马克思认为，“人们的观念、观点和概念，一句话，人们的意识，随着人们的生活条件，人们的社会关系，人们的社会改变而改变”（中央编译局，1972：270）。雅斯贝尔斯也强调环境对人发展的影响，他说：“在人的存在和生成中（以人的年龄、教养与素质差别区分），教育环境不可或缺，因为这种环境能影响一个人一生的价值定向和爱的方式的生成。”（雅斯贝尔斯，1991：1）

学校环境是指以学校为中心，存在于它周围的各种条件的总和。学校环境不仅是学生展开学校生活的场所，也是影响学生发展的重要因素。当然，作为影响人发展的可能因素，学校环境包括促成或阻碍、刺激或抑制人发展的各种条件。因而，学校环境对学生发展的影响不仅在方向上有正、反之分，在性质上还有积极和消极之别。因此，创造有利于学生发展的环境是学校教育的重要内容。众所周知，学校环境包括物质环境、精神环境和制度环境。其中，制度环境是影响学生发展的重要因素，因为严谨的治学态度和高效的工作作风都依赖于学校制度，而这些又都是实现学校生活目的的基础性内容。

（3）学校制度保障学校具体教育资源的合理分配

学校生活的正常运行离不开教育资源。所谓“教育资源是指蕴涵了特定的教育信息，能创造出一定教育价值的各类资源的总称，包含人力资源、资金资源、技术资源等等，是一种高度稀缺的公共资源”（陈荣明，2009：81-85）。

学校教育作为一种公共事务，其运行所需要的人力、物力、技术资源都由政府通过行政手段提供。在这个意义上，教育资源的配置是一种制度安排。一般而言，教育资源的配置有宏观、中观、微观三个层次，宏观和中观层面的教育资源配置主要通过政府行政手段来进行，学校具体教育资源的配置属于教育资源配置的微观层面，它主要通过学校行政手段来实现，决定着教育资源在宏观和中观层面的实现程度。因此，学校具体教育资源的分配状况在教育资源配置中具有基础性作用，其分配状况直接决定着学校生活的运行状况。

包括学校具体教育资源在内的所有教育资源，特别是优质教育资源，都是有限的资源，是人们争夺的对象，因而学校具体教育资源的公正分配依赖于包括学校制度在内的制度保障。在学校制度安排下，学校具体教育资源将以组织化的形式进入到学校生活的进程中去，缺少了制度保障，学校生活将因缺乏生活展开所必需的资源而无法正常运行。因此，从保障与优化学校具体教育资源的分配来看，学校生活的正常运行需要学校制度支持。

综上所述，学校制度生活概念的提出不仅可能而且必要。我们把学校制度放到学校生活中去考察，最根本的目的在于寻找一种能够最有益于学校共同体特别是学生的生存与发展的学校制度。事实上，“学校制度本来就是为了给教育主体设计一套美好的生活方式，它表达着一种理想的教育理念和生活态度”（许新海，2009：228）。当然，学校教育作为以培养人、发展人为根本目的的活动，学校制度的存在不可避免地对其产生消极影响，甚至有导致学校教育“制度化”的危险。然而，学校制度所具有的消极影响不是不可克服的，学校制度所持的价值取向是由人赋予的。因此，在公正、自由、平等的正确价值观的指导下，通过科学地制定和实施学校制度，学校制度的消极影响是可以克服的，其积极影响也是能够发挥出来的。这是本书对学校制度所持的整体立场。

## 第三节　学校制度生活的定义与结构

通过前文的论证，学校制度生活这个概念的提法是成立的。那么，什么是学校制度生活？作为一个独立存在，学校制度生活的结构形态又是怎样的？本节将对这些问题进行探讨。

### 一、学校制度生活的内涵与特征

#### （一）学校制度生活的内涵

关于学校制度生活的界定，郭元祥教授与高德胜教授对其进行了相关论述。在《生活与教育——回归生活世界的基础教育论纲》一书中，郭元祥教授以“人的生活是否具有‘自在性’”为依据，把“人的生活分为制度生活与日常生活”。他认为在学校范围内，“儿童的教育生活也应包含着制度生活和日常生活两个方面”。在郭元祥教授看来，制度生活是相对于日常生活而言的一个范畴，“是指人在特定的制度体系中展开的生活”。由于在“制度体系中，人的生活方式和人生观念受到制度、社会给定规范的约束”，制度生活是一种约束性生活，不具有自在性（郭元祥，2002：101-103）。政治生活与经济生活是典型的制度生活。郭元祥教授对制度生活的这一界定，应该说抓住了制度生活的一般特性，即制度生活始终以制度为框架，约束性的正式规则是制度生活的重要因素，是其区别于日常生活的根本性维度。但仅仅把制度生活理解为制度规范下所展开的生活只揭示了制度生活的部分属性而非全部属性。同时，把日常生活与制度生活相对在理论上也存在漏洞。一方面，制度生活与日常生活不是同一层次上的概念范畴。一般而言，日常生活总是与非日常生活相对，关于这一点应该不存在争议。而制度生活则是从制度维度对生活做出的划分，其相比概念应该是非制度生活。另一方面，尽管我们可以把日常生活纳入非制度生活的范畴，但日常生活并不等于非制度生活，日常生活也不是非制度生活的全部，日常性只是非制度生活的一个特性。

高德胜教授在《生活德育论》一书中，从学校生活的制度性层面把学校制度生活当作一种生活方式。他说，“学校生活是成人人为设定的一种制度生活”，学校生活的制度性主要表现为：“首先，学校是一种人为设置的机构，不是自然的社会聚集。其次，学校生活‘有章可循’，教师和学生的行为都有一定的规范。第三，学校的日常运行是一种制度化的机制运行。”当然，“制度生活作为一种生活方式，同样不可能无边无际，不可能囊括人的全部生活，制度生活不可避免地有自己的边界。”因而，“学校制度生活与日常生活之间并没有不可逾越的僵硬的界限”（高德胜，2005：153，176-177，151）。高德胜教授从学校生活的制度性出发提出与界定学校制度生活可以说是抓住了学校制度生活的本质，学校制度生活即制度规范下的生活方式。但对学校制度生活是一种怎样的生活方式，它区别于其他各种生活方式的本质特征是什么，学校范围内的制度生活与政治、经济领域中的制度生活的根本区分是什么等这些根本性的问题缺乏深入的论述。对前两个问题的剖析旨在明确学校制度生活的一般特征，而对后一问题的回答旨在揭示其独特性。只有从这两个角度出发，我们才能准确地把握学校制度生活的内涵。

综合上述观点，本书认为，学校制度生活就是指学校共同体成员在学校这一特殊公共领域中，借助学校制度这一调控系统，围绕学生全面自由发展而展开的一种公共性、规范性、理性的生活方式。

### （二）学校制度生活的特征

与其他学校生活类型相比，学校制度生活具有其独特的概念品性，主要表现为以下几方面。

（1）学校制度生活是一种体现公共性的生活方式

学校制度生活的公共性可以从以下几个方面来理解：①学校制度是一种“公共品”，具有公共性。公共物品是相对于私人物品而言，是指服务于公共需要的物品。非排他性和非竞争性是公共物品的主要特征。也就是说，如果某物品在消费时表现出非排他性和非竞争性，则是公共物品。②学校制度规范主体的全体性。作为一种“公共品”，学校制度不是针对某个学生或教师的，而是面向学校全体成员的。无论是在学校发展史上，还是人类社会发展史上还没有一项制度是为某个人制定的。“某种制度一开始可能是少数人制定的或为少数人制定的，但一旦确定起来，就为社会公众所有，成为一种‘公共品’。因此，某种制度一旦被创造出来，便成为一种客观存在的规范，不以任何个人包括创造者意志为转移。”（段治乾，2004：20）因此，学校制度的公共性决定了其规范对象的全体性，从而使学校制度生活从主体的角度表现出公共性。③学校制度的调控领域具有公共性。学校作为一个雏形的小社会，不仅存在大量的传统、习惯、道德等不成文的规则体系，还有大量成文的正式规范体系，两者在功能上相互支持，共同保障学校生活的正常运行。但两者调控的领域存在差异。一般而言，传统、习惯、道德等不成文的规则体系尽管存在于学校生活的各个层面，但就其发挥作用的领域而言，主要针对的是学校私人生活领域；而成文的正式规则体系则主要作用于学校公共生活领域。④“现代社会的制度是权利规范，是权利义务分配的规则体系。”（施惠玲，2003：196）学校制度也是一种权利规范体系。作为权利规范体系，学校制度只有依靠公共性才能加以确定。

总之，学校制度的公共性、学校制度规范对象的全体性及学校制度调控领域的公共性从不同的侧面表征并保障着学校制度生活的公共性，使学校制度生活成为体现公共性的生活。

（2）学校制度生活是一种具有规范性的生活方式

学校制度是一个规范体系，规范性是学校制度的基本属性。学校制度的规范性塑造着学校制度生活的规范性。作为一个规范体系，学校制度具有规范性在教育理论界已达成共识，但已有研究仅在规范作用的层面理解和使用学校制度的规范性（我们认为这种解释是不周全的），而对诸如学校制度具有规范性究竟意味着什么，学校制度的规范性与道德的规范性有何区别与联系，学校制度为何会具有此规范性等这些根本性问题缺乏深入的研究。而这些问题涉及学校制度生活作为一种规范性生活是否成立的条件，因此，对于学校制度生活的规范性问题研究而言，首要的任务是澄清学校制度具有规范性这一命题所蕴含的实际含义，然后着力说明学校制度为何具有此规范性。

规范这个概念被法学、伦理学、自然科学、社会科学等经常使用。伯恩·魏德士通过对“规范”一词的词源考察指出，“规范”一词“来自拉丁词‘norma’。Norma 最初的意思是‘角尺’或‘重垂线’，也就是用来使制造的工件符合尺寸的手工器械。应用到人的行为上，规范就成了调整人们行为的工具和检验标准”。人类社会主要存在两种规范，一种是规定特定行为的应然规范或称社会规范，另一种是“描述物与事件之间现实存在的一般关系的实然规范”或称自然规范（伯恩·魏德士，2005：48-49）。学校制度是一个应然的社会规范体系，因为学校制度所调整的是特定的行为方式。规范性是学校制度的主要特征之一。

据有论者梳理，在法哲学家那里至少存在两种关于“规范性”的解释。第一种解释认为：“规范性作为一个概念范畴主要意指‘是’与‘应当’区分之间的‘应当’部分。”“对于哲学家而言，某事物具有规范性即意味着从事某种行为、具有某种态度或者处于某种精神状态是具有正当理由的，一种行为是某人应当从事的，或者一种状态是某人应当处于的。”第二种解释认为规范性是指法律能够引导人的行为即我们通常所说的规范作用（苗炎，2007：8-10）。约瑟夫·拉兹把关于规范性的这两种解释概括为“正义的规范性”（justified normativity）和“社会的规范性”（social normativity）。他指出，“根据‘正义的规范性’，行为的标准仅当被证明为正当时，才是规范。根据‘社会的规范性’，行为的标准无论良善与否，都可以被作为规范”（约瑟夫·拉兹，2005：117）。根据法哲学家对规范性的理解及学校制度的本质特征，本书认为，作为一个概念范畴，学校制度具有规范性意味着学校制度能够为学校共同体成员行为提供正当、合理的标准，这些标准包括一系列的行为规范及蕴含在行为规范背后的价值诉求。

关于学校制度为何有规范约束力，我们可以从制度与道德的差异中得到启示。作为社会规范体系的重要组成部分，“制度与道德原本就有着亲缘关系，起源上同根同源，内容上相互渗透，功能上相互支撑”（梁禹祥，2000：27-30）。具体来说，在发生论上，制度与道德产生都是以一定的社会物质条件为基础；在功能论上，两者承担着共同的社会责任，是协调社会行为的重要手段；在精神实质上，两者具有共同的精神内核——公正；在内容上，两者相互包容，在特定的条件下相互转换。但两者所存在的差异也是明显的，具体表现如下。

（1）两者的作用方式的不同

制度依赖于外在与内在强制统一。制度的实施一方面需要依靠权威组织借助强制力量（即权威组织及其管理人员拥有且得到社会承认的迫使被管理者服从的权力）进行，制度一经确立，就要求必须被遵从。如果有人不遵守或违背制度，权威组织就会利用强制性手段对其进行惩罚。因此，制度的作用方式表现出明显的外在强制性，是利用强制力量即权力所达到的一种强制。另一方面，制度的实施还需要依赖行为主体对制度的认同，进而达到一种自觉的服从。这是从制度的权威性所衍生出的一种内在强制性。如果制度规范作用的发挥仅依靠外在强制力，那么它只是一种暴力工具；而如果制度规范作用发挥仅依靠内在的强制性即权威，那么制度则是多余的，因为在这个意义上它与道德无异。因此，制度规范作用发挥不仅依赖于外在强制力，还依靠制度权威所具有的内在强制性。正是制度所具有的强制性，特别是它所特有的权力强制性，使其与道德等其他规范体系区别开来。

相比而言，道德则主要依赖于行为主体内心的自律。康德认为，“自律性是道德的唯一原则”，他说，“意志自律是一切道德法则以及合乎这些法则的职责的独一无二的原则”（康德，2000：60）。也就是说，行为主体对道德的遵守是基于对道德的自觉认同，而不是外在的强制力量。道德的实现主要依靠行为主体内心信念、社会舆论与评价等非权力强制力量。正是道德所特有的自律性使其与制度区别开来。当然，对道德自律性的强调并不是说道德没有强制性。实际上，道德也是一种强制性规范，只是与行政强制相比，社会舆论是一种非权力型的“软强制”。

（2）两者的调控对象及评价基础不同

制度对人的外在行为进行规范，而道德不仅要规范人的外在行为，还要调整人的动机、情感、需要等。对此，康德在论述道德与法的区别时说道：“一切立法都可以根据它的‘动机原则’加以区别。那种使得一种行为成为义务，而这种义务同时又是动机的立法，便是伦理的立法；如果这种立法在其法规中没有包括动机的原则，因而允许另一种动机，但不是义务自身的观念，这种立法便是法律的立法。”（康德，1991：20）因此，相比而言，制度的调整范围比道德的调整范围小。

与制度和道德的规范对象一脉相承，制度与道德的评价基础也不相同。一般而言，制度评价只涉及人的行为及后果，而道德评价不仅要对行为及后果进行评价，还要依据动机对行为者的品德进行评价。因此，制度评价是一种客观的事实评价，而道德评价则是一种客观与主观、价值与事实相统一的评价。

通过对制度与道德的差异分析我们可以看到，制度与道德都有其内在缺陷。道德所固有的内在缺陷决定了它在社会关系调节中的作用是有限的，特别是当一个社会本身存在着大量的、复杂的、有争论的道德问题时，仅通过要求个人的道德自律要么无法解决问题，要么解决的成本太高，更可怕的是这一要求本身就是不道德的。这时，我们就需要通过制度这种具有客观性、权威性、强制性的力量来减少和消除环境中的不道德因素，从而为人们依据制度行动提供合法性环境。在这个意义上说，制度是解决道德瑕疵的有效权威工具，制度的规范性来自于制度解决道德瑕疵的能力。

以上，笔者从具体内容与来源两方面论证了学校制度作为一种规范性实践体系的可能性。由于学校制度生活在一定程度上是学校制度规范作用的发挥过程，学校共同体成员依据规范行动所呈现的生活方式就是一种规范性的生活方式。

（3）学校制度生活是一种体现理性精神的生活方式

一方面，学校制度制定本身就是一种理性生活方式。关于制度的产生有两种代表性观点，即自然演进说和人为设计说。在自然演进说看来，制度是在特定的社会条件下自发形成的。人为设计说则认为制度是人们运用知识经验与理性能力设计出来的。从社会建设的角度看，本书认为制度是通过人为设计出来的。同样，学校制度作为特定领域——学校的规范性价值框架，其设计也带有人为倾向性，是学校共同体依据国家方针政策以及本校的价值定位而进行的理性设计。总体而言，学校制度是工具理性与价值理性的统一。学校制度的工具理性解决的是学校制度应该由谁来制定，应该按照怎样的程序进行制度设计，如何保证学校制度的有效实施，如何对学校制度的执行进行监督等问题。它确保学校制度设计的科学性、合理性、公正性及学校制度执行的有效性。而学校制度的价值理性解决的是应该选择何种价值标准来进行制度安排，以便确保学校制度对权利、利益的划分符合价值理性。因此，学校共同体成员基于理性能力制定学校制度的过程本身就是一种理性化的生活方式。

另一方面，学校制度之理性本质决定了学校制度生活的理性特征。在学校制度生活中，学校共同体行动所依据的行动准则不是某个领导或权威人士的个人品质，而是一套不以个人的情感态度为转移的理性化制度规则。因此，作为学校制度生活调控因素的理性化学校制度影响并塑造着学校制度生活的理性化品性。首先，学校制度是客观的规则体系。一般而言，学校制度大致要经历“理论创新、实际调研、理论成果的制度表达、科学论证、专家咨询、公开听证与论辩、利益主体博弈、付诸表决等环节”（陈朝宗，2007：107-109）。因而，学校制度是客观的，是学校共同体依据程序公正理性建构的结果。而客观的学校制度由于能够避免人为因素对学校制度生活的随意干扰，有利于学校制度生活井然有序，符合理性原则。其次，学校制度运行具有可预期性。学校制度要成为有效的行为规则体系首先必须明确界定学校共同体成员在各种情境下的权利空间和利益限度，从而使行为主体能够明确地了解自己的行动范围与方向并对他人的行为形成一定的预期。这种预期对个体行动意义重大。正如制度经济学家康芒斯所言，“假使不能有把握地预期别人在未来以及目前不会有不利于我的举动，或者别人一定会实现他们的诺言，那么像人类这样一种靠‘预期’生活的家伙，就会不肯生产、储蓄或交换”（康芒斯，1962：197）。因此，学校制度运行的可预期性既保障也要求学校共同体成员依据理性在学校制度规范下展开生活。

## 二、学校制度生活的结构

学校制度生活内涵主要研究的是学校制度生活是什么的问题，学校制度生活作为一个独立存在，它必然有独特的运行机制，而其独特的运行机制是由其独有的结构形态构成的。因此，分析学校制度生活的结构形态是我们全面理解学校制度生活概念的重要内容。

### （一）学校制度生活的要素结构

马克思说，“人们的存在就是他们的现实生活过程”（中央编译局，1995：72）。在这个意义上，人的生活不是固定不变的，而是由人不断建构着的动态过程。因此，从总体上看，“人的生活是一种结构性存在”（杨楹，2004：36），是由生活中处于相互作用过程中的诸要素交互作用形成的综合体。那么，人的生活表现出怎样的结构，它由哪些要素构成？

加拿大教育学家马克斯·范梅南认为“所有现象学人文科学研究的努力都在于对日常情境和日常关系中所体验的人类生活世界和生存世界的结构进行探究。”尽管生活世界无限复杂，我们每时每刻都处于不同的生活世界，但“当我们停留在生活世界的最一般层面时，我们可能发现，这种人类生存的最基本层面可在其基本的主题结构中加以研究”（马克斯·范梅南，2009：135）。也正是在这个意义上，胡塞尔、弗雷德·舒茨、马克思、马克斯·范梅南等人都对生活世界的要素结构给予了一定的关注，并提出了许多富有启发意义的观点。

现象学大师胡塞尔精辟地把生活世界的一般现象结构概括为对象—视域或图形—背景结构。在胡塞尔看来，尽管生活世界总是相对的，但它依然存在着普遍的结构。一方面是事物与世界，事物总是“存在并显现于包含它自身而所形成的一个整体的地平线”（李恒威，2007：15）。他说，“当我们自由地环顾四周，寻找形式的——一般的东西即那种在生活世界的各种相对的变化中仍然保持不变的东西时，我们就会不由自主地停留在那个对我们来说在生活中唯一决定下这种有关世界之谈论的意义的东西上，即世界是事物的全体，是颁布在空间—时间性这种世界形式中的，在双重意义上有‘位置’（空间的位置和时间的位置）的事物的全体——空间时间中‘存在者’的全体。”这个全体构成了事物的视域或背景（也就是胡塞尔所说的地平线）。另一方面是对事物的意识，“生活总是在对世界的确信中的生活”。因此，“‘清醒地生活’就是对世界是清醒的，经常地现实地‘意识到’世界，以及生活于这个世界之中的自己本身，现实地体验到并且现实地实行对世界之存在的确信”（胡塞尔，2001：168，171-173）。

弗雷德·舒茨从社会现实的角度，认为生活世界是由“身体、时间、意义、情境、知识、语言和主体间性”等重要主题结合起来构成的系统结构。“在舒茨看来，生活世界的‘结构性’就体现在具有不同视角的人能够相互理解，行动的意义通过与特定社会场景的制度化联系，使每个人的社会行动都成为可理解。”（杨善华，1999：18-19）

马克思则从历史唯物主义的角度出发，认为从静态的角度看，人的生活包括三个基本因素，即生活的主体——现实的个人；生活的起点——物质生活条件；生活的载体——现实的交往活动。马克思在批评费尔巴哈的生活观时说道：“我们开始要谈的前提不是任意提出来的，不是教条，而是一些只有在想象中才能撇开的现实前提。这是一些现实的个人，是他们的活动和他们的物质生活条件，包括他们已有的和由他们自己的活动创造出来的物质生活条件。”（中央编译局，1995：66）

加拿大教育学家马克斯·范梅南认为，尽管生活世界异常复杂，但在最基本的层面上，人的生活包括四个基本主题，即“生存的空间（空间性）、生存的感体（实体性）、生存的时间（时间性）、生存的人际关系（相关性或公有性）”。“生存的空间是可感空间”，它超出了我们通常意义上所说的数学空间，它先于言语而存在。生存的感体则“指的是这样的一个现象学事实，即我们总是以有形的实体存在于这个世界上。当我们走入一个人的世界时，我们首先看到的是他（她）的形体”。“生存的时间则是对应于钟表时间或客观时间的主观时间……过去、现在和将来的时间维度构成了一个人生存的时间景象”。生存的人际关系“是指我们在与他人共同的人际空间中与之保持的生存关系”。空间性、实体性、时间性、相关性（“这四个范畴已被现象学公认为生活世界的基本结构”）相互作用，共同构成了错综复杂的生活世界（马克斯·范梅南，2009：136-140）。

以上关于生活世界的结构理论为我们研究学校制度生活的要素结构提供了重要的理论资源。尽管他们对“生活”这个概念所持的立场不同，研究的侧重点也并不完全相同，但也存在一些共识，如对生活主体、生活空间、生活目的等的共同关注。

结合以上生活结构理论及学校生活的价值取向，本书认为学校制度生活包括四个基本要素，即学校制度生活主体、学校制度生活的存在寓所、学校制度生活的目的及学校制度生活的调控因素。

（1）学校制度生活的主体：学校共同体中的全体成员

学校制度生活是学校作为社会化组织的重要表征。学校制度生活不是学校领域中某些群体的特有生活方式，而是作为学校共同体全体成员共同拥有的生活方式。因此，对于学校共同体成员来说每个人既是学校制度生活的主体，也是学校制度生活的客体。

一方面，学校行政人员是学校制度生活的主体，教师与学生则是学校制度的规范对象。学校制度的有效实施总是通过学校共同体所赋予的权威组织及其行政人员来进行。在这个意义上，学校行政人员是学校制度的执行者，扮演着学校制度生活的主体角色，依据学校制度规范对教师与学生提出行为要求，并对违背制度规范的教师与学生进行相应的惩罚。与此相对，教师与学生则是学校制度生活的客体，是学校制度的规范对象。另一方面，学校行政人员是学校制度的规范对象，教师与学生则是学校制度生活的主体。在学校制度生活中，学校行政人员扮演多种角色——他（们）首先是普通成员，然后才是执行者。作为学校共同体中的成员，学校行政人员要遵守学校的基本行为规范；学校制度的执行者应该遵守学校制度的执行程序、监督机制、自控机制提出的规范要求。在这个过程中，学校行政人员则成为学校制度的规范对象，受到来自教师及学生群体对其所进行的监督约束。相应地，教师和学生则由制度规范对象转换成为学校制度生活的主体。因此，在学校制度生活中，既没有绝对的管理者，也没有绝对的被管理者。学校共同体中的全体成员都要以学校制度为框架展开生活，学校制度生活是学校共同体成员共有的一种生活方式。

（2）学校制度生活的存在寓所：学校公共领域

毫无疑问，任何活动总是在一定的空间中展开的，或者说具有特定的空间架构。同样，学校制度生活也“不是在真空中进行的，而是在特定的空间中展开的。‘为了改变生活……我们必须首先改造空间’”（罗儒国，2009：152）。空间是学校制度生活的重要构成要素。

尽管学校生活空间是自然空间、物质空间、社会空间等的总和，但从严格的意义上来说，学校生活空间是一种社会空间，表现出社会性。正如亨利·列斐伏尔所言，在现代社会“自然空间已经无可挽回地消逝了”，代之而起的是社会空间。因此，“空间总是社会性的”，“空间里弥漫着社会关系，它不仅被社会关系支持，也生产社会关系和被社会关系所生产”。然而，“社会空间并非众多事物中的一种，并非众多产品中的一种。它是连续的和一系列操作的结果，因而不能降格成为某种简单的物体。它本身是过去行为的结果，社会空间允许某些行为发生，暗示另一些行为，但同时禁止其他一些行为”（包亚明，2003：10，48）。在这个意义上，学校生活空间是一种制度化的社会空间，“以一种严格的例行化方式来维持自身的存在。通过对学生的时间加以控制将学生集中于同一场所，并通过空间的区隔来控制学生的空间位置”，这些控制方式都表征着学校生活空间的规范性（石艳，2009：55）。因此，从总体上看，作为学校生活重要表征的学校制度生活的空间也是一种规范化的社会空间，具有社会性、规范性。

如果学校制度生活的空间是一种规范化的社会空间，那么学校制度生活只能以学校公共领域为基本寓所。学校制度向学校私人领域的渗透和蔓延将导致学校生活的僵化与封闭。因此，本书把学校公共领域作为学校制度生活的基本要素不仅在于表明学校制度生活的空间性，更在于对学校制度生活范围与作用边界的明确与限制，从而防止学校生活中“唯制度主义”出现。

（3）学校制度生活的目的：学生的发展

“不同的实践环境要求不同的行为规范，因而形成了不同的制度形式”（李松玉，2005：59），从而也就存在不同的制度追求。

在经济领域，追求利润是经济活动的主要目标，因而实现利润最大化是经济领域制度生活的根本目标。关于这一点，我们可以从制度经济学关于制度功能的描述中寻找到依据。卢现祥教授把制度的功能概括为四个方面，即“降低交易成本并为实现合作创造条件；提供人们关于行动的信息并为个人选择提供激励系统；约束主体的机会主义行为；减少外部性”（卢现祥，2010：169-172）。其中降低交易成本是制度的根本功能，因为无论是提供信息，减少不确定性，还是抑制人的机会主义倾向，最终都是为达到最大限度地减少交易费用，获取最大收益。

政治制度作为一个历史范畴，是人类社会中利益集团与利益集团之间，以及个人与集团之间的利益冲突的产物。正如亨廷顿所说，“如果完全没有社会冲突，政治制度便没有必要存在”（马德普，2000：11-15）。也就是说政治制度在本质上旨在保障社会政治秩序，维护社会秩序稳定，从而在根本上保障统治阶级的利益。

学校作为专门培养人的机构，学校所开展的一切活动都应以发展人为目的，学校创设与营造的一切物质条件、制度环境与精神氛围也都应以促进学生发展为目的。因此，作为学校生活的重要组成部分，学校制度生活也应以实现学生发展为目标。这是学校制度生活区别于其他各种制度生活的根本特性。

（4）学校制度生活的调控因素：学校制度

以上主要从主体、空间、目的的角度揭示了学校制度生活的公共性、规范性。如果我们把学校制度生活作为一个整体加以透视，揭示支配和调节学校制度生活运行的基本要素，那么我们对于学校制度生活的公共性、规范性、理性精神等将获得进一步的了解。因为我们发现，在学校制度生活中存在着“学校制度”这样一个人为的调控因素在支配着学校制度生活的运行。

作为在规范化社会空间中展开的生活，学校制度生活的有序进行与展开需要规则调控是毋庸置疑的，但问题是它需要怎样的规则？是自在、自发的非正式规则，还是自觉、自为的正式规则？“一般说来，哲学、艺术、科学等自觉的精神生产领域和政治、经济管理、技术操作，公共事务等非日常的社会活动领域……都遵循着自觉的人为规则。相比之下，衣食住行、饮食男女等日常生活领域则遵循着自发的人为原则，具有自发的调控系统。”（衣俊卿，2005：73）学校制度生活作为一种以学校公共领域为寓所的公共性、规范性、理性的生活方式，它总是遵循着自觉的、人为的正式规则——学校制度。这些人为的正式规则为学校共同体成员设置了一种人为的制度框架，并以自觉的、理性化的、规范性的方式作用于学校生活，从而使学校制度规范下的生活成为学校共同体成员的一种规则化、理性化的生活方式。

## （二）学校制度生活的形态结构

作为一种生活方式，学校制度生活不同于其他具体的学校生活类型，它没有自己明确的活动内容和独立的存在形态，它只能在一系列的制度性活动中体现出来。在这个意义上，学校制度生活具有依存性，它不能独立存在。我们既不能从学校空间领域中圈出一块作为学校制度生活的存在空间，也不能从学校生活中划分出一个部分作为学校制度生活。

既然学校制度生活具有一定的依存性，那么，我们需要进一步追问：学校制度生活的依附体是什么？本书认为学校制度生活可以依附于制度规范而存在，也可以依附于学校共同体成员的精神品格（即制度精神）而存在，但它更多地存在于学校共同体成员的制度化行为模式中。也就是说，学校制度生活自外而内——

从制度层面到实践层面再到心理层面表现出三大形态：学校制度、制度化行为模式和制度精神。

（1）学校制度：学校制度生活之外在形态

学校制度是学校制度生活的重要组成要素之一，学校制度的存在与实际作用的发挥是学校制度生活得以存在的前提，没有学校制度的存在或学校制度不能有效发挥作用就不可能形成学校制度生活。在这个意义上，本书认为学校制度是学校制度生活的外在形态。某种具体的学校生活之所以是一种制度生活就在于它是学校制度调控下的规范性生活，某种具体的学校生活之所以不是制度生活（即学校非制度生活）就在于它不以学校制度为调节因素。

提出学校制度是学校制度生活的外在形态在于表明，从静态、直观的角度看，学校制度是学校制度生活的依附体，学校制度生活总是学校制度规范下的生活。这是目前教育理论界关于学校制度生活理解所形成的共识。郭元祥教授精练地说道："制度生活是指人在特定的制度体系中展开的生活。""在制度化的教育之中，学生的生活也一同被制度化了。"（郭元祥，2002：101）梁其贵认为学校作为一种制度性存在，"学校生活从根本上讲是一种制度生活"（梁其贵，2004：75-77）。李家成博士认为"作为基本的学校教育运作方式，制度直接决定着学校教育构成要素间如何发生作用、如何生成教育功能"。因此，"学校教育是制度保障下的生活，是有一定组织规则的生活"（李家成，2003：23-26）。

然而，制度性并没有全面揭示出学校制度生活的内涵，它只表征了学校制度生活的部分属性。因为学校制度的存在只说明了在学校制度生活中学校共同体成员应该或不应该做什么，应该或不应该怎样做，对于其在实际生活中是否会按制度要求行事以及如何按要求行事等根本性的问题没有做出回答。而只有对这些根本性的问题做出了回答，我们才能把握学校制度生活的精髓和实质。

（2）制度化行为模式：学校制度生活之实践形态

学校制度是为了规范与引导学校共同体成员的行为而制定的，学校制度与学校共同体成员的行为表现为同一性，即没有学校制度也就没有学校制度规范下的制度化行为；反之，没有制度化行为也就没有学校制度（这里不是说不存在学校制度文本）。也就是说，学校制度是学校共同体成员制度化行为实践的凝结，制度化行为模式是学校制度的具体化。韦伯在论述社会规则与社会行为的关系时指出，社会规则在本质上就是社会行为本身。他说："在社会行为的领域，我们可以发现各种规则，即由行为者重复的或在无数行为者中同时进行的具有典型意义的行为过程。"（马克斯•韦伯，1998：4）在这个意义上，作为学校制度规范下的生活，学校制度生活现实地表现为规范化、民主化、理性、有序性的制度化行为模式。

那么，这种制度化行为模式是如何产生的？关于这一点我们可以在结构功能主义社会理论集大成者帕森斯那里获得启示。帕森斯功能分析的一个重要目标在于研究如何使一个行动能够最低限度地达到既反映“个人本身的需求意向，互动关系中的角色合作者的期望”，又反映“个人与他或她的角色合作者共有的一般价值的义务”。在帕森斯那里，“内化”与“制度化”是产生这种一致、具有决定性意义的两个概念。所谓“内化是文化价值取向和角色期望实际被结合进人格系统的过程。这意味着个人的需求意向在主要方面受到这些价值取向和角色期望的塑造或影响（而不是完全被决定）。”由此看来，内化涉及人格系统，而制度化则涉及行动。正如约翰逊所说，“如果一个人被内化的价值义务一贯导致满足其他人期望的行动和引起对他们的赞同反应，这样的价值和导致的行动是制度化的。”（D·P. 约翰逊，1988：522-523）

同样，在学校制度生活中，制度化行为模式的产生也取决于两个关键环节：①价值要求的内化，即学校共同体成员把学校制度所蕴涵的价值取向和角色期望内化为自身的精神品格；②价值要求的外显，即学校共同体成员始终如一地依据学校制度的价值取向和角色期望行动，从而使每个人的行动既能满足个人需求，又能符合他人的行动期望，最终形成规范化、民主化、理性、可预测性的学校生活。

综上所述，学校制度生活本质上就是学校共同体成员把学校制度所蕴含的价值取向和角色期望结合进其人格系统，并按照这些价值要求行动的过程。真正的学校制度生活应该是学校制度与学校共同体成员的交融，此时的学校制度不仅仅是学校共同体成员行动的框架，更是其人格系统的一部分，学校制度生活的过程就是学校共同体成员将其人格系统中的学校制度价值追求呈现出来的过程。学校共同体成员所展现的规范化、民主化、理性、可预测性的制度化行为模式是我们判断学校制度生活的实践依据。

（3）制度精神：学校制度生活之内在形态

学校制度生活是一种崇尚制度、弘扬制度、践行制度的生活方式。学校共同体成员对学校制度的认同、尊重与实践源于其人格系统中的一种精神品质——制度精神。没有这种精神品质，学校制度生活就失去了存在的基础和依托。这是因为，学校共同体成员既是学校制度的制定者、执行者，即学校制度生活的主体，又是学校制度的规范与约束对象即学校制度生活的客体，所以学校制度实施者是否具有依据制度精神实施学校制度规范要求和学校制度规范对象是否具有视制度为最高权威的理念将直接影响到制度化行为模式的产生。制度精神既是学校制度生活的保障，也是学校制度生活的精神要件。学校制度生活既要求也培育了制度精神。因此，我们认为制度精神是学校制度生活的根本特性，学校制度生活依附于制度精神。

制度精神的具体含义是多层面的：从客观价值来看，制度精神是指制度所体现的自由、平等、公正等内在价值追求；从主观态度来看，制度精神是指人们经制度权威所自觉产生的制度信念、制度信仰，一种视制度为最高权威的理念，一种乐于为制度献身的勇气，一种普遍的行为方式；从权力运行来看，制度精神是指制度执行者在实际的制度运行过程中所反映出的民主、理性、公正等根本特性。本书认为制度精神是公正、自由、平等等制度价值理念的结晶体，是学校共同体成员所展现的权利意识、平等意识、规则意识、理性精神等品质的复合体。权利意识、平等意识、规则意识、理性精神的有机统一构成制度精神的内核。

1）自由价值理念内在地决定权利意识是制度精神的基本内容。制度精神以自由为价值理念，在现实中，自由总是以个人权利的形式表现出来。学校共同体成员基本权利是由学校制度赋予的，要使这些法定权利转换成现实权利，从个体的角度看，还要求其具有权利意识，即作为权利主体的学校共同体成员对自我权利及他人权利的主动认识、主张和要求。权力意识这两个方面的内容是相辅相成的，正如日本法家学者川岛武宜所言，任何权利主体“自己权利的确立是以尊重他人的权利意识为媒介的，他人权利的承认和尊重是以自己固有权利得到确认为媒介的”（川岛武宜，1993：69）。因此，只有学校共同体成员具有权利意识，法定的权利才会变成活的现实权利，其利益和自由才会实现，其制度信念与信仰也才会确立。因此，制度精神既要求学校共同体成员具有权利意识，同时其权利意识的提高也强化了制度精神。

2）平等价值理念内在地决定平等意识是制度精神的基本内容。平等是制度精神中与自由同等重要的价值理念，它反映的是主体之间的无差异关系状态。马克思指出，“平等是人在实践领域中对自身的意识，也就是人意识到别人是和自己平等的人，人把别人当作和自己平等的人来对待”（中央编译局，1957：48）。作为人与人之间同等对待的社会关系，在现实生活中，平等主要通过权利平等、机会平等、分配平等表现出来。在学校制度生活中，学校制度赋予每个人平等的权利，使平等获得了现实保障，但平等要真正落到实处还必须以学校共同体成员的平等意识为基础，因为一个具有平等意识的人不仅反对任何形式的对个人权利的侵犯，更不会为了自己的利益而不择手段地践踏他人的权利、人格。因此，制度精神内在地要求学校共同体成员具有平等意识。

3）规则意识也是制度精神的基本内容。所谓规则意识是指学校共同体成员“对规则的认知、认同、尊重和信仰，并自觉遵守规则的愿望和习惯”（贾新华，2010：30-32）。一般而言，规则意识的形成包括三个阶段：①对规则的价值、理念等的认识，这是个体规则意识形成的基础；②在对规则认识基础上对规则所产生的认同感与尊重感；③使遵守规则成为人的一种习惯。在学校制度生活中，学校制度规则是公正的化身，因而学校制度规则理应受到尊重。同时，学校制度规则只有得到学校共同体成员的尊重与认同才能被落到实处。因此，尊重学校制度规则，自觉地以学校制度规则为行动框架是制度精神的基本要求。

4）制度精神还内在地包含理性精神。一方面，制度精神与理性精神具有内在一致性，理性精神是制度精神的基础。一个具有制度精神的个体不仅尊重制度规则，而且正直客观地享用制度规则所赋予的权利，并在平等的意义上尊重和维护他人的权利。在这里，个体要做到正直、客观首先需要个体是理性的，具有理性精神。所谓理性精神，简单地说就是“一种求真求实的精神”，“它既要求我们勇于追求真理，服从真理，又要求我们实事求是、一切从实际出发、冷静地权衡行为的利弊得失，以取得最佳的行为效果”（中央编译局，1957：48）。由此看来，理性精神与制度精神具有内在一致性，理性精神所表征的求真、求实是制度精神的基础，个体所具有的权利意识、平等意识、规则意识都内在的以个体理性精神为依托。已有经验表明，具有理性精神的个体虽然不一定能够表现出较强的权利意识、平等意识、规则意识，但没有理性精神的个体绝不会有正确的权利观、平等观、规则观。另一方面，学校制度生活本身也是一种理性生活。学校共同体成员无论是制定学校制度还是依据学校制度生活都是出于理性的必然，不管他们制定学校制度及遵守学校制度行动的目的是什么，但导致学校共同体成员制定与遵守学校制度必定是个体的理性在起作用。因此，一个具有制度精神的个体不仅是一个具有权利意识、平等意识、规则意识的个体，还是一个具有理性精神的个体。

我们提出制度精神是学校制度生活的本质规定旨在表明学校制度生活不仅是学校制度执行者依据符合制度精神的学校制度规范民主、理性、公正地执行学校制度要求的过程，还是学校共同体中其他成员弘扬制度精神，进而养成制度精神的过程。

## 三、学校非制度生活

“一般说来，给出某一事物或某一存在的定义或对之做出理论界定，实际上是在做某种划界工作。即是说，我们不可能封闭地和孤立地给出某一事物或某一存在的完整定义，而只能在一定的参考系中，在一定的坐标中，通过与相关事物或相关存在的比较而获得这种完整的理论界定。”（衣俊卿，2005：9）同样，对于学校制度生活的界定，我们不仅要从学校制度生活本身出发做出界定，而且需要引入与其相对的另一个概念——学校非制度生活，在学校制度生活与学校非制度生活的对比中全面而准确地把握学校制度生活的概念。因此，本书试图对学校非制度生活进行简单论述。

所谓学校非制度生活，是指个人或非组织化群体在学校制度作用范围之外，借助道德、传统、风俗、常识等调控因素，围绕旨在满足个人生理与心理需要而自主展开的非制度性的、日常性的、自在性的消费活动、交往活动、观念活动等。这一界定包含以下几个方面的内容：①学校非制度生活以个人或个人自主结成的非组织群体为基本单位。与学校制度生活以公共生活领域为基本寓所不同，学校非制度生活在总体上以私人生活领域为基本寓所。②从调控因素来看，学校非制度生活在整体上是一种以生存本能、天然情感为立根基础的私人生活，因而，它只能以道德、传统、风俗、常识等为调节因素。规则化、理性化的生活方式是学校生活的需要，同样，非制度化、日常性的、自在的生活方式也是学校生活的需要。两者是学校生活不可或缺的组成部分。如果学校制度生活成为学校生活的全部，学校将与监狱无异，学校生活的灵活性、丰富性也将丧失殆尽。因此，学校非制度生活有其存在的必要。③从目的因素来看，满足个人的物质生活需要、生理与心理需要（如衣食住行、安全需要、休息需要、社交需要等）是学校非制度生活发生、进行、延续的动力因素。

作为一个制度性存在，尽管学校中的一切行为都受到学校制度的约束，校长、教师、学生等应该怎样行动都是被先在地规定好的，但这并不意味着学校中的一切活动都必须丝毫不差地按照学校制度规定进行。这不仅不可能，而且也不应该这样，具体原因如下。

1）日常生活具有惯性。人类社会生活从整体上可以区分为日常生活与非日常生活。自在自发的日常生活是人为了生存而展开的最基本的生命活动，自为自觉的非日常生活则是人的生命活动的创造性展开，展示出人的自由自觉的类本质特征。因而，从整体上说，人的生活是日常生活与非日常生活交互运动、相互转化的过程。其中，日常生活作为本源性的生活领域，是非日常生活的基础。阿格妮丝·赫勒在《日常生活》中指出，人在任何时候都不可能完全摆脱日常生活而存在。他说："每个人都降生于'自在的'类本质对象化的结构之中，这是事实。每个人都必须占有特殊的'自在的'对象化，而且这是凭借重复性思维而进行的，这也是事实。实用主义、过分一般化、经济化——只提及几个例证——相应地是我们日常生活不可逆转的行为模式。任何人除非以我们业已描述的方式占有这些结构，否则就无法在日常生活中存活。"（阿格妮丝·赫勒，2010：256）同样，无论是作为教师角色的成人，还是作为学生角色的儿童，在进入学校之前都有他们自己的日常生活，他们都不可避免地以其原有生活为基础来展开学校生活。因此，日常生活的惯性决定了作为制度性存在的学校生活也表现出一定的日常性、非制度性。

2）制度具有特定的调控范围。人作为社会存在物，总是生活在特定的社会活动之中，并遵守着一定的社会规则。但这些规则的特性并不完全相同，有的是自发形成的结果，如传统、习俗、道德等；有的则是人类自觉活动的结果，如制度、法律。它们的调控范围也不同。与道德、习俗等相比，制度作为主体自觉实践活动的结果，是一种固化的社会关系，总是以公共领域为寓所，指向人的具体行为，因而其调控范围表现出有限性。非制度生活之所以是自在的、非制度性的，就在于其调控因素是具有自发性的传统、道德、习俗等。因此，制度作用范围的边界也为学校非制度生活的存在留出了空间。

3）个体角色的多样性也决定了学校生活的非制度性、日常性。"按照社会学戏剧分析理论，人生就是不断在不同的场合扮演不同的角色，'就像舞台上的演员，总是在不断地关心面对着如此众多观众如何塑造好自己的形象。"（鲁洁，2002：220）作为一名教师，他（她）扮演了多种角色：学校中老师、同事，家庭中的配偶、家长或子女，社会中的公民等。作为一名学生，他（她）也扮演了多种角色：学校中的学生、同伴，家庭中的子女、兄妹，商店中的顾客，社会中的准公民等。个体角色的多样性决定了他们需要的多样性。因此，教师到学校不单单是为了完成教学任务，校长到学校也不仅仅是为了管理学校，而学生到学校也不仅仅是为了完成学习任务。他们除了有制度性的职责外，还有生理需要、安全需要、交友需要、情感需要，等等。由此，学校必然有非制度性的生活交往。

4）更为重要的是，为了实现学生全面自由发展，为了实现和谐、惬意的美好学校生活，学校生活应该具有日常性、非制度性。学生是学校生活的中心，学校生活的最高目标在于促进学生潜能的充分发挥。学生的年龄特征决定了"儿童生活是一种日常生活”，具有日常生活的特点——自在性、重复性、习惯性、游戏性、情境性等（郭元祥，2002：149）。这就要求作为儿童生活场所的学校生活也要表现出日常性、非制度性的一面。如果学校生活完全是一种制度化的生活，便是对儿童天性的否定，是对儿童作为学校生活主体的主体地位的剥削。儿童生活的丰富性、自由性、游戏性将会消失在制度架构下的纯理性生活中。因此，学校要成为儿童成长的乐园就应该体现非制度性、日常性。

综上所述，学校“制度生活不可能覆盖学校生活的全部”，“制度生活不可避免地有自己的边界”（高德胜，2005：150-151）。因此，学校生活也表现出与制度性相对的非制度性和日常性。学校制度生活与学校非制度生活相互影响，共同构筑着学校生活。

# 第三章

# 学校制度生活的开启与公民教育目标的实现（下）

## ——学校制度生活在学生公民精神养成中的价值及其实现机制

我国公民社会已现雏形，公民教育的重要性正在被逐步认识。一般认为，培养公民精神是公民教育的核心。但公民精神从何而来？我们认为，公民精神来源于公民社会的根本制度建构，与此相应，在学校生活中，学校制度是影响学生公民精神养成的关键因素。与开设专门的公民教育课程等相比，通过加强学校制度建设，使整个学校生活具有公民生活性质是学生公民精神养成最根本的途径。国际教育成就评价协会（International Association for the Evaluation of Educational Achievement，IEA）通过对 20 多个国家和地区的公民教育调查研究指出，“参与型、民主型的学校环境建设是培养学生公民精神最为有效的途径”[①]。那么，何谓公民精神？学校制度生活对学生公民精神养成究竟有何独特价值？本章尝试回答这些问题。

① Torneypurta J，Lehman R，Oswald H，et al.. Citizenship education in twenty eight countries：Civic knowledge at age fourteen. Executive Summary，2003，23（02）：246.

# 第一节　公民教育的内涵与目标

## 一、公民教育的内涵

### 1. 公民的界定

公民是公民教育概念的基础，不同的公民观决定了公民教育理解的多样性。

公民不仅是一个历史概念，而且是一个文化概念。

作为一个历史概念，公民的内涵是变化发展的。在古希腊时期，公民是一个地域性概念和身份性概念，通常指各城邦中拥有政治参与和决策权利的那部分人。到了罗马时代，公民则发展成为一个与国家相对应并独立于国家的概念，是指有权参与国家公共事务的自由主体。进入现代社会，公民概念则被赋予了更加丰富的内涵，以至于不同学科对公民的解释存在很大的差异。

1）作为法学概念，“公民是指具有本国国籍，并依据宪法或法律的规定，享受权利和承担义务的人”。这一概念在法律中有如下含义：“首先，公民是一种身份或资格。其次，公民概念揭示了公民之间的平等关系。再次，公民在享受权利的同时也承担相应的义务。最后，公民作为一个法律概念，是与国家的法律制度和民主制度紧密相连的。”（蓝维，2007：9-10）公民概念的法律解释最早使用于雅典的《德拉克法》中，随后普遍地运用于各国法典中。例如，《中华人民共和国宪法》第三十三条规定：“凡具有中华人民共和国国籍的人都是中华人民共和国公民。”

2）作为政治学概念，公民的根本问题是公民身份。关于“什么是公民身份”，英国学者 T・H. 马歇尔对此进行了精辟的阐述：“公民身份是一种地位，一种共同体所有成员都享有的地位，所有拥有这种地位的人，在这一地位所赋予的权利和义务上都是平等的。”它由三个要素组成，即公民的要素、政治的要素和社会的要素。“公民的要素是由个人自由所必需的权利组成，包括人身自由，言论、思想和信仰自由，拥有财产和订立有效契约的权利和司法权力。与公民权利最直接相关的机构是法院。政治的要素是公民作为政治权力实体的成员或这个实体的选举者，参与行使政治权力的权利。与其相对应的机构是国会和地方议会。社会的要素是从某种程度的经济福利与安全到充分享有社会遗产，并依据社会通行标准享受文明生活的权利等一系列权利。与这一要素紧密相连的机构是教育体制和社会公共服务体系。”（郭忠华，刘训练，2007：8-11）这就是说，在政治哲学中，公民是政治社会中享有平等权利和承担平等义务的主体。

3）作为政治—法律统一的概念，“公民是身份平等的、具有公共生活品格和公共精神，以正确方式与高度的责任感和自觉意识主动投身于公共生活和社会公共事务的人”（王颖，2003：7-11）。在学术界中，学者普遍从这一视角去使用公民概念，因为仅从法学角度界定公民一词的致命缺陷是“没有明确指出公民的本质特点是政治社会或国家的平等成员”（成有信，1996：76）。而政治—法律统一的公民概念肯定了公民是自由、平等、负责的社会主体。作为一个负责任的社会主体，公民还应当积极地参与各层次的公共生活。

4）作为一个宪政概念，公民具有“主体性、实践性和集合性三重宪政意涵。其中，公民概念的主体性意味着公民是国家及其制度的主体而不是客体；公民概念的实践性意味着公民是国家一切政治制度设置及其运行的价值原点和目的而不是手段；公民概念的集合性表明公民个体之间彼此互异但又相互平等”（江国华，2010：33-34）。

作为一个文化概念，公民的内涵因国家和社会文化差异而有所不同。例如，法国在法律、政治、领土的意义上理解公民。法国宪法强调作为法国公民必须具有法国国籍。但宪法同时强调这并不意味着外国人不具有法律规定的权利，宪法第80条规定“所有海外领地的国民都拥有公民地位”，并特别规定居住在法国领土内五年以上的阿尔及利亚移民的子女，只要他们出生于法国，就能拥有法国国籍，成为法国公民。德国在种族、文化和遗传的意义上理解公民。德国宪法拒绝外国人取得德国国籍，成为德国公民。据学者研究，“在德国，超过150万土耳其人（其中有40万出生在德国）依然停留在德国公民共同体之外。但与此同时，来自东欧和苏联的德意志血统的新近移民——在1988～1991年超过了100万人——很快就被界定为合法的德国人，自动被授予全部公民权利和政治权利”（Brubaker，1992：Ⅹ）。中国则在法律的意义上理解公民。《中华人民共和国宪法》规定：“凡具有中华人民共和国国籍的人都是中华人民共和国公民。”

不难看出，公民概念是一个较复杂的概念。正如美国学者所言，“再没有哪一个词汇比‘公民身份’这个概念在政治上更为核心，在历史上更加多变，在理论上更具有争议了”（Shaklar，1991：1）。但是，无论公民概念在界定上存在多大争议，研究者在以下方面基本达成了共识：公民表达了个人同国家之间的特定法律关系及公民与公民之间在法律上的平等关系；公民是自由、平等、独立的社会主体。

2. 公民教育的界定

公民教育概念的界定是公民教育理论研究的重要组成部分，是所有研究者都不能回避的问题。公民教育是一个内涵丰富、多维度、多阶段的历史范畴，在研究中往往因研究者视角的不同，对公民教育的理解也就存在差异。

王东虓在《关于公民教育基础问题及基本内涵的思考》一文中归纳了较有代表性的七种公民教育观：①公民教育是培育与民主生活方式有关的态度、行为模式，发展个人担负公民责任的技能说。②公民身份的教育说。③培养公民参与管理社会公共事务的价值、知识和技能说。④公民教育四个主要方面说，即公民教育大致包括公民道德、公民价值观、公民知识和公民参与技能四个方面。⑤公民教育三个基本条件说，即公民教育必须以公民的独立人格为前提，以权利与义务的统一为基础，以合法性为底线。⑥如何做主人的教育说。"公民教育是面对全体公民的、以平等为特征的、权利和义务相统一的教育，对于我们这样的社会主义国家来说，其实质是对国家主人进行的如何做主人的教育。"（王东虓，2006）⑦公民教育"四以"说。"公民教育应以培养公民的民族意识和热爱祖国的思想感情为首要任务，以公民权利和义务教育贯穿于整个教育的始终，以培养文明守法、自尊自爱具有平等意识、权利意识、责任意识、参与意识、竞争意识、道德意识和法律意识等公民意识为核心，以培养具有高度的主体性和创造性精神，具有团体精神和祖国民族意识的好公民为宗旨。"（王东虓，2006）

除了上述七种公民教育观外，目前比较有代表性的观点还包括：①公民教育的广义与狭义说。"广义的公民教育是指在现代社会里，培育人们有效地参与国家和社会公共生活、培养明达公民的各种教育手段的总和。狭义的公民教育是指为培养参与国家或社会公共有效成员所需知识的公民学科。"（蓝维，2007：21）②公民教育的三个层面说。有论者认为，"公民教育包括宏观、中观、微观三个层面。就宏观而言，公民教育就是指现代国民教育制度与教育体系；就中观而言，公民教育是指各门学科都要含有公民教育的相关内容；就微观而言，公民教育则是指一门具体的学科的。三者有区别，但又很难截然分开，它们构成一个立体而完整的公民教育整体，而把它们联系在一起的，就是公民教育的实质和精神"（王啸，2006：96）。③"公民教育指的是旨在培养能有效参与国家或社会公共生活、具有公共理性和公共德性的公民的教育活动。"（刘铁芳，2013：22）

根据公民教育所涉及的深度和广度，以上林林总总的公民教育界定实际上涉及公民教育的三个不同的层次或类型："①'有关公民的教育'（education about citizenship），这类公民教育将重点放在如何做公民的知识性学习上，强调对国家历史、政体结构和政治生活过程的理解。②'通过公民的教育'（education through citizenship），主要是指让学生通过积极参与学校和社会的活动来获得公民教育，这种学习不仅有助于所学的知识性的内容的强化，而且有利于学生公民行为的养成。③‘为了公民的教育’（education for citizenship），这类公民教育十分注重通过各种途径，在知识与理解、技能与态度、价值与发展等各个方面培养学生，使学生在未来的成人生活中能够真正行使公民的职责。”（洪明，许明，2002：42-46）

按照公民教育的这三个层次类型去分析，就会发现，我国公民教育属于“有关公民的教育”类型，这种类型虽然有利于学生对公民知识的掌握，但缺乏对公民实践品性的培植。因此，近年来，学者纷纷倡导由“通过公民的教育”来补充“有关公民的教育”，使学生在各种活动中学会做公民。本书认为，公民教育除了传授公民知识之外，应更多地致力于公民精神的养成和实践品性的培植。

## 二、公民教育的核心目标：公民精神

公民社会不仅是客观存在的社会结构和政治状态，而且是通过全体公民结合起来共同生活而建构的社会精神和价值体系。这些特定的精神和价值是公民精神在共同生活中的体现，它们构成公民社会的根本支柱。美国学者爱德华·希尔斯认为，“‘一个公民社会就是社会成员相互之间的行为体现公民精神的社会。’希尔斯把公民精神作为公民社会的定性要素来看待，认为不是由于有了结社自由的法律就有了公民社会，也不是由于有了多少社团就有了公民社会，决定社会性质的是个人、社团、国家相互之间处理另一方关系的特定价值，也就是公民精神。公民精神是社会的集体自我意识，是公民社会运转的主宰”（高丙中，2008：8-14）。

那么，公民精神到底指什么？它有怎样的内涵？关于公民精神的内涵，目前学术界主要从社会资本、公民社会、公共行政、民主政治等视角来理解。

1）从社会资本的角度，公民精神是公民在参与公共事务中所表现出来的关注公益，追求和谐的精神品质，它具有社会资本属性，是社会资本的构成要素。这是因为公民精神与社会资本（宏观层面的社会资本）具有一致性，具体表现为：“公民精神具有与社会资本一样的存在形态和表现方式，公民精神具有与社会资本同样的作用机制和生产效能，公民精神与社会资本一样具有公共物品特性，公民精神与社会资本一样具有不可转让性。”从这个角度看，公民精神的基本结构包括参与意识、自治精神、自主精神、法治意识、公平意识、宽容和妥协精神等内容。（黎玉琴，2006：78-82）

2）从公民社会的角度，论者们大多赞成希尔斯的观点，把公民精神作为公民社会的定性要素来看待。公民精神基本上与公民素质、公民德性、公共精神、公民属性等概念在同等意义上理解和使用。从公民社会的角度有以下几种定义。

“公民精神是社会成员基于公民身份参与社会政治生活应具有的品性、能力与资质。公民精神既是一种行为态度，也是一种行为模式。公民精神应该具有如下要素：民主和法制意识，理性的政治参与意识和能力，思想上的创新与主体意识，宽容和妥协精神，权责意识与平等观念。”（曾珍宝，2007：5-12）“它是对构成公民社会的那些制度或机构的一种珍视，是对整个社会包括社会的所有阶层在内的态度，它是关怀整个社会福祉的态度。‘公民精神关注整体的福祉或较大的利益，更为重要的是，公民精神是个人的自我意识被他的集体性自我意识部分取代时的一种行为，他的集体性自我意识的对象是一个整体的社会以及公民社会的制度或机构。’”（马晓燕，2005：94-100）

“公民精神是公民社会的美德，它本质上是公民社会的精神纽带，是人类理性的公共运用，是人‘重叠共识’的伦理表征。公民精神的内涵至少包括了以下几个方面：积极地参与公共事务，追求更广大的共同利益，良好的公民美德，自治精神。”（刁瑷辉，2007：47-50）

公民精神是现代社会中一个公民应该具备的道德品格与人格素质，是公民意识、公民德性、公民素质的深化与集合。公民精神的本质是社会认同，即公民的社会责任感，公民精神的现实基础是公民权利，即公民精神是公民在事实上所享有的社会权利的对应物，公民精神的成长以不断扩大公民的社会权利为基础（张镇镇，2010：52）。

3）从公共行政的角度，“公民精神是现代公共行政的基础，公共行政以公民精神为依归。一方面，作为现代公共行政活动主体的公民是公民精神的载体。另一方面，作为现代公共行政基本价值和伦理的公平正义、民主平等、公共利益是公民精神的重要内容，这也是每一个公共行政管理者所致力于追求的价值观”（张融，2007：94-95）。据此，公民精神被定义为：“公民精神是公民对‘公共’所持有的一种信念与承诺，它意味着公民对‘公共’的热心、关爱与尊重，意味着公民对“公共”的责任与义务，意味着公民崇高的公共品德与素养。”（党秀云，2005：105-108）

4）从现代民主政治的角度，公民精神是现代民主社会中作为主体的公民所应具备的人格、素质和品质，包括“权责意识、自治精神、怀疑态度、参与意识等”（吕元礼等，2004：30-33）。

尽管学者对公民精神有不同的诠释，但在这些不同的理解背后却暗含着某种共识，即公民精神是现代社会中一个合格公民应该具有的素质、能力、品德、资质、人格等的凝聚和升华。本书认为，所谓公民精神是指处于公共生活中的公民在处理个人与他人、个人与社会、个人与国家关系中所形成和展现的精神气质，是现代合格公民所应具备的品质。具体而言，公民精神主要包括民主精神、主体精神、平等精神、社会责任感、契约精神等。公民精神是公民意识、公民素质、公民德性等的集合体，现代公民所应具备的品格、素质等都由这个集合体扩展生发出来。一个具有主体精神的公民，不仅将自我视为独立自主的个体，珍视自己的社会权利，而且在平等的意义上将他人视为独立自主的个体，尊重他人的社会权利。一个具有平等精神的公民，不仅尊重赋予自身权利的社会规则，而且积极地依据社会规则来践行公民义务。一个具有社会责任感的公民，不仅能够依法合理地行使自己的政治权利，积极地参与公共生活，而且具有为了国家或共同体的利益而牺牲自我的精神。一个具有契约精神的公民，不仅具有尊重规则与重视规则的意识，而且把依照规则办事作为一种习惯。

## 第二节　学校制度生活在公民精神养成中的作用

学校制度生活在学生公民精神养成中发挥着不可忽视的重要作用。这是因为：①公民教育从词义到其历史沿革都与政治的民主化进程息息相关。民主制度生活对公民教育的发展及公民的培养具有重要意义。②现代公民所应具备的主体精神、平等精神、契约精神等公民精神是很难通过直接的教育来实现的，在很大程度上源于对诸如民主、平等、自由等的现实体验与实践。③中小学生的大部分时间都在学校度过，因此，仅仅通过有限数量的公民教育课外活动也是很难达到预期目标的。④学校制度的价值诉求与公民精神具有意义共契关系。通过学校制度生活建构来营造符合公民社会精神的学校生活，使之成为学生时刻学习和实践公民精神的场所才是培养现代公民的根本途径。

具体而言，学校制度生活在学生公民精神养成中具有以下独特价值。

### 一、学校制度生活为学生公民精神养成提供制度保障

学生公民精神是作为“公民”的学生在参与公共生活中形成和体现的精神气质。然而，“只有当政治社会中存在着享有平等权利和承担平等义务的平等的政治社会主体时，公民才算在现实中存在”（余潇风，1998：199）。其中，公民权

利构成了公民身份的必要前提。也就是说，学生作为公民身份的确认是其公民精神养成的前提，没有从权利层面对学生作为独立自主个体的肯定，其公民精神便不会形成。

具体而言，学生公民精神养成以学生基本权利为现实基础。学生兼具受教育者、公民等多重身份，因而学生也享有多重权利。作为受教育者，学生享有教育法规定的各项权利，例如，“作为学校的主体拥有的参与学校管理权、学生自治权、团体组织权、参与课程内容与计划权、参与教学与教育评价权等。作为学校产业的消费者亦应拥有消费者的基本权利，如知情权、选择权等。而作为公民，学生享有宪法规定的各项基本权利，如选举权、被选举权、人身自由权、财产权、受教育权、平等权等”（张震晋，2007：65-66）。所有这些都构成了学生公民精神养成的现实基础，但这些权利只是法定权利，法定权利并不会自动地构成学生的现实权利，要实现法定权利向现实权利的转化需要保障。

“所谓权利保障，有两个层面的含义：一是指权利实现时的无阻却性保障；二是指权利实现出现障碍时的司法救济性保障。无阻却性保障又包含双重意义：一方面是保障权利人的权利处于权利人的合乎法律规范的意志支配之下，权利或被行使或被放弃或被转让，都不得受到权利人以外的其他任何义务人的阻止或干预；另一方面是权利的实现必须依靠国家的帮助行为，表现在国家不仅为公民权利的实现提供各种物质条件上，还有为公民权利的实现提供社会保障上。无论是无阻却性权利保障，还是司法救济保障，归结为一点就是要求现代国家建立完整、系统、有效的权利制度保障体系。因为只有制度性的保障，才能有效地抵御权利人以外的其他任何义务人的侵扰或干预行为，否则，宪法中规定的公民权利就难以实现。”（范进学，1996：18-19）

“最早提出制度保障的是德国魏玛共和国时代的学者施米特。他认为，不仅要在宪法中保障个人的权利，而且要规定一定的客观制度，由制度来保障公民个人权利的实现。”（胡锦光，韩大元，1993：22）权利保障制度是一个系统工程，它由政治、经济、文化等各项制度及其之下的更为具体的制度构成。在学校制度生活中，学校制度是学生权利保障制度系统中的重要组成部分。学校制度通过约束个体部分自由来保障其权利。戈森认为，社会之所以需要制度的约束，是因为“一方面，个人的力量不足以保护自己不受侵袭或损害；另一方面，在很多情况下看来难以确定每个人可以达到而又不损害他人的界线。这两方面的情况必然使社会创造出一种权力，支持受到损害威胁的个人的力量，并在可疑的情况下确定个人权利的界限”（赫尔曼，1997：142）。同样，在学校生活中，个人不仅不足以保护自己的权利不受侵犯，同时也很难确定个人行为的界限。这是因为，权利具有相对性，它只不过是“同一种利益对于不同对象的不同称谓：它对于获得者或权利主体是权利，对于付出者或义务主体则是义务。因此，所谓权利也就是权利主体从义务主体那里得到的应该受到法律保障的利益；而义务则是义务主体付给权利主体的应该受到法律保障的利益”。也就是说，在拥有权利的同时，也意味着义务（或限制），因此，这就需要一个能够确定主体之间权利界限，并从中形成自由秩序的“体系”（王海明，2010：139）。在学校范围内，这种“体系”只能是学校制度——它为主体的行动划定了明确的界限，使其能够明晰地知道能做什么，不能做什么，应该怎样做，不应该怎样做。这条界限是学校共同体的行为准则，如果个体的行为在界限以内，则会得到共同体的许可、赞美与奖励，反之则会受到共同体的排斥、谴责与惩罚。

可见，学校制度为学生在学校制度生活中的活动提供了现实基础，没有这些权利，学生的公民精神不会养成。当然，我们这里说的学校制度是指那些对学生权利起到保障作用的优良的、民主的学校制度。专制的学校制度不仅不能保护学生的权利，而且从根本上否定学生的权利，否定学生的公民身份。因此，学生公民精神的养成需要学校制度生活为其提供制度保障。

## 二、学校制度生活为学生公民精神养成提供环境支持及价值引导

人无时无刻都生活在环境中，人与环境持续不断的交互作用贯穿于人的整个生命历程。和其他一切有机体一样，人的存在和发展离不开外界环境的作用与影响。马克思主义认为，“人们的观念、观点和概念，一句话，人们的意识，随着人们的生活条件，人们的社会关系，人们的社会改变而改变”。雅斯贝尔斯也强调环境对人发展的影响，他说，“在人的存在和生成中（以人的年龄、教养与素质差别区分），教育环境不可或缺，因为这种环境能影响一个人一生的价值定向和爱的方式的生成”（雅思贝尔斯，1991：1）。同样，公民精神作为一种实践精神（公民精神不是静态的凝固体，不是灌输传授的结果，而是动态地存在于实践中，是公民生活实践的产物），它需要环境支持。当然，作为影响人发展的可能因素，“环境包括促成或阻碍、刺激或抑制生物的特有的活动的各种条件”（约翰·杜威，2001：17）。也就是说，环境对人发展的影响不仅在方向上有正、反之分，而且在性质上有积极和消极之分。环境作为文化的载体，集中反映着文化。学校环境的好坏直接取决于学校文化的优劣。

一般而言，学校文化包括三个相互关联的层次，即物质文化、制度文化和精神文化。在这个同心圆中，最外层是学校物质文化，它是学校各种文化活动的载体，构成学校文化的物质基础；最里层是学校精神文化，包括学校风气、价值观念等，构成学校文化的核心内容；处于两者之间的是学校制度文化，包括学校的各项规章制度，构成学校文化的“调节器”，起着承上启下的作用，它上承学校的价值理念，下启学校核心价值的传播，以及学校共同体生活方式的改变。因此，学校制度文化成为学校文化系统中权威性因素，它规定并反映着学校文化的整体性质。在这个意义上说，学校为学生公民精神养成营造的是民主、平等、自由的公民生活环境还是充满专制、等级、束缚的奴性生活环境在一定程度上受到学校制度的制约。迄今为止的学校发展演变有两种典型的学校环境，即专制的学校环境与民主的学校环境。专制学校环境的制度基础是命令式的道德规范，借助威权来建立命令—服从的等级秩序。而民主学校环境的制度基础只能是授权式的类似于法律的约定，通过自由而平等的交往形成自由秩序。我们很难想象以专制学校制度指导师生生活的学校能表现出民主管理的领导作风，开拓创新的教风和积极上进的学风。

学校制度生活就是这样一种民主生活，它借助优良学校制度对学校生活进行整体塑造，为学生公民精神养成提供了民主、自由、平等的公民生活环境，从而对学生公民精神养成起到潜移默化的影响。学校制度生活所追求的价值都是理想价值，它们虽然以当下生活着的人为依据，并服务于当下生活着的人，但人的超越性意味着学校制度生活的价值追求要体现人类社会发展的未来趋势及人的发展方向，因而它们高于现实人所体现的精神品格。学生对学校制度生活这些价值的认同与内化，以及随之而来的特定行为的普遍化将意味着学校制度生活通过其所包含的价值促进了学生公民精神的提高和完善。

学生对学校制度生活价值的实践，表明学生对学校制度生活中价值有意识与无意识的认同。学校制度生活的价值一旦被学生普遍认同并依照其而行动时，学校制度生活的价值就会逐渐地内化为学生的内在精神品格，促进学生公民精神的养成。民主、自由、平等的学校制度生活因符合学生发展要求而更容易被学生认同，并能够强化学生的道德行为，促使学生反复的行为实践。同时，学校制度生活的价值体现在学校共同体的日常生活与交往过程中，他们将学校的规范要求具体化、人格化，对学生公民精神的养成起着形象性、感染性和可信性的影响。

## 三、学校制度生活是学生公民精神养成的“实训场”

“公民社会是公民积极参与公共生活，共同合作促进公共福祉的稳定、健康、向上的理性社会。”（金生鈜，2008：232）。作为公民社会主体的公民“不是一种抽象性的负担主体，而是在公共生活实践中的具体人性”（金生鈜，2008：245）。公民身份不是自封的，而是在自由、平等、理性的公共生活实践中获得的。因而，公民精神也只能通过公共生活中的公民参与培养起来。没有公共生活领域的公民参与，公民精神不会养成，公民社会也不会成熟壮大。公共生活不仅是公民精神养成、公民成长的实践领域，也是公民创造社会福祉、实现自身价值的舞台。因此，作为学校，为了培养合格的现代公民，我们可以通过开放有限的学校公共生活参与开始，然后逐级递升，让学生在民主的学校公共生活中体验民主的规范，接受公正的信念，养成民主的行为习惯，并将民主、公正、自由内化为自己的价值体系，形成公民的精神品格。

正如我们已经指出的，学校制度的公共性、学校制度规范对象的全体性及学校制度调控领域的公共性决定了学校制度生活在本质上是一种公共生活。作为一种公共生活，学校制度生活在学生公民精神养成过程中能够起到一种小型公民生活的模拟、运作、训练作用。例如，上海育民中学预备（4）班通过让学生参与“文明之星”评选来培养学生公民精神。文明之星评选活动过程如下。

第一阶段：认识“文明之星”。在这一阶段班主任首先根据学校活动精神，向同学们介绍每月评选班级“文明之星”的活动。然后引导学生们进行小组讨论：我心目中的文明之星和班级文明之星应该以怎样的形式推行出来？

第二阶段：制定文明之星评选标准。①利用一节课的时间小组讨论文明之星的评分标准。②由班委收集每一个小组的讨论成果，并进行整理。对于一些普遍提及的标准，直接采纳。而对于一些个别小组提及的标准，则是经班委根据实际情况讨论后再决定是否采纳，最后，班委根据实际情况，决定每一条评分细则的分值。③利用一节午自修的时间，由班长将评分标准向全班同学宣读，班委根据同学们的意见作记录并进行修改。④最后，班主任将评分细则打印并张贴在教室布告栏内，供学生参考。

第三阶段：制度的实施（根据标准评选文明之星）。①利用一节午自修的时间，让学生自主迁出他们所信赖的一些同学作为班级的值日班长。②班级中的日常情况由当天的值日班长进行记录。③根据学校评选文明之星的周期，班级也将在每个月的最后一周进行统计，计算出每个同学这一个月内的得分。④在评选文明之星时，先参照每个同学的得分，得分高者确定为候选人。⑤得票数最高并且超过全班一半票数的才有资格申报当月的班级文明之星。（孙建良，2016：132-133）

通过参与“文明之星”评选活动，学生不仅了解自己的公民权利、体验民主理念、接受公正价值，而且还实践着自己的公民权利、践行着民主与公正观念。

## 第三节　学校制度生活促进学生公民精神养成的机制

学生公民精神养成是一个动态的发展过程。学校制度生活育德机制就是要研究这一动态过程的发展变化原理及方式，从而为学生公民精神养成教育提供可资借鉴的经验。

### 一、学生公民精神养成的发生学考察

公民精神养成是在学校制度生活所内含的价值引导下通过学校共同体成员的自主建构实现的。这一过程要实现两个转化：一是将学校制度生活所内含的诸如民主、自由、平等等价值观念内化为学校共同体成员的精神气质，这是学生公民精神养成的内化过程；二是学校共同体成员始终如一地依据学校制度的价值取向和角色期望行动，从而使每个人的行动既能满足个人需要，又能符合制度期望，最终形成规范化、民主化、理性化的学校生活，这是学生公民精神养成的外化过程。学校制度生活中的公民生活实践是内化与外化的中介。

#### （一）公民精神的内化过程

“内化”一词最早由法国社会学家涂尔干等人提出，“指社会意识向个体意识的转化，即意识形态的诸要素移置于个体意识之内”①。后来许多心理学家对这一思想进行了进一步的拓宽，如美国心理学家英格利希（H. English）认为“内化是把某些东西结合进心理或身体中去，采纳别人或社会的观点、实际做法、标准或价值观作为自己的东西”（王健敏，2002：32）。本书中，内化是一种过程，学生公民精神的内化即民主意识、主体意识、平等观念、社会责任感、契约意识逐渐成为学生品格一部分的过程。这个过程要经历以下两个阶段：即认同和信奉。

① 转引自：朱智贤，1989：451.

1. 认同

认同是学生个体对学校制度的承认、认可。学生个体认为某一制度是合理的，就表明他认可了这一制度。制度认同与一般概念形成不同。概念形成只是表明了学生个体将外在的某一制度纳入自己的认知结构，只是理解、记住了这些制度，至于这个制度合理与否，学生个体则不一定相信。认同则意味着学生个体对这项制度的合理性没有丝毫的怀疑。因此，认同在学生公民精神养成中具有十分重要的作用。只有被学生认同的制度及价值追求才可能转化为其信仰，也才有可能外化为其行动。

学生对制度的认同是一种主动、自觉、超功利的行为。主动意味着学生对制度的认同是其内在动机驱动的结果，而非迫于外部压力被动表现出来的行为。外部压力可以使学生记住某项制度，却不能使学生认同这项制度。自觉意味着学生虽然没有产生与制度相一致的行为品质，但他已经能够根据自己的感性和理性认识相信这些内容是正确的。超功利意味着学生认同制度不是为了趋利避害而表现出的行为。

当然，学生对制度的认同并不是无条件的，只有优良的学校制度才能得到学生的认同。（关于优良学校制度参见下一章）

2. 信奉

信奉是指学生对学校制度的信仰并崇奉，是认同的升华。信奉在学生公民精神养成的内化过程中起关键和桥梁作用。美国心理家阿伦森对“内化”的定义说明了内化过程中信奉的重要性，“内化是将准则和信念内化，这是对社会影响的最持久、最根深蒂固的反应。把某种信念内化的动机是想使自己正确而不犯错误的愿望。因而，对于这种信念的奖赏也是内在的。如果我们觉得施加影响的那个人是可依赖的，而且他有很好的判断能力，那我们就会接受他（或她）所提倡的信念，并把这些信念纳入自己的准则体系中，一时它成了我们自己体系的一部分，它就可以和发源者无关而成为自己的准则，并将变得非常难于改变”（阿伦森，1985：36-37）。

与认同相比，学生对制度的信奉是一种具有深厚情感、高度主动、自觉、坚定的行为。首先，信奉是在学生对学校制度有深厚感情的基础上形成的，是认同与情感的高度结合，因而体现着深厚的情感色彩。其次，信奉是在学生自我肯定的内在动机驱动下形成的，而非外在的压力，因而表现出高度的主动性。再次，高度自觉性意味着学生对学校制度的信奉是在清醒、明确认识的基础上形成的，而不带有盲目性。最后，高度的坚定性意味着学生对学校制度的信奉一旦形成就难以改变。

当然，与同学生对制度的认同一样，学生对制度的信奉也是以学校制度的优良为前提的。

### （二）公民精神的外化过程

学生公民精神的外化是指学生个体将内化阶段形成的民主意识、主体意识、平等观念、社会责任感、契约意识转化为自身的公民行动的过程。这一过程包括三个阶段：依从、仿效和固化。

#### 1. 依从

依从是指学生对学校制度提出的行为要求的依据和必要性缺乏认识，甚至存在抵触情绪时，迫于外在的压力或为达到某种功利目的，不得不执行的一种表现。按照“从”之行为的性质，可以将依从分为理性和非理性两种具体表现形式，理性之“依从”即服从，而非理性之“依从”即盲从。

服从是学生通过对学校制度的概括、判断和推理，为寻求奖赏或免受惩罚而产生的与学校制度要求相一致的行为。服从是被迫的，是在学校制度的压力下做出的行为，个体虽然在认识与情感上不愿意这样做，但屈于这一压力，只得这样做。

“19 世纪法国科学家约翰·亨利做了一个实验：他将一些毛毛虫头尾相接排成一个圆圈，并在圆圈中间放上一堆毛毛虫爱吃的食物。令人吃惊的是，这些毛毛虫只是一个跟一个地绕着食物按科学家安排的轨迹爬行，直到饿死，竟然没有一个毛毛虫爬向食物。这就是一个动物依靠直觉产生的非理性盲从的例子。”（宋官东，2005：1174-1178）不仅是动物，在人类行为中也会产生盲从行为。例如，学生在对学校制度要求缺乏认识，由于群体或他人的引导或压力，在行为上不由自主地趋向与多数人相一致的现象就是盲从行为。

服从与盲从行为都是在缺乏内在动力的情况下，学生为了趋利避害而表现出的行为，因而是极不稳定的，会随着外部压力的变化而变化，甚至会随着外部压力的消失而不再发生。因此，学生对学校制度的依从行为是一种被动性、工具性、不稳定的行为表现。

#### 2. 仿效

仿效是指在没有外界压力的情况下，学生主动地模仿学校制度提出的行为要求或学校共同体中其他成员表现出的与学校制度要求相一致的行为。仿效有两种具体表现形式：①通过对学校制度所内含的思想观念的领悟而表现出的行为，这是一种高水平的仿效；②学生对他人具体行为的模仿，这是一种低水平的仿效。

与依从行为相比，仿效是一种主动、自觉、超功利的行为表现。①仿效是在学生内部需要的推动下表现出的行为，而非出于外部压力表现出的行为，因而表现出主动性；②学生公民精神外化中的仿效是在学生对学校制度行为要求有一定程度的认识的基础上进行，他对仿效的意义及行为结果有比较清楚的认识，因而是一种自觉的行为；③学生公民精神外化中的仿效不但不是为了追求某些功利目的，甚至会牺牲个人利益，因而是一种超功利的行为。

3. 固化

学生公民精神外化中的固化是指学生将不稳定的公民行为转化为稳定的、习惯性的个性化活动。依从与仿效是学生公民精神外化的重要环节，但是，无论是依从行为，还是仿效行为，都是不稳定、无规律可循的情境化行为，即对同一制度化行为要求在某些情境中会表现出来，在另一些情境中可能不表现出来。固化则是在依从和仿效的基础上，通过一定的途径和方法使学生的公民行为由不经常变为经常，由不稳定变为稳定，从而习得公民行为。这时的公民行为具有广泛的迁移性，不仅能在特定的条件和情境中表现出来，而且可以在其他多种多样的活动中表现出来。只有在这种情况下，学生公民精神才算真正形成。例如，一个具有契约精神的学生，她不仅会在班级遵守班级公约，在学校遵守学校的相关规章制度，而且会在社会生活中遵守相应的规章制度。因此，固化是学生公民精神外化的最后阶段。

与依从和仿效行为相比，固化是一种个性化的行为表现，是学生自我思想与行动的高度统一。此时的学校制度已不再是一种外在于个体的规则体系，而是个体的一种生活方式。

当然，作为学生公民精神外化的最后阶段，固化不是依从和仿效基础上自然而然的过程，需要通过一定的途径和方法才能实现（上面我们对固化概念的界定已包含了这一思想）。具体而言，固化主要通过公民生活实践及评价两种方式实现。

1）公民生活实践。关于公民生活实践在学生公民精神养成的价值参见本小节（三）。

2）评价。评价即根据学校制度对学生行为做出评估的行为。从主体来说，评价分为自我评价与他人评价。

在公民行为形成初期，学生主要依靠外部的他人评价来强化自己的行为。这种评价通过肯定的形式鼓励和强化学生的良好行为，借助否定的形式制约和克服学生的不良行为。

当然，在公民行为形成的过程中，学生并不是一个被动接受刺激的客体，而是一个能够通过自我评价来达到自我强化的能动主体。相比他人评价而言，自我评价是一种更及时、更自觉的评价，它不受时间、地点的限制。因而，自我评价是学生公民行为固化的一种重要方式，其作用比他人评价更重要。当然，在教育实践中，自我评价和他人评价往往都是结合起来使用，这样才能对学生行为做出全面、准确和客观的评价。

### （三）公民精神养成统一于公民生活实践中

亚里士多德认为，“德性不只是去行动的性情，而且也是让判断和感觉符合正确理性的命令的倾向，作为人类目的的幸福生活，要求实践德性。要拥有德性就是要作为一个人很好地行动着”（高国希，2008：40）。根据亚里士多德的观点，实践对于德性的养成和维系具有十分重要的意义。实际上，除亚里士多德外，人类教育发展史上的很多哲学家都强调德性的实践品性。

同样，学生公民精神的养成与维系也离不开学生的公民生活实践。学生公民精神如果仅仅停于观念层面，便不会与社会现实发生联系，也不会对现实生活产生任何积极影响。内在的公民精神只有外化为公民行动，才会对现实世界产生实际而积极的意义。在公民精神由观念层面向公民行动的转化过程中，公民生活实践是最直接、最根本的方式。观念层面公民精神转化为公民行动是公民精神的内在要求。

## 二、学校制度生活促进学生公民精神养成的机制

“机制”一词源于拉丁文 mechanismu，指“机械、器械”和“作战用的机械”。机制这一概念最先使用于机械工程领域，主要指机器的构造和工作原理。后来引申到生物学，用来表示“事物与自然现象的作用原理、作用过程及其功能”（罗念生，2004：584）。机制在生物学领域的运用产生了一系列研究成果，由此引起人们对机制的关注，并将其广泛地运用于心理学、管理学、经济学等领域，其内涵也演变为一个系统内部各因素之间的作用过程和作用方式。本书中，“机制亦称机理，其基本含义有三个：①指事物各组成要素的相互联系，即结构；②指事物在有规律性运动中发挥的作用、效能，即功能；③指事物发挥功能的作用过程

和作用原理。把这三者综合起来，更概括地说，机制就是‘带规律性的模式’”（邬开东，查啸虎，2006：9）。

学校制度生活机制是指学校制度生活中各要素之间的相互关系及其功能发挥的方式。根据前文我们对学校制度生活要素结构的分析，学校制度生活的要素包括共同体中的全体成员（学校制度生活的主体）、学校公共领域（学校制度生活的存在寓所）、学校制度（学校制度生活的调节因素）、学生的全面自由发展（学校制度生活的目的）。因此，学校制度生活机制要研究的是：在学校公共领域中，作为其调节因素的学校制度是通过何种方式来促进学生公民精神养成的。根据前文对学生公民精神的发生学考察，本书认为在学生公民精神的内化与外化过程中，主要有以下几种机制发挥作用。

### （一）宣讲机制

宣讲在汉语中是“宣传讲解”的意思。宣讲机制既是学生认同、信奉学校制度及其所内含的价值取向的前提，也是学生依据学校制度期待行动的基础，因此是学生公民精神养成中的一种基本实现机制。一方面，学生只有知道、了解了相关的学校制度，才可能认同，并最后信奉学校制度。同时这也是制度公开性的要求。所以，通过宣讲方式向让学生知晓学校制度既是必要的，也是可行的。另一方面，知是行的基础，即是说学生只有在认识上知道什么是可以做的，什么是不可以做的，他们才能从容地行动。因此，为了有效地进行制度信息传递，运用宣讲是十分必要的。

学校制度的宣讲过程是学校共同体成员之间传递信息，沟通思想和交流情感的过程。在这个过程中，制度信息宣传者以尊重、相信、竭力使学校共同体其他成员对制度感兴趣的平等态度向他们传递制度信息，从而使其在认识和情感上获得提升。我们反对制度宣讲过程中居高临下的说教。

### （二）奖惩机制

同宣讲机制一样，奖惩机制也是制度包含的一种基本实现机制。奖惩机制包括奖励机制和惩罚机制。

#### 1. 奖励机制

奖励机制是一种激励机制，它使学生肯定自己正当、优良的行为，并引起他们巩固这些行为。张维迎认为：“从激励的角度看，一个有效的制度安排（包括道德和社会规范），必须使个人满足与社会激励相一致，并由此形成一个纳什均衡——也就是说，每个人都有积极性遵守这个制度。”（张维迎，2006：157）也就是说，激励机制要解决的问题是个人是否自觉地服从制度，从而实现个人利益与社会利益的一致。因此，所谓制度奖励（或激励）机制是指学校制度通过事先提供明确、稳定的信息，促使学校共同体主动、积极地遵守和服从学校制度，从而实现个人利益与共同体利益的和谐发展。

新制度经济学认为，由于人的“自利”本性，在社会生活中，个人总倾向于追求自己的利益，总会对他人及社会造成一定的影响即经济学家所说的外部性问题。在现实生活中，外部性主要表现为“吃亏”和“占便宜”，但无论是“吃亏”，还是“占便宜”，都不利于社会的发展。因此，需要克服外部性问题。而解决这一问题的办法就是借助公正的制度使投机取巧者占不到便宜，并同时让老实人不再吃亏。这样，人人都通过有效的制度安排获得了一种激励。张维迎将此表述为“激励的目的就是把个体行为的外部性内部化，通过规则的强制，迫使产生外部性的个体将社会成本和社会收益转化为私人成本和私人收益，使得行为主体对自己的行为承担完全责任，从而通过个体的最优选择实现社会最优”（张维迎，2006：158）。至此，新制度经济学为我们指出了激励问题的对象及其解决途径。

尽管我们不赞同新制度经济学的“经济人”假设（因此也不以此为出发点），但不可否认，随着现代人自由的扩大及教育资源特别是优质教育资源稀缺的现实，学校生活中个体与个体之间及个体与共同体（或社会）之间的利益冲突是普遍存在的。这些利益冲突的存在对他人和共同体都构成了一定的影响。学校制度作为调整学校共同体成员之间利益的规则体系，其目的在于解决学校生活中的冲突问题，这主要通过学校制度的奖励（或激励）来实现。例如，“损坏学校公共物品要赔偿”这是学校生活中很普通的一条制度，它之所以能够激励学校共同体成员爱惜公共物品，这是因为他们将损坏物品的成本，通过制度条文，明确地告知由违规者自己承担，这样，学校共同体就会尽可能地避免破坏公共物品。此时，“损坏学校公共物品要赔偿”就不仅仅是违规之后的处理办法，而是激励学校共同体预防破坏的内在动力。在此意义上，学校制度激励机制的发挥是学校制度实施的最高境界，因为此时的学校制度具有通过“强制性”的规则，达到“非强制性”的制度激励，实现个人与他者及个人与共同体之间利益一致。

2. 惩罚机制

惩罚机制通过对学生不良行为的否定，使学生认识到自己某些行为的不当，促使其克服和改正这些行为。惩罚与制度相伴生。“制度为一个共同体所有，并总是依靠某种惩罚而得到贯彻，没有惩罚的制度是无用的，带有惩罚的规则创立起一定程序的秩序，将人类的行为导入可合理预期的轨道。”（柯武刚，史漫飞，2004：32）“惩罚利用人趋利避害的本能，引导人主动调整自己的行为，符合制度及其制定者的要求，制度设计者的出发点在于创造和维持某种秩序，这也是制度的关键功能。”（刘华杰，2010：11-14）

学校制度生活中的奖励机制是一种正强化机制，惩罚机制则是一种负强化机制。当学生某种认知或行为受到不断正强化，学生则会重复巩固这种认识和行为，并形成公民行为。反之，当学生某种认知或行为不断受到负强化，学生就会避免或改正这种认知或行为，使之向正确方向转变。可见，无论是正面的奖励机制也好，还是负向的惩罚机制也好，他们在学生公民精神养成中都具有重要价值，但相比而言，奖励机制占主导地位。

### （三）陶冶机制

本书认为学校制度不仅是一系列规则体系，更是一种生活方式。作为一种生活方式，学校共同体成员在其中受到来自其他成员语言、行动潜移默化的影响，并在不知不觉中形成与学校制度角色期待相一致的认识和行为。这种潜移默化的方式即陶冶机制，即所谓“近朱者赤，近墨者黑”，“蓬生麻中，不扶而直”。

对于公民精神养成而言，寓教于生活的陶冶方式比直接的知识传授与引导更为重要。因为当学校共同体成员参与民主、自由、平等的学校生活时，他们将会不断地通过亲身体会获得对民主、自由、平等“好处”的感受，所以更容易在学校生活中受到这些价值的陶冶，逐渐培养起对学校制度所内含的民主、自由、平等的认同，逐步形成公民精神，并最后转化为公民行动。

### （四）示范机制

公民精神养成中的示范机制是指以学校共同体成员中他人的优良品质和模范行为影响其他成员的一种方式。这种机制的特点在于它是通过示范者的言行，把抽象的学校制度及其所内含的价值人格化、具体化，使学校共同体中的其他成员从中受到教育和启迪。

在学校制度生活中，任何一个具有优良品质和行为的人都可以成为示范者。其中，教育管理者是学生公民精神养成中的重要示范者。戴维·L.韦墨认为，“一个有效的领导人可以通过做出自我生效的预测：规则将被遵守，来使大家形成某个给定的规范将被遵守的预期。如果这个领导人在其他方面已建立了可信的声誉，那么他能成功地做到这一点”（戴维·L.韦墨，2004：148）。同样，在学校教育中，教育管理者也需率先“以身作则”地遵守制度，让学生自然而然地同教育管理者一起遵守制度，并认识到：制度面前人人平等，制度存在的目的不是用来管理受教育者，而是为了学校共同体成员的发展。

### （五）活动机制

公民精神养成中的活动机制是指学校共同体成员通过参与有计划、有目的的公民生活，在活动中培养公民精神的一种方式。公民精神养成的落脚点是提升公民实践品性，而且公民实践品性只能在公民生活实践中得以反映和表现。

“知行合一”一直是我国传统文化中所倡导的优良品质。有了民主、自由、平等等观念，还要落实到实际的行动当中才算实现了公民精神养成。当前我国公民教育仅仅停留在公民知识的传授层面，忽略对公民实践品格的培养。公民精神养成中活动机制的引入不仅可以使学生在公民生活实践中获得相应的公民知识，也会使学生的公民知识在实践活动中转化成公民行动，这样的过程不断反复进行，最终成为学生的精神品格。例如，烟台牟平宁海中学 24 名学生代表参加了《宁海中学开通公交站点的研究》。在该项目活动中，这些学生“通过对政府有关部门、客运公司、律师、财政局、电视台、社区居民、图书馆、网络进行采访或访问，在交流分享所搜集资料、分组整理汇总的基础上制订并实施了行动计划，在形成初步报告方案的基础上，邀请区政府领导、公交公司领导、社区代表等担任听证员，举行了公民教育实践活动模拟听证会（现场会），获得相关部门及领导的关注和支持，最终如愿复通了 609 路公交车”[①]。这项活动培养了学生的参政议政意识、民主意识、责任意识、参与能力等，这绝不是通过一般课堂说教所能达到的境界。

① 公民教育实践活动：学生堪比“人大代表”——我市中小学“公民教育”实践侧记［N］. 烟台日报，2014-7-17.

# 第四章

# 彰显公民精神的学校制度生活样态

如上所述学校制度生活的公民精神养成功能是自动实现的吗？换言之，在学校教育实践中，是否只要存在学校制度生活就会自发产生上述功能？我们的回答是否定的。事实上，学校制度生活受到多重因素的影响，只有与公民精神相契合的理想的学校制度生活才有此功能。那么，怎样的学校制度生活与公民精神相一致？本书认为，彰显公民精神的学校制度生活表现出民主的特质。

## 第一节　彰显公民精神的学校制度生活特质：民主

### 一、民主是一种美好生活

民主一词形成于公元前 5 世纪，源于希腊文“δημοκρατία”，由“δημος”和“κρατος”组合而成，对应的英文是 democracy，意指人民的统治或人民主权。这是民主最原始、最简单的含义。

正如罗伯特・达尔所言，“认为民主是过去一次性发明出来的东西，就如蒸汽机的发明一样，这种想法可能是个错误”（罗伯特・达尔，1999：10）。确实，在不同时代、不同国家、不同政治学派，民主意味着不同的内容。总体来说，从古希腊至今，民主概念经历了从单纯的政治概念到非政治或准政治概念的发展过程，人们大多在政治制度和公共生活理念两个层面上使用民主一词。

（1）作为政治概念，民主是一种政治制度

这是民主概念最初，也是使用最多的含义。但即使在政治制度这一层面上，人们所言说的民主含义也大相径庭。

民主一词来源于希腊文，因而，作为一种政治制度，民主也最早出现在古希腊。早在前575年，古希腊的希俄斯岛就开始采用民主政体，设有公民议会和公民大会。公元前508年，在“主权在民”政治理念的支配下，最著名的雅典民主形成。雅典政体设有三个重要机构，即公民大会、五百人的议事会和民众法庭。公民大公是最高权力机构，负责国家的一切事务；五百人的议事会协助公民大会负责政体的日常运行；民众法庭则扮演司法机关的角色。在古典时代，希腊的人民大众及部分政治家认为民主是一种理想的统治形式。古希腊民主政治杰出代表伯里克利在雅典阵亡将士国葬礼上对雅典民主大加赞赏，他说：“我们的政治制度不是从我们邻人的制度中模仿得来的。我们的制度是别人的模范，而不是我们模仿任何其他人。我们的制度之所以被称为民主政治，是因为政权在全体公民手中，而不是在少数人手中。解决私人争执的时候，每个人在法律上都是平等的；让一个人担任公职优先于他人的时候，所考虑的不是某一个特殊阶级的成员，而是他具有真正的才能。任何人，只要他能够对国家有所贡献，就绝对不会因为贫穷而在政治上湮没无闻。正因为我们的政治生活是自由而公开的，我们彼此间的日常生活也是这样。”（修昔底德，1985：130）不过，更多的政治领袖和思想家对民主持怀疑，甚至批判的态度。例如，古希腊杰出的政治家柏拉图厌恶民主。柏拉图认为贵族制是一种完美的政体形式。贵族制社会由哲学王（统治者）、军队和警察（辅佐者）、农民和鞋匠（被统治者）组成，他们各司其职，共同实现社会的和谐统一。相比而言，民主制则是不完美的政体。在柏拉图看来，民主制就是“‘不加区别地把一种平等给予一切人，而不管他们是不是平等者’，其结果是：政治生活中本应该有的理性被民众的冲动、情绪和偏见代替，真正有智慧的少数人被目不识丁的民众通过民主的程序加以边际化，社会的凝聚力、秩序以及正义受到根本的破坏”（石中英，2006：239）。综上可知，古希腊的民主是一种直接民主即人民不断地直接参与行使权力。在那里，统治者与被统治者面对面地共同协商一切事务。

在文艺复兴及宗教改革运动的影响下，思想家开始对古希腊的民主概念进行新的阐释和理解，从而使民主概念更容易为现代社会的人们所认同和实践。关于宗教改革对近代民主观念产生的意义，英国思想家汤姆生说道：“宗教平等的兴起正是否定宗教的划一性；复以强迫划一信仰的废案，此一运动终于发扬光大，蔚为壮观。它不是意味着所有的人都须信仰同一上帝，也不是说所有的人都须在同一方式下信仰上帝。相反的，它意味着人人都应有同样的自由，根据他们自己良知所指示的方式来信仰上帝——如果良知不让他们这样做的话，他们还根本有不信神的自由……在历史上，它是民主发展史的一个主要部分，如果我们要想认识民主，并用我们这个时代的词句将民主理想重新加以阐释的话，我们对它便不得不予以密切的注意。”[①]近代以来，对于怎样的国家政治制度是民主的，思想家们提出了不同的观点。洛克认为衡量一个国家政治制度是不是民主主要看掌握立法权人数的多少。如果国家的立法权由一个人行使，则这个国家实行的是君主制；若立法权由少数精选的人来行使则是寡头制；若一个国家由大多数人行使立法权，法律则由委派的官吏来实行，那么这个国家实际是民主制。孟德斯鸠则认为只有实行分权才能保证政治制度的民主。在《论法的精神》一书中，他说道：“每一个国家有三种权力：立法权、有关国际法的行政权和有关民事法规的行政权。根据上述第一种权力，国王或执政官制定临时或永久的法律，并修正或废止已经制定的法律。根据第二种权力，国王或执政官决定讲和或宣战，派遣或接受使节维护国家安全，防御外敌入侵。根据第三种权力，国王或执政官惩处犯罪，裁决民事纷争。我们把最后一种权力称为司法权，把第二种权力简称为国家的行政权。一个公民政治自由是一种心理的平等状态……为了享有这种自由，必须建立这样一种政府，在它的统治之下一个公民不会惧怕另一个公民。当立法权和行政权归于同一个人或同一个机构时，自由便不复存在；因为人们害怕这个国王或议会可能制定暴虐的法律，并强制执行这些法律。如果司法不能同立法权和行政权分离，自由同样不复存在。如果司法权和立法权集于一身，公民的人身安全和自由将难以得到保证，因为法官就是立法者。如果司法权与行政权集于一身，法官便有了压制别人的权力。如果由同一个人或是重要人物、贵族或平民组成的同一机关行使这三种权力，即制定法律的立法权、执行公共决议的行政权和裁决犯罪和纠纷的司法权，那后果也不堪设想。”（孟德斯鸠，2005：229-231）在孟德斯鸠之后，边沁、密尔等许多思想家都认为间接民主是唯一可行的民主形式。

20 世纪 60 年代，由于政府政策未能满足人们大众的愿望，人们对公共机构及领导丧失了信任。于是人们对诸如选举、投票等公共事务表现出异常冷漠的态度。面对代议制民主面临的这种危机，以熊彼特为首的思想家对其进行了批判，并创造性地提出了自己的民主理论。熊彼特认为民主就是一种方法。他说：“民主方式是为达成政治决定的制度安排，在此安排下，个人在争取人民选票的竞争中获得决定权。”（约瑟夫·熊彼特，1999：337）政治学家亨廷顿接受了熊彼特这一定义，因此他说：“民主政治的核心程序是被统治的人通过竞争性的选举来

① 转引自郑伟. 宗教改革的意义［OL］. http：//wszdgr.blog.163.com/blog/static/81291103200911953144l/，2009-12-9.

挑选领袖。”（塞缪尔·亨廷顿，1998：4）

（2）作为一种公共生活理念，民主是一种生活方式

这个观点最早由杜威提出。在杜威的民主思想里，民主不仅是一种保护与扩大公众利益的政体形式，更是一种深入人心的关于公共生活的理念。作为一种生活理念，它的实现来源于个人的生活实践及其对生活的体验。他说：“民主较一种特殊的政治形式要宽泛得多，它不只是通过普选和被选举的官员来治理政府、制定法律和执行行政管理的一种方法”（杜威，1997：3）。也就是说，“民主主义不仅是一种政府的形式，它首先是一种联合生活的方式，是一种共同交流经验的方式”（杜威，2010：97）。“‘作为一种理念，民主不是共同生活的其他诸多原则的一个替代品。一方面民主就是共同生活理念本身’，同时也是一种‘个人生活的亲身体验方式’。民主意味着‘拥有和持续运用某种态度，形成个性，在所有的生活关系中决定欲望和目的’。”（潘一禾，2010：138）杜威认为只有在生活方式这一更深广的层面理解民主才能准确地把握它的内涵，也才有利于民主生活的建构，过分地关注民主政治，还有可能成为民主进一步完善的障碍。他说：“那种产生民主政府形式、普选权、通过多数票决来选举行政和立法人员的规则的力量，同样给社会和人类的理想带来障碍。这种理想要求政府作为一种包容性的博爱的联合公众的真正工具。人际关系的新时代并没有产生一种政治机制来实现这种理想。民主公众仍然是大而不当的一盘散沙。”（John Dewey，1991：109）

在杜威那里，民主意味着公众自由、平等地参与追求共同利益的一种生活方式。他说：“倘有一个社会，它的全体成员都能以同等条件，共同享受社会的利益，并通过各种形式的联合生活相互影响，使社会各种制度得到灵活机动的重新调整，在这个范围内，这个社会就是民主主义的社会。”（杜威，2010：109-110）同时杜威指出，参与是这种民主生活的实质。他说：“作为一种生活方式的民主的关键在于形成调节人们共同生活的价值的过程中必须要有每一个成熟的人的参与……”（杜威，2005：43-44）。

作为生活方式的民主意味着民主不单单是一种政治程序，而是一种预设着高品质的美好生活方式。民主不仅重视个体的自由与个性，也重视理性交流与合作，还在尊重公共利益的同时兼顾非公共利益。因此，民主生活最为关键的意义在于民主共同体的形成和个体的自主发展，以及由此而来的社会福祉和个人福祉的实现。

民主的生活方式，意味着自由、平等、协商等观念渗透在人们的日常行为中：相信每个人在适当的条件下都能发展出参与公共生活所需要的能力，相信每个人

都有发展自己理性精神的可能性，相信人与人之间能和谐相处……这样的民主，不是一种观念，而是一种内在于个体精神深处的行为习惯和品质。杜威对此表述道："我倾向于相信，民主的核心与最终的保证在于：邻居们可以在街头巷尾自由谈论当天的那些未经审查的新闻，以及亲朋好友聚于一堂，彼此能自由的相互交谈。"（John Dewey，1988：227）只有当民主的观念成为人们的一种内在修养，并能在日常生活和与人交往中表现出来时，民主才真正地成为人们的一种生活方式。

作为政治制度的民主与作为生活方式的民主不是割裂的，而是一脉相承、互为因果：民主政治以民主生活为社会基础，民主生活以民主政治为制度保障。从民主政治向民主生活的延伸与扩展是民主发展的应然趋势，也是民主在人类前进中的自我发展与完善。在现代社会，民主"是公民参与社会生活的一种方式，而不仅仅是参与政治生活"（潘一禾，2010：25）。

## 二、民主学校制度生活勾连公民精神

民主作为一种美好生活理想的建立和维护，不仅要从国家、政治层面展开，而且应从家庭、学校等层面展开。从学校层面来看，民主学校生活意味着自由、平等、个性、法治、协商、宽容等观念渗透在学校的各个角落，体现在学校生活的各个细节上。民主学校生活为学校共同体中的每个成员平等地提供发展兴趣、实现理想的机会和条件。这不仅是为了个体的全面自由发展，也是为了学校共同体的健康发展。作为民主学校生活的组成部分，学校制度生活的民主体现在学校制度的制定与运行过程中，学校共同体普遍持有民主理念，具有民主精神。

民主之所以成为理想学校制度生活中的"最强音"，有以下几个原因。

1）民主学校制度生活是倡导自由的生活。阿克顿在论述民主的价值时指出："人类为什么需要民主？因为民主意味着让人民大众享有自由。哪里不存在强有力的民主制度，哪里就不存在强有力的自由。"（阿克顿，2001：369）民主之所以是自由的保障是因为民主以个体自由为前提。尽管个体自由本身不是民主，但是没有个体自由绝对不会有民主。正如杜威所言："归根到底，自由之所以重要，是因为它是发挥个人潜力和促进社会发展的条件。"（杜威，1966：241-242）这就意味着，要真正实施民主学校制度生活，就必然切实地保护和扩大个体自由，而不是想方设法地压制个体自由。因此，民主学校制度生活是充满自由的生活。这些自由包括思想自由、言论自由、参与自由等多方面。思想自由意味着个体有形成自己独特人生观、价值观和世界观的自由。言论自由要求在学校制度生活中，个体不仅要依法拥有表达权，其言论和意见还应该得到尊重。思想自由和言论自由是个体个性发展的背景性条件，是个体在学校生活中免遭强制的重要保障。参与自由要求学校制度生活是一种倡导个体积极参与，并在技术上提供支持和帮助的生活。需要指出的是，民主学校制度生活中的自由不是无限制的自由，而是学校制度规范下的自由。

2）民主学校制度生活是讲求平等的生活。平等是人类追求的核心价值之一。关于平等的价值，托马斯·斯坎伦（Thomas Scanlon）总结了反对不平等的五大理由，即“缓解痛苦或严重的剥夺；防止丑化地位上的差别；避免不可接受的权力或支配形式；维持程序公平所要求的起点平等；程序公平有时支持某种结果平等的情形”（谢宝贵，2012：30-34）。也就是说，剥夺、等级、专制等这些不平等会扼杀备受人类珍惜的诸如自由、尊严、个性、创造等。学校制度生活不平等的最大危害在于对学生的奴役。在这样的学校中，学校领导和教师支配学生的一切，师生之间不是“我与你”的关系，而是“我与他”的关系。这种教育的不平等与民主相背离，民主学校制度生活首先就是要避免这些教育不平等，将平等观念贯彻到学校制度生活乃至整个学校生活的各个方面。民主学校制度生活之所以能够实现广泛的平等是因为平等是民主的基石。关于民主精神中所包含的平等观念，杜威说道：“相信平等，这是民主信条中的一个因素……一切个人都有权利受到法律的平等对待，以及在其行政管理中有平等的地位。每一个人总是生活于一些制度之下的，而他所受的这些制度的影响都是平等的……”（杜威，2005：46-47）。

3）民主学校制度生活是尊重个性的生活。个性指的是一个人在天赋、气质、能力等方面表现出的独特性，是一个人区别于另一个人的重要特征。正如日本学者小原国芳所言：“每个人都是‘天上天下唯我独尊’、无法与世界其他诸物互相置换的大宇宙。这些大宇宙在通过自身的发展完善而发挥各自的天性时，将呈现出一个其他任何东西都不能代替的、松竹相别，菊堇各异的、独一无二的美妙世界。”（孙孔懿，2011：7）由此看来，尊重并发展学生个性是学校制度生活的应有之义。民主意味着多样性。“没有多样性，民主就很难与大众暴政相区别。”（邓正来，1999：364）在这个意义上说，民主的本意乃是捍卫学生个性。尊重个性的民主学校制度生活不仅尊重人的主体性，承认个体差异性，而且保护人的个性免受来自外界的威胁。在民主学校制度生活中，每个人都有权在学校制度框架内表达自己个性化的声音。民主学校制度生活尊重人的个性的目的在于培养学生的自治能力。我国著名教育家陶行知先生认为，“自治就是自己管理自己，有自己执法立法习法的意思”（陶行知，1981：9-10）。学生自治与其他自治的主要区别在于学生自治不仅是学生自己管理自己的过程，而且还是学生学习、练习自己、管理自己的过程。在这个意义上，尊重人的个性的民主学校制度生活有利于实现个体公民素质的提升。

4）民主学校制度生活是重视法治的生活。在现代社会，民主与法治密不可分，人们在讲民主的同时必然讲法治，没有法治的民主不是真正意义上的民主。“民主和法治是一个硬币的两面，在当代，我们说一个国家是民主国家，同时就意味着说这个国家也是法治国家。”（李镇西，2009：42）法治所包含的法律制度至上、遵守规则、依法维护自身权利等观念也是民主的观念。在学校制度生活中，让学生依据学校制度参与教学管理、班级管理是民主学校制度生活中重视法治的表现。民主学校制度生活中的法治精神还体现在学校管理从“人治”走向“法治”，即学校共同体共同制定学校规章制度，然后借助这一规则体系来统一共同体成员的行为。

## 第二节　民主学校制度生活的基本构成

民主学校制度生活从其性质上说，是指按照民主的要求改造学校制度生活的方方面面——主体、空间、目的、调控因素，使之处处体现民主精神，成为民主的典范。简而言之，民主学校制度生活就是以民主精神去营造学校制度生活。

### 一、自主的创建者：民主学校制度生活的主体

在复杂的社会中，形成并维系一个充满民主的学校制度生活，首先需要具有自主意识的生活主体。吉姆·柯林斯（Jim Collins）在一项关于从优秀走向卓越的公司研究中指出，“成功有六大因素，即第五层次领导，首先是何人、然后是何事，直面严峻事实，刺猬概念，关于训练的文化，技术加速。这些因素可以分为三个主题，即有素养的人（第五层次领导，首先是何人、然后是何事），有素养的思想（直面严峻事实，刺猬概念），有素养的行动（关于训练的文化，技术加速）”（迈克尔·富兰，2005：10）。其中有素养的人是成功的关键。同样，在学校制度生活中，人的因素也是最关键的因素。当然，在这里，并非主体，而是具有自主意识的主体，才是最宝贵的财富。尽管主体的独立自主不是民主本身，但它是民主的重要内涵，是民主的前提。没有生活主体的独立自主，就没有民主

的学校制度生活。也就是说，民主学校制度生活是以学校共同体中每个人自主性的确立和发挥为条件的。如果校长的自主性、教师的自主性、学生的自主性没有得到尊重和发挥，那么学校制度生活根本就不可能实现民主。那么，在学校制度生活中，自主意味着什么？自主的校长、教师和学生是怎样的？

“自主”一词，在英语中是autonomy，由auto和nomy两个词根构成，前者的意思是靠自己的或由本身的或独自的，后者的意思是法律。所以，从词源上看，自主一词在一开始的时候就意味着个体不受他人控制的独立自主状态。“自主”最早作为古希腊政治术语出现。作为政治术语，它与能进行自我管理的国家特征有关。随着启蒙思想的传播，自主一词被广泛地应用于心理学、伦理学、教育学等学科中。作为一个心理学术语，自主就是遇事有主见，能对自己的行为负责。作为一个教育术语，“自主是一个具有自主性的个体在做出具体的决定时，不从属于任何外部的压力，如人、机构、习俗、意识形态和宗教信仰等”（陈颖，2011：11-15）。自主在应用于教育学之初主要是指学生的学习自主，但随着研究的深入，人们逐渐认识到学生的自主学习并不是没有教师参与的活动，它只是表明或强调教师对学习者主体性的尊重，自主能力的信任及自主权的维护。正是在这个意义上，自主才从属于学生的专用词扩展到教师及管理者，因而也就出现了教师自主、管理自主等概念。

笔者认为，在教育学视野中，自主表达的是具有自主性的个体对自己的事务在职权范围内可以独立自主地进行支配。就其内容而言，自主包括三个方面的内容，即自主意识、自主能力和自主权利。所谓“自主意识是一种充分意识到个体的存在、价值、意义，并依据个人的目的去设计人生，依靠个人的奋争去实现自我价值的明确意识，是一种有主体归属，由自我主持的独立意识，是一种张扬个性，突出新奇，表现独特的异质意识；是一种讲究人性，捍卫人权，追求人道的为人的意识”（车洪波，1997：23-27）。自主能力是指具有自主性的个体在做任何决定、事情、遇到各种困难都靠自己的智慧、勇气、能力解决，而不依赖他人。自主权是指社会组织或个体在遵守法律制度的前提下拥有自我决定、自我实施和自我承担责任的权利。自主意识是自主能力产生的前提，一个人只有认识到自我存在的价值与意义才能努力地依靠自己的能力去实现自我价值；自主权则是对自主意识和自主能力的肯定与保护。因此，“任何自主行为，必须满足以下三个条件：首先，它是行为的决定者，是行为的发动者；其次，它是行为实施过程中的调节者；其三，它对行为之结果负责，对所实施行为承担着义务和责任”（方展画，1997：45-47）。

在民主的学校制度生活中，自主的校长，首先意味着校长是一个独立自主的个体。作为一个具有自主性的个体，他不仅能认识到自己的价值，而且能充分认识到每个教师、学生都是独一无二的，都具有强烈的自我实现愿望。其次，自主的校长是学校制度生活的创建者，而非简单的执行者、落实者。长期以来，由于体制等方面的原因，绝大多数中小学校长都把自己作为教育政策法规的具体执行者，校长的工作在于传达、检查和监督教育政策法规在学校工作中的落实情况。事实上，作为学校发展中的核心角色，校长应该根据自己学校的实际情况个性化地推动学校的发展。也正是在这个意义，“当代中小学校长角色理想之重建的核心，在于形成‘主动的、学校变革负责人’角色。主动，强调的是校长的工作状态、工作方式、个体与工作之间关系的性质”（吴遵明，2007：113）。最后，自主的校长不仅是学校制度生活的领导者，还是学校制度生活的客体。作为学校制度生活的对象，自主的校长表现出自我约束性或规范性。也就是说，在学校制度生活过程中，他们能自觉地按照学校制度行动，表现出一定的责任感。总之，作为自主的创建者，校长将运用个人谦和与职业意志的对立统一，创造永久的卓越。

在民主学校制度生活中，自主的教师首先意味着教师在学校制度生活中处于主体地位，免于对政府及学校管理人员的过度依赖。学校制度的制定与实施不仅是学校领导的事，而且是教师的事，学校领导不能代替教师单独行动。作为自主的创建者，教师也具有求得自我独立的欲望。其次，作为学校制度生活的创建者，教师将充分发挥自己的潜能把学校制度生活的建构纳入到自己的生活结构中，成为其生命活动中不可剥夺的有机组成部分。因此，学校制度生活本质上就是主体自我探索、自我选择、自我建构、自我创造的过程。

在民主学校制度生活中，自主的学生首先意味着具有强烈的自我意识。这种自我意识具体表现为，“他对自己有充分的认识，以及在此基础上形成的对自己成长和发展的合理预期；生活态度积极、健康，学习投入、努力；他的意志和行为是发自内在自我的，自己是自己的主人，在日常生活和学业生活中实现个体的自我意义”（周晓燕，2012：89）。其次，具有自主性的学生是自己的权利和责任主体。也就是说学生对自己的活动不仅具有支配的权利，还具有支配的能力，并能对自己的行动结果负责，从而促进学生责任感的形成。

## 二、民主的学校公共领域：民主学校制度生活的存在寓所

民主学校制度生活意味着民主体现在生活的各个方面，作为学校制度生活空

间——学校公共领域也应表现出民主性。那么，民主在空间中是如何呈现的？

在近代社会的发展过程中，随着农业社会向工业社会的转变，人类社会结构被逐渐分化为两个相对的领域即公共领域与私人领域。在当代，对公共领域进行系统研究的代表人物有汉娜•阿伦特、哈贝马斯等。

阿伦特是政治哲学史上最早对公共领域问题进行系统思考的哲学家。阿伦特根据人类的三种基本活动即劳动、工作与行动，把人类的活动领域划分为私人领域、社会领域和公共领域。阿伦特通过分析私人领域、社会领域与公共领域的区别，从时间和空间上界定公共领域的含义。阿伦特认为公共领域表达的是一个由公众共同享有的空间。他说，"'公共的'这一术语指的是两个紧密但又并不完全相同的现象。它首先是指，凡是出现于公共场合的东西都能够为每个人所看见和听见，具有最广泛的公开性。""世界对我们来说是共同的，并与我们的私人领域相区别。就此而言，'公共的'一词指的就是世界本身。"然而，在阿伦特的公共世界理论中，世界并不是地球或大自然，也不是人的活动的空间和条件，而是既与人类事务相联系，也"与人工制品"相联系。对处于世界中的人而言，世界就像一张位于人中间的桌子，它在将人聚合在一起的同时，又把每一个人相区分开来，使每个人在获得公共性的同时又保持着独特性、差异性。（汉娜•阿伦特，2005：81-83）

哈贝马斯在继承并超越黑格尔的基础上，把人类社会划分为私人领域与公共领域。在哈贝马斯看来，公共领域是介于国家与社会之间的领域，它向全体公民开放。在这里，作为私人的个体由于理性对话而形成公众。作为公众，他们的行动具有公共性，他们通过自由地集合、自由地发表自己的意见而最终促成公共意见的形成。他说："关于'公共领域'，我们首先意指我们的社会生活的一个领域，在这个领域中，像公共意见这样的事物能够形成。公共领域原则上向所有公民开放。公共领域的一部分由各种对话构成，在这些对话中，作为私人的人们来到一起，形成了公众。那时，他们既不是作为商业或专业人士来处理私人行为，也不是作为合法团体接受国家官僚机构的法律规章的规约。当他们在非强制的情况下处理普遍利益问题时，公民们作为一个群体来行动；因此，这种行动具有这样的保障，即他们可以自由地集合和组合，可以自由地公开他们的意见。"（尤根•哈贝马斯，2005：125）

按照阿伦特和哈贝马斯的理解，公共领域是一个坚持公共性，倡导民主性的领域。当然，并不是所有的公共领域都天然地具有公共性，体现民主精神。例如在人类早期，人们基于血缘、地域而联结在一起所组成的公共生活领域就不是真正的公共领域，顶多只是一个共同体，因为这种公共领域是以牺牲个体的自由为代价的。哈贝马斯的公共领域阶段理论也说明了公共领域不是恒常存在的。也就是说，只有真正的公共领域才会表现出公共性，体现出民主性。那么，怎样的公共领域才是具有公共性，体现民主性的公共领域呢？哈贝马斯认为公共领域是否形成的标准在于看公众舆论对公共事务有无影响。他说：“本来意义上的公共性是一种民主原则，这倒不是因为有了公共性，每个人一般都能有平等的机会表达其个人倾向、愿望和信念，即意见；而是只有当这些个人意见通过公众批判而变成公众舆论时，公共性才能实现。”（尤根·哈贝马斯，1999：252）康德则认为全体公民是否享有公共权力是公共领域形成的标志。他说：“从公共权利的全部质料中（就国家之内人与人的或者还有各个国家相互之间各种不同的由经验所给定的关系）进行抽象，那么我们就只剩下公共性这一形式；这种可能性是每一项权利要求中都包含着的，因为没有它就不会有正义（正义是只能被想象为可以公开宣告的），因而也就不会有权利，权利仅仅是由正义所授予的。”（康德，1990：139）

依据哈贝马斯等人对公共领域的理解及学校公共领域的特殊性，本书认为民主的学校公共领域首先是一个追求共同利益与展现个体个性相统一的领域。在这里，每个人都积极地认同和支持公共利益，对偏离公共利益的行为进行批判。对公共利益的追求是所有公共领域所具有的特性。阿伦特说：“在公共世界的条件下，现实主要不是由组成这一世界的所有人的‘共同本质’保证的，而是由这样一种事实保证的，即尽管角度不同，因而看法各异，但每个人关注的总是同一客体。如果客体的同一性不再受到关注，那么人类的共同本性（更不用说大众社会中违反常情的一致性了），就无法阻止公共世界的解体。”（汉娜·阿伦特，1999：45）同时，由于学校公共领域是多元主体的共在，它对公共利益的维护是以个体存在为基础的。也就是说，在这里，每个人都是独一无二的，公共领域不仅是他们实现公共价值的地方，还是他们施展个性的舞台。其次，民主的学校公共领域是一个引导每个成员积极参与学校公共事务的领域。在学校公共生活领域，没有什么比积极参与公共事务更鼓舞人心了。学校公共性的维护有赖于每个成员对公共事务的参与和分担。参与公共事务不是强制或被胁迫的，而是基于个体的自由意志和理性判断而进行的实践活动。学校共同体成员参与公共事务的根本价值在于个体的自由与自治。

## 三、学生全面自由发展：民主学校制度生活的目的

民主学校制度生活之所以是理想的学校制度生活就在于它以学生全面自由发展为目的。那么，什么是学生全面自由发展？由于“我们讨论的是人的全面自由发展问题，那么十分自然，发展的主体是人，发展的对象是人的某种东西，所讨论的范围也就限于是人的什么样的东西在人那里得到什么样的发展”（袁贵仁，1994：562）。因此，对学生全面自由发展的理解涉及三个问题：①学生（或人）是什么；②发展学生的什么；③学生应该获得怎样的发展。

（1）学生是什么

对学生这一发展主体的认识是我们准确理解学生全面自由发展概念的前提，因此呈现本文的学生观是必要的。

关于学生是什么，主要有以下几种代表观点：①在教育学视野中，从任务的角度，学生是“学习的人”，例如，《教育大辞典》将学生定义为在各级各类学校或其他教育机构学习的人；从教育过程中师生关系的角度，学生是与教师（教育者）相对的“受教育者”。②从社会学的角度看，“学生是一种独特的社会存在。学生既非不承担任何社会义务的婴幼儿，也非以职业劳动而与社会进行交换的成人，学生是介于婴幼儿与成人之间的‘半’社会成员。”（吴康宁，2008：222）③在生存论视野下，“学生是知识的探究者、意义的创造者、学校民主生活的参与者”（李丽，2009：55-57）。在教育学视野中，学生被理解为学习人、受教育者，主要是从学生活动范围与行为表现上对学生这一角色所做的规定，明确了学生这一角色的主要任务是学习、受教育。社会学强调学生的社会属性，揭示了学生是具体的、生动的人，是在多重社会关系中形成与发展起来的人。生存论从生存的高度把教育与学生的发展结合起来，为我们提供了关注学生的哲学视角。但它们都没有揭示学生的本质属性。我们认为要把握学生的本质属性需要从两个大的层面进行，即学生作为人的一般属性和特殊性。这是因为学生首先是人，是一个活生生的、有血有肉的人，其次才是学生角色。作为人，学生具有人的一般属性即实践性、社会性、主体性、复杂性、未完成性（包含人的开放性、可塑性、可选择性等）（朱典淼，2009：5-18）。作为学生，他（她）以学习为主要任务，并表现出独特性、发展性。具体而言，“学生是学习怎样生存的人；学生是学习怎样生活的人；学生是学习如何了解生命、珍惜生命，怎样使生命有价值意义的人”（程斯辉，明庆华，2001：22-27）。

（2）发展学生的什么？

“发展的内容”，主要有能力说、个性说、素质说等。一是能力说。这一观点认为人的全面自由发展主要是指人的能力发展。按照不同的标准，这些能力包括个体能力与集体能力、自然力与社会能力、潜在能力与现实能力、体力与智力、物质生产能力与精神生产能力、认识能力与实践能力等。[①]二是个性说。有论者认为人的全面自由发展的实质是个性发展，因而个性是发展的内容。这里的个性既不是哲学意义上的个性，也不是美学、艺术意义上的个性，而是心理学意义上的个性。它是一个人的整个精神面貌，即具有一定倾向性的心理特征的总和。个性结构是多层次的、多侧面的，是由复杂的独特心理特征结合构成的整体。这些层次包括能力、气质、性格、动机、兴趣、理想、信念等（张楚廷，2004）。三是素质说。这一观点认为人的全面自由发展就是人的基本素质（或基本面）的发展。有论者认为这些基本素质（或基本面）可分四个层次，“首先，最上一层的基本面是身与心都得到发展，身心和谐发展，生理与心理和谐发展。第二层可分别就生理、心理来说。就心理来说，基本面的发展应是认知与人格的和谐发展。第三层的基本面发展，以认知为例，宜是思维与操作能力的和谐发展。再说到第四层的基本面发展，以思维为例，宜是直觉与逻辑的和谐”（张楚廷，2006）。有论者则认为由于完整发展的基本素质在本质上是一种愿望，因而没必要寻求一个统一的说法，可以把它们概括为通常所说的做人与做事，身与心，德、智、体、美或真、善、美。

应该说，这些见解都有坚实的理论与现实依据，但我们应该取哪种观点呢？本文认为学生全面自由发展是学生基本素质的全面自由发展。这是因为，一方面，从能力与素质的关系看，两者的相互关系表现为：素质是能力的基础，能力是素质的外在表现形式。离开素质，能力就成了无本之木；离开能力，素质也无法确认和把握。另一方面，从素质与个性的关系看，两者的关系表现为素质是个性的基础，基本素质全面自由发展具体到每个人身上便表现为个性发展（即每个人的发展是独特的，而不是一模一样的）。

（3）学生应该获得怎样的发展？

学生全面自由发展不是关于学生全面自由发展的抽象论述，而是有具体内涵的。因此，关于学生全面自由发展，不仅要明确“人”的问题，框定发展的内容，

---

① 袁贵仁. 对人的哲学理解［M］. 郑州：河南人民出版社，1994：569-571；徐春. 人的发展逻辑：从自由发展到全面发展［J］. 晋阳学刊，2007，(2)：24-36；瞿葆奎等.教育基本理论之研究［M］. 福州：福建教育出版社，1998：563.

还需要说明“发展的性质”问题即怎样的发展。

笔者认为学生全面自由发展应该是：第一，在广度上实现全面发展。全面发展是相对于片面发展而言的，即不能只发展学生某方面的素质而偏废了其他方面的素质。学生的各项基本素质发展在程度上可以有差异，但缺一不可，否则就是片面发展，这是学生全面自由发展不可逾越的底线。第二，在深度上实现个性化发展。个性化发展是指人的基本素质中各要素在发展程度上所体现的个体独特性或在组合方式上所表现出的独特性。个性化发展是人的发展的高级目标，它以每个学生基本素质的完整发展为基础条件。第三，在实现形式上达到和谐发展。所谓和谐，周来祥先生认为它包含四个方面的内容：①外在形式如大小、比例等方面的协调；②内在因素如情感与理智等方面的和谐；③外在形式与内在因素的统一；④人与自然、人与社会之间的协调统一（周来祥，1984：162）。在这个意义上，学生的和谐发展即是学生各项基本素质的协调统一，它既显示出全面（完整）的含义，又包含了个性化的意思（因为任何一个人的和谐都具有与众不同的形式和内容）。因而，学生全面自由发展又表现为和谐发展。

## 四、优良学校制度：民主学校制度生活的调控因素

作为学校共同体的行动依据，学校制度的优劣直接影响到学校制度生活的民主与否。学校制度生活民主与优良学校制度相关。因为只有在优良学校制度所构筑的生活中，学校共同体才会受到平等对待，他们的权利也才会得到保障。

那么，怎样的学校制度才是优良学校制度？优良学校制度的标准又是什么？

“自从有了学校，就有了有关学校的规则和制度。这些规则一直存在，且存在了几千年。人类一直在寻求和建构好的学校制度。著名教育史家泰克（David B. Tyack）的著作《一个最好的制度》（*The One Best System*）讲述的就是美国人探索和寻求‘最好的教育制度’的历史进程。”（褚宏启，2003：74）中国人也一直在探寻优良学校制度。在实践层面，自改革开放以来，我国学校制度进行了多方面卓有成效的改革；在理论层面，学者对什么是优良学校制度提出了自己的观点和看法。基础教育阶段现代学校制度的理论与实践研究课题组以中国当前国情为背景，认为某学校制度是不是优良的学校制度，衡量标准是看这种制度是否：体现民主性、平衡性、人本性、开放性，有助于优化教育秩序，促进有质量的教育公平，提高学校效能，促进学生充分、全面、终身发展和允许有差异的发展，促进个人发展与社会发展的有机统一（朱小蔓，2008a：22-32）。李兴洲教授认为，

优良的学校制度必须体现出“现代性”（全球化、信息化、学习化）、道德性、公正性、有效性等价值取向（李兴洲，2005：6-10）。褚宏启教授认为判断某一制度是不是优良的学校制度主要看“这种制度能不能：促进学生充分、全面地发展，增进教育秩序，促进教育公平，提高教育效率。学生发展是中心，秩序、公平和效率是三个基本点”（褚宏启，2003：74）。

以上各观点均以学校制度本身所包含的价值为依据对其进行评价，但学者对学校制度本身所包含的价值认识存在差异，因而他们所确立的评价标准也就存在差异。这启示我们：要明确优良学校制度的评价标准是什么，我们首先需要揭示优良学校制度所包含的价值。关于价值与评价的一般关系，布罗日克认为，“评价是价值的实现和价值实在化的方式。在评价之前和评价之后，价值仅仅是作为一种客观的可能性存在着。所谓评价，即是主体对他所认识的某种客体表现价值的一种认识。价值和评价是不可分割的相互联系着的概念”（布罗日克，1988：195）。同样，对于学校制度而言，学校制度本身所内含的价值是我们对学校制度进行评价的依据；而对学校制度的评价又进一步揭示了学校制度所内含的价值。

### （一）优良学校制度的内在价值诉求

“价值是源，制度是流。价值是制度的灵魂。”（褚宏启，2003：74）优良学校制度作为一个规则体系，应该有一个高品位的价值追求。制度伦理学认为，现代制度“诉求的是一个丰富的、多层次的价值体系。在此价值体系之内，既包含制度的目的性价值——自由和平等，也包含制度的工具性价值——效率和秩序”（施惠玲，2003：150）。依据制度伦理学对现代制度价值诉求的一般性把握和学校制度的独特性，我们认为，公正、自由、平等、学生的全面自由发展是优良学校制度的内在价值诉求。

当然，优良学校制度所包含的这些价值并非等量齐观，同等重要。其中，公正是优良学校制度的首要价值诉求，自由与平等则是优良学校制度的核心价值诉求，学生的自由全面发展是优良学校制度的终极价值诉求。

#### 1. 公正：优良学校制度的首要价值诉求

公正作为人类社会的基本价值观念，一直是世界性热点与难点问题。在古代社会，公正不仅涉及社会的制度而且还关涉个人行为。在现代社会，公正主要指涉及社会制度，而且被作为制度的首要价值诉求。罗斯柯·庞德在谈法律的任务时开宗明义地说：“我们以为正义并不意味着个人的德行，它也并不意味着人们之间的理想关系。我们以为它意味着一种制度。我们以为它意味着那样一种关系的调整和行为的安排，它能使生活物资和满足人类对享有某些东西和做某些事情的各种要求的手段，能在最少阻碍和浪费的条件下尽可能多地给以满足。”（罗斯柯·庞德，1984：35）英国思想家戴维·米德在论述社会正义时也说道：“如果我们真正关心社会正义，我们就要把它的原则应用到个别地或者整体地产生贯穿整个社会的分配结果的国家制度上去。”（戴维·米德，2005：14）罗尔斯在《正义论》中对公正与制度双向关系的论述应该是最深刻的。罗尔斯不仅明确地指出社会制度是公正的主题，而且认为公正是制度的首要价值。他说：“正义的主要问题是社会的基本结构，或更准确地说，是社会主要制度分配基本权利和义务，决定由社会合作产生的利益之划分的方式……社会基本结构之所以是正义的主题问题，是因为它的影响十分深刻并自始至终。”同时他认为：“正义是社会制度的首要价值，正像真理是思想体系的首要价值一样……某些法律和制度，不管它们如何有效率和有条理，只要它们不正义，就必须加以改造或废除。每个人都拥有一种基于正义的不可侵犯性，这种不可侵犯性即使以社会整体利益之名也不能逾越。”（约翰·罗尔斯，2011：7，3）

那么，究竟何谓公正？这是两千多年来人类一直争论不休的难题，“从历时性看，公正观经历了‘神性公正观’到‘人性公正观’、‘德性公正观’到‘理性公正观’、‘思辨公正观’到‘实践公正观’、‘实体公正观’到‘程序公正观’等多种公正观的演变和争论；”“从横向的范畴看，哲学领域对公正的研究主要是将公正与自由和权利（斯宾塞、康德、洛克、哈耶克、拉兹、诺齐克、德沃金等人）、平等（亚里士多德、哈特、罗尔斯、德沃金等人）、权力（福柯）、利益（伊壁鸠鲁等人）、公平（罗尔斯）、善（柏拉图、亚里士多德、休谟、麦金泰尔、沃尔策）、安全（霍布斯）等内容联系在一起”（周雪峰，2010：53-59）。由此看来，这个问题十分复杂，以至博登海墨说：“当我们钻研公正问题而努力揭示其令人困惑的秘密时，往往会陷入沮丧和绝望。”

尽管人类对公正的认识见仁见智，众说纷纭，但人们对公正的认识也存在共识，即公正表现为给每一个人他所应得的。其中，自由、平等、权利是公正的核心主题。柏拉图说：“正义就是给每个人以恰如其分的报答。”（柏拉图，1994：7）亚里士多德说：“公正就是在非自愿交往中的所得与损失的中庸，交往以前和交往以后所得相等。”（亚里士多德，1992：103）麦金太尔说：“公正就是给每个人——包括给予者本人——应得的本分。”（麦金太尔，1996：56）

结合人们对公正的认识，本书认为，从个体的角度看，公正体现为个人权利与义务的对等；从主体间来看，公正体现为资源、利益等在个体之间的合理分配。

简而言之，所谓公正即是“给每个人所应得”。由此来看，一个公正的制度就是要保障资源在社会成员之间的合理分配，实现每个公民权利与义务的对等，从而促进每个社会成员平等权利的实现。

学校制度是社会制度的一部分，公正也应成为其首要价值诉求，因而，优良学校制度必定要以公正为价值基础。尽管对于什么是优良的学校制度标准很多，但几乎所有的研究者都把公正作为重要标准。

作为社会制度的重要组成部分，学校制度所追求的公正表现出社会制度公正的一般特征与内容，即学校制度公正体现为教育权利、教育机会及教育资源的合理分配。同时，由于学校制度与政治制度、经济制度等其他社会制度有着本质的区别，学校制度所追求的公正与政治制度公正、经济制度公正又存在着差异。具体而言，这种差异主要表现在目的上。众所周知，政治制度公正在于通过权利与公共权力的合理分配来维护与促进社会稳定，经济制度公正在于寻求经济利益的最大化，而学校制度公正所追求的目的在于通过教育权利、教育机会、教育过程中资源的合理分配来满足个体的教育需求，从而促进学生全面自由发展。

综上所述，作为优良学校制度首要价值的公正体现为对个人权利与利益的保障，以及依据个体发展需要在个体间合理地分配教育权利、教育机会、教育过程中的资源。由此来看，优良学校制度的公正是由自由与平等来予以表现的，作为优良学校制度的公正是自由与平等的统一。

### 2. 自由与平等：优良学校制度的核心价值诉求

#### （1）作为优良学校制度核心价值的自由

自人类诞生以来，自由便被冠上了崇高而神圣的光环，因而人们向往自由、追求自由、颂扬自由。但究竟什么是自由，则是从古到今非常有争论的主题。据英国阿克顿勋爵统计，迄今为止，“自由是个具有两百多种定义的概念”（阿克顿，2001：14），以至于萨托利把它称为“变色龙一般的术语”（乔万尼·萨托利，2009：298）。

在西方思想史上，思想家主要在认识论意义上、存在论意义上、政治意义上、实践意义论上使用和理解自由。

在认识论意义上，自由被看作是对必然的认识。斯宾诺莎、谢林、黑格尔等是这一思想的代表人物。斯宾诺莎最先提出“自由的必然性”这一命题。他认为人只有认识到自然的必然性，才能获得自由。“‘因为自然之力不过是自然中个别成分之力的集合，所以每个个体有最高之权为其所能为，换言之，个体之权达于他的所规定的力量的最大限度。’这种‘最大限度’就是最大自由。”（刘伏海，1987：17-20）这种自由是必然性中的自由，这里的必然性是一种内在必然性。与此相对的外在必然性与强制相连。他说：“凡是仅仅由自身本性的必然性而存在，其行为仅仅由它自身决定的东西叫作自由。反之，凡一物的存在及其行为均按一定的方式为他物所决定，便叫作必然或受制。”（斯宾诺莎，1983：4）伟大思想家谢林指出自由不仅受到必然性的限制，而且还以必然性为条件。他说：“个人自由在一切理性生物的相互作用中之所以不可能被取消，必定由于不可毁灭的规律的强制作用使然。”“自由应该是必然的，必然应该是自由”，“绝对自由与绝对必然是同一的”（谢林，1977：233，206）。黑格尔认为没有必然就没有自由。在原始状态下，由于人们无法把握自然的必然性，所以原始状态“不外乎是无法的和凶暴的状态，没有驯服的天然冲动的状态，不人道的行为和感情的状态”，因而根本无自由可言。他进一步说：“无疑地，必然作为必然还不是自由，但是自由以必然为前提，包含必然性在自身内，作为被摒弃了的东西。”（黑格尔，1980：323）

在存在论意义上，自由就是人的存在，人是绝对自由的。萨特认为存在先于本质。他指出，“说存在先于本质，这里是指什么呢？它的意思是：首先是人的存在、出现、登场，然后才给他下定义。按照存在主义对人的看法，即是：如果人是不能下定义的，那就是因为起初他什么也不是。只是到后来他才是某种样子的人，是他自己把他造成了他所要造成的那样的人……人不仅是他想把自己造成那样的人，而且也是在他冲入存在以后决心把自己造成那样的人。人，除了他把自己所造成的那个样子以外，什么也不是”（黄济，2011：243）。既然存在先于本质，那么人应该自己创造自己。因此，存在也就是人的自由，人的自由是选择的自由。他说：“人的自由先于人的本质，并使本质成为可能。”（黄颂杰，1986：183）“自由是选择的自由，而不是不选择的自由，不选择，实际上就是选择了不选择。”“由于自由不是给定的事实，也不是性质，它只能依靠自我选择而存在……我们只能把自己领悟为正在进行的选择，而自由正在于这个事实：这选择是无条件的。”（让·保罗·萨特，1987：617，625）也就是说，人的自由是绝对的，是无根据的。

在政治意义上，自由是指公民的一系列权利。《人权宣言》直接指出，“自由就是不做一切损害他人的行为的权力”。密尔在《论自由》一书中也开宗明义地指出，“这篇论文的主题不是所谓的意志自由，不是与那被误称为哲学必然性的教义不幸相反的东西。这里所要讨论的乃是公民自由或称社会自由。也就是要探讨社会所能合法施用于个人的权力的性质和限度”（约翰·密尔，1996：1）。孟德斯鸠也说道：

"自由是做一切法律所允许做的事情的权利。"（孟德斯鸠，2009：182）

在实践论意义上，自由是人在认识和利用必然性的实践活动中所表现出的一种自觉、自为、自主状态。在马克思主义看来，人本自由。马克思说："人的类特性恰恰就是自由的有意识的活动。生活本身仅仅成为生活的手段。""他自己的生活对他来说是对象，仅仅由于这一点，他的活动才是自由的活动。"（中央编译局，1995：46）既然自由是人类的特性，那么人该如何获得自由？马克思认为人的自由通过实践活动来实现。他说："人们自己的社会行动规律，这些一直作为异己的、支配着人们的自然规律而同人们相对立的规律，那是就将被人们熟练地运用，因而将听从人们的支配……从这时起，由人们使之起作用的社会原因才大部分并且越来越多地达到他们所预期的结果。这是人类从必然王国进入自由王国的飞跃。"（中央编译局，1995：758）"自我实现，主体的物化，也就是实在的自由，——而这种自由见之于活动恰恰就是劳动。"（中央编译局，1980：112）

认识论、存在论、政治意义上的自由观分别从不同侧面论述了各种具体自由，马克思则在一般意义上揭示了自由的内涵，它是意志自由、政治自由等各种具体自由的核心。

从外延上看，根据不同的标准，自由可以分为不同类型。按照摆脱约束的不同自由可以分为积极自由和消极自由。积极自由与消极自由是以赛亚•柏林自由思想中的两个重要概念。对于两者的区别，柏林说道："消极自由，关涉回答这样的问题：主体——一个人或一群人——在怎样的限度内，是或应该被允许他所能做的事或成为他所能成为的人，而不受到他人的干涉？积极自由则关涉回答这样的问题：什么东西或什么人，是决定某人去做什么或成为什么的控制和干涉之根源？"（王海明，2010：308）根据人活动领域的不同，自由可以分为政治自由、经济自由、思想自由。"政治自由是每个人参加社会管理活动的自由；经济自由是每个人创获物质财富的自由；思想自由是每个人创获精神财富的自由。"（王海明，2010：324）根据人现实关系的三个层面（即"人作为主体与外部世界的主体—客体关系，包括人作为主体与他人的主体—主体关系，还包括人作为主体与自身存在和发展意义上的主体与自身关系。"），人的自由包括主体自由、社会自由和个性自由。所谓主体自由，是人对自然界的自由，是"人们在作为客体的外部世界所固有的客观规律面前的自由，是人作为主体而具有的自觉能动性的发挥所达到的自由"。社会自由则是"人与人之间在社会地位和社会权利意义上的自由"。个性自由"就是要充分肯定个体多层面、多方面的需要，并在满足的过程中充分予以保证"（贾高建，1994：31-33，174）。

在学校系统中，教师、学生兼具多重身份，具有多项自由。个体的这些自由通过学校制度获得了一种明确的形式和保障。因此，优良学校制度的自由价值诉求表达的基本内涵就是学校制度对学校共同体中每个人基本权利的保障。

（2）作为优良学校制度核心价值的平等

卢梭认为，从起因上看，人类的平等或不平等包括自然的和人为的（或社会的）两个方面。也就是说，人的平等（或不平等）一方面受先天素质影响，另一方面又受到人的社会地位的影响。就人的素质而言，尽管有的人天生拥有它们的程度要比别人高或低，但从总体上看，每个人与生俱来的差别是极小的，人们相互间的素质差异不明显。由此来看，人的平等（或不平等）主要由社会地位所决定。因此，作为优良学校制度核心价值的平等主要关注的是基于人自然平等基础上的人为的社会平等。

所谓社会平等“就是人们相互间同等对待的社会关系。它通过人在社会生活中的方方面面表现出来，其中最主要的体现为权利平等、机会平等和分配尺度平等”（施惠玲，2003：166）。在这个意义上，作为优良学校制度核心价值的平等具体体现为学校制度根据“应得”原则供给或配置教育权利、教育机会、教育资源等，从而实现人们相互间的“相称”关系（相同性）。优良学校制度的平等主要包括教育权利平等、教育机会平等及教育过程中资源的分配平等。其中，教育权利平等是学校制度平等的核心，教育机会平等与教育资源分配平等是教育权利平等的进一步扩展。

教育权利平等要求对基本教育权利做出规范的学校制度平等地适用于每一个人。具体而言，它包括两个方面的内容：①从学校制度的角度来说，它意味着一项学校制度的目的不论是保护还是惩罚，它都必须平等地适用于每一个人，也即平等保护和平等惩罚。平等保护要求学校制度对所有人的合法权益给予平等地保护，而平等惩罚要求学校制度对任何违反学校制度规定的人都给予平等地惩罚，任何人都不得享有特权。②从人的角度来说，它意味着所有人都应该无一例外地履行学校制度规定的义务与责任，也即平等遵守。这是由权利与义务的逻辑相关性所决定的。彼彻姆把这一相关性概括为：“一个人的权利使他人承担免除干涉或提供某些利益的义务，反过来，一切义务同样使对方享有权利。”（王海明，2010：139）

“从一般意义上说，机会平等意味着一切能使个人自主活动的能力得到充分发挥并由此取得成就的机会向每个公民开放。”（施惠玲，2003：167）道格拉斯·雷认为这种机会平等分为“关于前途的机会平等和关于手段的机会平等。关于前途的机会平等意味着两个人，J 和 K，有竞争 X 的平等机会，如果他们有得到 X 的同样可能，而关于手段的机会平等意味着两个人，J 和 K，有竞争 X 的平等机会，如果他们有得到 X 的同样工具”（Rae Douglas W，1981：65-66）。萨托利也在同等的意义上理解机会平等，并且把它分为平等利用和平等起点。他说：“我建议把‘机会平等’再分为平等利用和平等起点。”所谓“平等利用就是在进取和升迁方面没有歧视，为平等的能力（而不是为一切人）提供平等的利用机会……它意味着只有实际业绩才能得到承认和奖励，因而导向在功绩、能力或才干方面的平等”。“平等起点即如何平等地发展个人潜能。”“为了平等的利用机会，从一开始就应具有平等的物质条件。”（乔万尼·萨托利，2010：378-380）

因此，教育机会平等不仅意味着教育机会向所有人开放，更意味着每个人获得平等教育机会的手段平等。在这个意义上，教育机会平等也包含两种类型（或两个层次）：一是关于目标的机会平等，即教育机会向所有人开放，这是一种浅层的机会平等；二是关于手段的机会平等，即每个人的潜能都有平等的机会发展，这是深层的机会平等。

教育过程中资源的分配平等要求对教育资源供给与配置做出规范的学校制度，按照同一尺度和标准实现教育资源在个体之间均衡配置和有效利用，以保障教育实践活动中的所有个体或群体都“得其所应得”。这里涉及的关键问题是，按照什么标准来分配才是平等的。关于这一问题，目前有三种流行观点，即基于权利标准的分配平等观、基于能力标准的分配平等观和基于需要标准的分配平等观。权利标准观主张以法律所赋予公民平等教育权利的实现为依据进行教育过程中的资源供给与配置。在权利标准观看来，凡是有利于保障公民正当教育权利的资源分配方式是符合平等原则的，因为每个人都得到了应该得到的资源份额与类型。能力标准观则主张以个人能力的大小为依据来配置教育资源。这是一种比例平等思想，亚里士多德是这一思想的奠基者。亚里士多德通过大量论证得出结论说：“正义的分配是以应该付出恰当价值的事物授予相应收入的人……按照这个要求，合乎正义的职司分配（政治权利）应该考虑到每一受任的人的才能或功绩（公民义务）。”（亚里士多德，2009：136）需要标准观则主张根据个人的教育需要来分配教育资源。

那么，我们究竟应该以什么标准来分配教育资源？范柏格给出了关于分配标准选择的原则性建议，他说：“究竟哪些方面是相关的，则要取决于当时正义问题的情况，取决于我们的目的和目标，并取决于我们所玩的‘游戏’的内在规则。”（冯建军，2008：5-9）因此，对我们来说，首要工作就是确定教育的目的和内在游戏规则。毫无疑问，不管教育具有多少具体目标，其根本目的只有一个，即实现人的发展。根据上文的论述，无论是权利标准观、能力标准观，还是需要标准观都符合教育促进人的发展这一根本目的。那么，哪一种更符合我们的现实？本书认为教育资源的配置应当以个体教育需要的满足为方向。由于各种原因，人们实际的教育需要各不相同，有的是基本的教育需要，有的则属于高级教育需要。而教育资源特别是优质教育资源永远是一种稀缺性资源，它不可能满足所有人的所有教育需要。因此，教育资源的配置首先应当满足所有人的基本教育需要，从而保障所有人的基本教育权利。这是义务教育领域教育资源配置的根本原则。

3. 学生全面自由发展：优良学校制度的终极价值诉求

把学生全面自由发展作为优良学校制度的终极价值诉求，主要有以下理由。

1）学生全面自由发展是学校教育的归宿。无论人类社会如何发展变化，学校教育总是“为了解决四个问题，即培养什么人——教育的目的，用什么培养人——教育的内容，怎样培育人——教育的方法，谁培养人——教育者”（燕国材，2003：43-44）。因此，培养人是学校教育的唯一目的。康德认为教育为人而存在。罗素也认为学生发展是教育的根本目的。

那么，我们的学校教育要培养什么样的人？学生应当有怎样的发展？

马克思主义认为人的发展将依次经历：自然经济条件下“人的依赖性阶段”，商品经济条件下“人对物的依赖性阶段”，共产主义条件下“人的全面自由发展阶段”这样三个阶段。其中，人的全面自由发展是人发展的高级阶段，是人类社会发展的历史归宿和最高价值目标，是人的本质最完美的体现。马克思、恩格斯在《共产党宣言》中说道：“代替那存在着阶级和阶级对立的资产阶级旧社会的，将是这样一个联合体，在那里，每个人的自由发展是一切人的自由发展的条件。”（中央编译局，1995：294）因此，以培养人为目的的学校教育也应当把实现每个学生的全面自由发展作为终极目标。事实上，我们几乎在所有的国家，在整个历史过程中，在哲学家和道德学家们那里，在大多数教育理论家和理想家们那里，都可以找到这个教育理想，它一直是各个时代人道主义思潮的一个根本主题。例如，柏拉图、亚里士多德的和谐教育思想，夸美纽斯的“周全教育”思想，蔡元培、王国维的“五育教育模式”等。中华人民共和国成立以来，“学生全面自由发展”一直是我国的教育方针，尽管在学校教育实践中的应用并不完善，“但它是有成效的，它对于许多极其崇高的教育事业具有启发作用”（联合国教科文组织国际教育发展委员会，1989：209）。因此，与政治制度、经济制度等不同，作为学校教育的重要组成部分，学校制度具有教育的本质规定，它必须始终以学生全面自由发展为价值导向。

2）学校制度是学生全面自由发展的框架与途径。马克思主义认为“人的全面发展就是人的最根本的东西的发展”，而人的本质，从其形成来看，是在社会交往过程中体现出的各种社会关系的总和（袁贵仁，韩庆祥，2003：108-109）。因而，人的全面自由发展“不是想象的或设想的全面性，而是他的现实关系和观念关系的全面性”，它只能在人们相互交往中实现。正如马克思所言，“只有在共同体中，个人才能获得全面发展其才能的手段，也就是说，只有在共同体中才可能有个人自由……在真正的共同体的条件下，各个人在自己的联合中并通过这种联合获得自己的自由”（中央编译局，1995：119）。在这个意义上，人的全面自由发展现实地表现为“人的社会关系的全面丰富、社会交往的普遍性和人对社会关系的全面占有和共同控制”（袁贵仁，韩庆祥，2003：112-113）。人们在相互交往过程中所创造的物质形态和精神形态成果构成了人全面自由发展的现实基础。在这些成果中，制度作为调整交往主体之间社会关系的规范体系成为人全面自由发展的现实框架，架构并制约着人的全面自由发展。关于制度对人发展的影响，马克思曾精辟地论述道：“专制制度的唯一原则就是轻视人类，说人不成为其人。”（中央编译局，1956：411）“无论是宗教专制还是政治专制，都无一例外地将人变成工具和无机的物件，所有人都不再是完整的人，而是非人，治于人者是如此，治人者也是如此。”（陈忠武，2004：357）因此，作为促进和实现每个人全面自由发展的现实框架，制度必须与人的发展方向和要求相一致。

同样，学生全面自由发展也是在学校共同体中实现的，学校共同体的建构模式及其所制定的各项规章制度也必须与学生的发展方向与要求相适应，必须允许每个学生的个性得到全面自由发展。

总之，学校教育自身的价值导向及学校制度与人发展的相互关系决定了优良学校制度必须以学生全面自由发展为终极目标。

### （二）优良学校制度的评价标准

依据优良学校制度的内在价值诉求，我们认为优良学校制度的评价标准是由公正标准和学生全面自由发展标准所构成的一个多层面的评价体系。

#### 1. 公正标准

根据我们对学校制度的理解，它包括两个方面，即一系列规则体系和学校共同体依照规则体系展开的生活方式。因此，学校制度公正应该同时探究规则公正和学校制度运行公正，而规则公正又以学校制度设计公正为前提。如此，学校制度公正涉及三个方面，即学校制度设计公正、规则公正和学校制度运行公正。

（1）学校制度设计公正

学校制度设计要考虑两个问题：一是设计的目的是什么，二是怎样进行设计。与此相对，学校制度设计公正也包括两个方面：一是设计理念公正，二是设计程序公正。

1）树立符合时代要求的公正观。学校制度设计与公正存在内在关联性，它不但与公正的内容相关，而且与公正的性质相关。在设计学校制度时总要对其进行公正追问，正是通过这种追问，人们对学校制度本身所蕴含的公正内容与性质加以选择。依据公正的选择而设计出的学校制度实际上是公正的制度化。这决定了学校制度设计受公正观支配，即有怎样的公正观就有怎样的学校制度设计。因此，要设计公正的学校制度首先需要明确符合中国现代社会要求的公正观是什么。

然而，正如马克思所言："希腊人和罗马人的公正观认为奴隶制是公正的，1789 年资产阶级的公正观则要求废除被宣布为不公正的封建制度……所以关于永恒公正的观念不仅因时因地而变，甚至因人而异。"（中央编译局，1996：310）这就说明，公正作为一种社会利益分配原则，属于价值范畴，因而不同社会和同一社会中不同利益集团总会倾向于从他们自己的利益出发来规定公正的具体内涵。于是便出现了不同的公正观，如功利主义公正观、自由主义公正观、社群主义公正观等。

所谓功利，在边沁看来是"指任何客体的这样一个性质：它倾向于给利益有关者带来实惠、好处、快乐、利益或幸福（所有这些在此含义相同）或倾向于防止利益有关者遭受损害、痛苦、祸患或不幸（这些也含义相同）；如果利益有关者是一般的共同体，那就是共同体的幸福，如果是一个具体的个人，那就是这个人的幸福"（边沁，2000：58）。根据这一功利标准，以边沁、穆勒等为代表的功利主义认为评价行为正当与否主要看它是增进还是阻碍了幸福、利益、快乐等的获得，如果某行为能够给个人或共同体带来幸福和利益，则是公正的行为，否则就是不公正。在个人利益与共同体利益何者优先上，功利主义提出"最大多数人的最大幸福"原则。穆勒甚至认为，为了大多数人的最大幸福可以牺牲个人幸福。他说："功利主义理论唯一赞同的自我牺牲就是完全为了他人的幸福或为了他人获得实现幸福的手段而做出的牺牲——这里的他人，既可以是人类这一整体，也可以是符合人类整体利益这一条件下的个人。"（约翰·斯图亚特·穆勒，2007：

41）应该说，功利主义所建立的后果公正依据，对于公正从应然走向实然具有重要的意义。但它过于强调公共利益，甚至提出为了公共利益而牺牲个人权利，因而是不可取的。

与功利主义强调效用最大化的公正观不同，以罗尔斯为代表的自由主义强调个人权利。罗尔斯认为功利主义为大多数人的利益而牺牲个人权利是不公正的，他认为保护个人权利应该是第一位的。他说："社会的每一成员都被认为是具有一种基于正义或者基于自然权利的不可侵犯性，这种不可侵犯性甚至是任何别人的福利都不可逾越的。"（约翰·罗尔斯，2011：27）诺克齐则把权利作为一种行为边际约束，他说："人们可以把权利作为对要采取的行动的边际约束来看待，即在任何行动中都勿违反约束。他人的权利确定了对你的行动的约束。"（诺齐克，1991：37-38）权利作为行为的约束边际意味着，不论什么目的、动机，任何侵犯个人权利的行为都是不公正的。权利是绝对的、彻底的。总的来说，自由主义倡导对个人权利的保护是积极的，但他们（特别是极端自由主义）对个人权利的过度推崇，容易引起个人之间的冲突，导致公正生活的瓦解。

社群主义是当代西方政治哲学的最新流派，它的形成源自于对自由主义的批判，它们力图揭示一种基于"社群"或共同体的公正观，强调共同体的价值高于个人价值。这是因为个人不仅不能脱离社群及其历史传统而生活，而且在本质上由社会关系决定。正如麦金太尔所说，"个人只有存在于一贯的历史传统中，才是一个充实的人而任何个人也逃脱不了社会历史文化的约束"（袁久红，2003：239-240）。泰勒则说："我并不能孤立地，而只能通过部分公开部分隐秘的讨论和协商，来发现我的特性。我的特性本质上依赖于我与他人的对话关系。"（陈周旺，2000：85-89）因此，在社群主义看来，公正就其根本而言就是社群的公共利益，公正取决于共同体的共识。"如果一个社会的动作方式吻合其成员就该社会独特的常规与制度所达成的共识，该社会就是正义的。"（威尔·金里卡，2004：383）相对于极端自由主义而言，社群主义提倡对公共生活及其利益的关注是积极的，但过于夸大共同体的公共利益，容易出现以公共之名压制个人合法权利的危险。

综上所述，各种公正观既有积极的一面，又存在着明显的缺陷。由此看来，优良学校制度的公正观既不是功利主义的、自由主义的，也不是社群主义的。一个公正的制度安排应该是个人利益与公共利益的统一，即在满足和扩大个人利益的同时，也能增进社会的公共利益。因此，本书认为符合中国特定时代要求的优良学校制度的公正观是自由与平等的统一。

2）学校制度设计的程序公正。制定公正的学校制度不仅要求在设计前树立正确、合理的公正观，而且更为重要的是要把这种公正观贯彻到学校制度的设计过程中去，即使制度设计过程符合公正理念。前者是制定公正学校制度的必要条件，但不是充分条件，它必须由程序公正加以保障才能设计出公正的学校制度。

所谓程序公正又称形式公正，是与结果公正（或实体公正）相对的一个概念。由于程序即是具有一定顺序的行为过程。因此，“所谓程序公正，也就是一种行为过程的公正，是具有一定时空顺序的行为过程的公正。反之，这种行为过程所导致的行为结果之公正，则叫结果公正或实体公正”（王海明，2010：139）。

那么，怎样的程序可以被称为公正的程序？我们认为，学校制度设计中的程序公正应当最低限度地符合以下几个方面的要求。

一为公开性。公开就是不加隐蔽，让众人知道。其基本内容主要包括：①学校制度设计活动公开，即有关部门或负责人应该对诸如为什么要制定这项制度、什么时候制定、谁参与制定、制定的方式等相关信息向学校全体成员公开。②学校制度设计程序公开，即要求学校制度制定程序中所使用的规则和标准对于参与者而言都应该是公开、透明的。③学校制度设计的有关文件、资料等也应当向全体成员公开。可见，程序的公开性主要是信息的公开，它是确保所有利益主体实质性地参与学校制度制定的前提。

二为参与性。程序的参与性，即要求那些与学校制度有直接利益关系的主体能够有机会充分地、有意义地参与学校制度制定，并对学校制度的最终形成产生影响。程序的参与性是程序公正产生的前提条件。

谢莉·安斯坦（Sherry Arnstein）指出市民参与由低到高可分为四个层次八种类型：①低档次的参与，包括操纵与治疗。这是一种“无参与”“假参与”，参与者被参与组织者摆在虚假的位置上，以证明自己的合法性。②表面层次的参与，包括告知和咨询。这仍然是一种表层的虚假参与，因为公众的意见与利益没有保证。③高层次的表面参与——展示。与操纵、治疗、告知、咨询相比，这是一种较高层次的参与，但它还是比较表面化，因为参与者尽管有提意见的权利，但最终的决定权仍然在组织者手中。④合作性参与，包括合作、授权、公众控制。在这些参与中，参与者对决策和结果产生了真正的影响，这是一种积极、主动的深度参与。（蔡定剑，2010：214-217）谢莉·安斯坦的市民参与阶梯理论表明参与有真与假、深与浅、有效与无效的区别。因此，为了保证参与的有效，组织者必须保证参与者能够全面、真实、及时、有效地获得相关信息；可以积极地参与，提出意见，并使提出的意见与想法能够被考虑；能及时地获得反馈，并获知最终结果等。

3）平等性。程序的平等性旨在确保各利益主体受到平等的对待，进而实现程序公正。在学校制度设计中坚持平等性，其主要内容包括：①给予各利益主体平等参与制度设计的机会；②对他们提出的主张与意见予以同等对待；③对各方的利益给予同等的关注与尊重，并寻找一种为各方共同认可的“重叠共识”，从而实现平等地把各方有效观点考虑在内的最终决策。

（2）规则公正

根据前文对优良学校制度公正价值、自由与平等价值的解读，本书认为规则公正的具体内容包括：基本权利的保障、教育权利的平等、教育机会平等、教育资源的分配平等。此外，规则公正还要符合以下逻辑合理性原则。

1）普遍性。规则的普遍性“是指在没有特别理由的情况下”，规则“对所有人都同样适用，没有区别对待的情况，没有歧视性，适用于所知和未知的环境与人员”（卢现祥，2011：151）。关于制度对象的普遍性，卢梭曾说道：“法律的对象永远是普遍性的，我的意思是指法律只考虑臣民的共同体以及抽象的行为，而绝不考虑个别的人以及个别的行为。”（卢梭，2009：46-47）规则的普遍性说明任何人在制度面前都是平等的，因此，规则普遍性是学校制度平等的重要组成部分。如果其普遍性遭到破坏，出现区别对待的情况，则人们遵守制度的自觉性会受到打击，进而影响其功能的实现。

2）公开性。规则的公开性是指把制定好的规则公布出来。当前我国学校制度公布的主要载体有宣传栏、报刊、局域网、电子显示屏等多种形式。正如纯现实主义者反对法律公布时说的那样：“毕竟，我们有成千上万部法律，而其中只有极少一部分直接或间接地为普遍公民所知。为什么这么无事生非地要求公布它们？即使不去读刑法典，公民们也知道不应该杀人或盗窃。至于更深奥一些的法律，即使把它们全文在街头巷尾广为散发，一百个人里面也不会有一个去读它。”（富勒，2010：61）反对规则公布的人也存在类似的想法。对此，我们有充分的理由要求将规则公之于众。这是因为人们有权知道这些规则，并有权对其进行评论。

3）一致性。规则的一致性是指学校制度体系中的各项规定前后一致、互不矛盾。学校制度不是单一的，而是一个多种类、多职能的规则体系。虽然这些不同种类的规章制度在管理权限及职能上存在差别，但它们之间应该保持目标一致，形成相互联系、相互制约的完整体系，而决不能相互矛盾。规则的这种一致性不仅包括一部单一学校制度系统内各项规章制度之间的协调统一，还指学校各种规章制度与国家教育法律、法规之间的协调统一。规则的一致性不仅能够保证学校共同体成员行为的一致性，避免认识上的混乱和行为上的无所适从，还能够维护学校制度的权威性。前后矛盾的学校制度规定是无效的，学校共同体成员不可能服从前后矛盾的制度规定。正如首席法官沃恩（Vaughan C.J.）所言，“一部人不可能服从或无法依循的法律是无效的，并且不算是法律，因为人们不可能服从前后矛盾（的规则）或依其行事”（富勒，2010：40）。

4）可行性。规则的可行性即要求学校制度所制定的规则是学校共同体成员在学校生活实践中可以遵循的规则，而不能要求他们做他们不能做到的事情。从表面上看，一个要求人们做不可能之事的学校制度规定是如此的荒诞不经，以至于人们倾向于认为：“没有任何神志健全的立法者、甚至包括最邪恶的独裁者会出于某种理由制定这样”的学校制度。（富勒，2010：83）不幸的是，现实中确实存在这样的“霸王”制度，并且大有市场。这种“无理”的学校制度既可能服务于没有任何约束的无限权力，同时也向“被管理者”明示：没有什么规定是不可能向他们要求的。但这些制定者忘记了这一点：正像人们不可能遵守自相矛盾的学校制度一样，人们也不可能遵守超出其能力范围的学校制度。面对人们的不遵守，管理者要么严厉制裁，要么视而不见，但其最终结果都将导致人们不再尊重学校制度。

5）稳定性。规则的稳定性就是学校制度的一种相比不变状态。它要求具有规范效力的学校制度一经确立，就应该相对稳定。学校制度作为一种规则体系，其功能的发挥主要“通过帮助人们在与别人交往中形成合理的预期来对人际关系进行协调”（布罗姆利，1996：23），而预期功能的产生又要求学校制度具有稳定性。朝令夕改的学校制度不仅使共同体成员无法预知自己的行动后果，而且无法对其他行动者的行为产生预期，而这种情况将导致“人类这样靠‘预期’来生活的家伙”无所适从（康芒斯，1962：197）。因而，保持学校制度的稳定性显得十分重要。

（3）学校制度运行公正

制度包括静态的规则体系和制度运行，与前者相比，后者更为根本。这是因为人们设计制度的目的是为了落实制度，所以我们需要关注制度运行。

所谓学校制度运行公正，是指人们在制度运行时严格按照学校制度得以建立的公正观所确定的规范及模式而行事，照章办事与强制性是其主要特征。照章办事表明学校制度运行只需按照公正观所规定的学校制度行事就可以了，而不需考虑学校制度及其得以建立的公正观的好坏。强制性则说明在学校制度运行中，人们不仅不能批判学校制度及其公正观，还必须始终如一地遵守学校制度。

那么，怎样的学校制度运行才是公正的？李江源博士认为学校制度运行公正主要表现为“确立教育制度的权威性；确保教育制度的操作公正；制定切合实际的教育制度公正方案；弥补教育制度缺陷；禁止个人、群体或教育共同体自行公正”（李江源，2004：10-12）。应该说这些都是确保学校制度运行的重要方面，但它们大多都是学校制度运行前后应该注意的一些事项，没有涉及学校制度运行公正本身。操作公正涉及学校制度运行公正，作者指出程序公正是保障操作公正的关键因素之一，但对于什么是操作公正，操作公正与程序公正的关系如何还需进一步的明确。冯建军教授认为，“教育制度运行的公正，就是按章行事，完成既定制度的要求。所以，制度运行的公正主要表现为一种纯粹程序公正，按照程序公正的要求行事。同时，要合理地保护违反制度的‘公民不服从’行为”（冯建军，2008：308）。冯建军认为学校制度运行的公正是一种程序公正，准确地说是一种“纯粹程序公正”，应该说抓住了学校制度运行公正的本质。对于纯粹程序公正的构成要素的论述则有待进一步深入。客观地说，要提出一种普遍适用于一切社会的学校制度运行的程序公正要求是不可能的，但我们可以根据人们在学校制度运行过程中经常出现的“非公正感”来提出一些最低限度的程序公正要求。冯建军所说的“公平对待”和服从与执行制度显然是纯粹程序公正的重要因素，但只做到公平对待、服从与执行并不能确保程序公正，除此之外，参与性等都是程序公正的重要构成要素。此外，他把“公民不服从”作为学校制度运行公正的重要内容，这与他对学校制度运行公正的定义自相矛盾。照章办事与强制性是学校制度运行公正的重要特征，因此把“公民不服从”作为学校制度运行公正的重要内容有待商榷，并且文章对“公民不服从”在我国当前社会条件下的可行性及作用范围也缺乏必要的论述。

分析当前教育理论界关于学校制度运行公正的代表性观点，我们无意去评判各观点的优劣，目的在于吸取其合理观点，并尝试提出本书对学校制度运行公正的建构。借鉴前人观点，本书认为学校制度运行公正是一种纯粹程序公正。纯粹程序公正是罗尔斯在《正义论》中提出的一个重要概念。罗尔斯对纯粹程序公正的理解是与其他两种类型（完善的程序公正及不完善的程序公正）相比较进行的。完善的程序公正有两个特征：一是存在一个评判结果公正的标准；二是可能设计一个保证结果公正的程序，如分蛋糕的程序公正。不完善的程序公正是存在评判结果公正的独立标准，但却没有保证达到它的程序。与这两种程序公正不同，纯粹的程序公正不存在任何有关结果公正的评判标准，却存在一种公正的程序，这种程序若能得到遵守，那么结果也是公正的。纯粹程序公正在学校制度运行过程中具体包括以下几个方面的要求。

1）程序参与原则。参与原则是程序公正的核心要素，学校制度运行的程序公正也应当体现参与原则。在这里，参与原则的核心思想是指那些权益有可能会受到学校制度直接或间接影响的主体应有充分的机会和便利的途径参与到制度运行过程中去，从而对结果形成有效影响。有学者的研究表明，在与个人利益直接相关的决定过程中，个人如果不能向决策者提出自己的意见、主张就会产生强烈的不公正感。因此，为了保证利益主体能够受到公正对待，权威机构或裁决者应该保证利益主体“始终在场”，并为其有意义、有效果的参与提供必要的保障与支持。有效的程序参与原则有以下几项要求：一是利益主体在整个制度运行过程中必须始终到场；二是利益主体的参与应该是积极、主动的，即参与者应该通过身体活动参与到过程中来，而不是无所作为的旁观者；三是利益主体的参与应该是有效的、有意义的，即能对结果产生有效影响。

2）程序对等原则。对等原则即平等对待，这是程序公正以人们看得见的方式得以实现的重要条件。在这里，其具体内容主要包括：一是各利益主体拥有平等的参与学校制度运行的机会；二是各利益主体在参与过程中所提出的主张、意见及对自己有利的反驳都能够受到裁决者的平等关注与考虑。对等原则既是对人的尊严的维护，也是确保公正裁决的基本要求。裁决者一旦使各方不能平等的参与，就可能在事实认定和证据评定方面产生偏见，以至于做出错误的裁决。

3）程序合理性原则。程序合理性“主要是指一个程序产生其实体结果的过程是一个通过事实以及程序参与者之间平等对话与理性说服的过程。换言之，程序在结构上应当遵循通过理性说服和论证做出决定的要求，而不是恣意、专断地做出决定”（李扉南，陈浩，2002：46-50）。其具体要求包括以下几个方面：“一是仔细地收集证据并对各项论点进行讨论；二是仔细地对这些证据和论点进行衡量；三是冷静而详细地对案件做出评议；四是公正而无偏见地解决问题并以事实为根据；五是对判决和决定提供充足的理由。”（陈瑞华，2010：157）一般而言，裁决者如果在学校制度运行过程中按照上述要求进行，一般会产生合理的结果。即使不考虑结果如何，由于利益主体对制度运行的过程，以及据以做出裁决的依据有充分的了解，并确信自己受到了公正对待，不论最终结果如何他们都会在心理上维护与接受最终的结果。

综上所述，优良学校制度的公正标准如下（表 4-1）。

表 4-1　优良学校制度的公正标准

<table>
<tr><td rowspan="9">学校制度公正</td><td rowspan="4">学校制度设计公正</td><td colspan="2">公正观：自由与平等的统一</td></tr>
<tr><td rowspan="3">学校制度设计的程序公正</td><td>公开性：设计活动公开、设计程序公开、相关资料公开</td></tr>
<tr><td>参与性</td></tr>
<tr><td>平等性：参与机会平等、主张平等看待、利益平等考虑</td></tr>
<tr><td rowspan="2">规则公正</td><td>具体内容</td><td>基本权利的保障、教育权利的平等、教育机会平等、教育资源的分配平等</td></tr>
<tr><td>其他原则</td><td>普遍性、公开性、一致性、可行性、稳定性</td></tr>
<tr><td rowspan="3">学校制度运行公正：纯粹程序公正</td><td colspan="2">程序参与原则</td></tr>
<tr><td colspan="2">程序对等原则</td></tr>
<tr><td colspan="2">程序合理性原则</td></tr>
</table>

2. 学生全面自由发展标准

优良学校制度的根本目的在于尽可能地促进学生全面自由发展，因此，学生全面自由发展是评判学校制度优良与否的最终依据。而要确定学生是否实现了全面自由发展，这又涉及一个标准问题，即学生全面自由发展的指标体系。

随着人们对全面自由发展理论研究的深入，关于人的全面自由发展的指标体系研究也开始进入学者的研究视野。王资姿博士认为，“人的全面发展，不仅是作为其现实诉求的人的各种内在素质如能力、机会和选择的全面、和谐发展，也应是发展的各种内在素质与各种客观现实条件的和谐发展”。根据这一概念，她把人的全面发展指标划分为三大方面（即外在条件评价指标，内在素质评价指标及作为主观评价指标的主观幸福感受），9 个一级指标和 32 个二级指标，即物质条件（物质福利、居住条件、公共设施）、社会条件（人口与家庭、社会参与、社会保障、社会服务、公共安全）、政治条件（政治参与、政治稳定和反暴力、法治和控制腐败、公民权利）、文化条件（文化生产、文化消费、文化活动条件）、环境条件（环境质量与利用程度、环境破坏与污染程度、环境治理与保护程度）、能力全面（生存能力、知识能力、获得资源的能力）、机会平等（分配机会平等、城乡机会平等、两性机会平等）、选择自由（自由闲暇、职业自由变动）、主观幸福（知足充裕满足感、身心健康愉悦感、自我实现成就感、人际关系认同感、心态平衡自信感、婚恋家庭幸福感）。王资姿博士对人的全面自由发展指标体系的研究极富创新性，借助这一评价体系可以直观、清楚地看出人的全面发展的现实水平与实际状况。（王资姿，2011）

本书对学生全面自由发展评价标准的设定主要侧重于学生内在各项基本素质的完整、个性化、和谐发展。关于人的素质结构，代表观点有以下几种：第一种观点认为人的素质结构可以划分为三类，即自然素质（亦称生理素质，是纯先天因素）、心理素质（自然素质与社会素质的“合金”）、社会素质（纯后天因素）（燕国材，1996）。第二种观点从系统论的角度把人的素质分为群体素质与个体素质两个系统。群体素质系统又可分出关系素质、人文素质、地域素质等层次；个体素质系统又可分为现实素质层与天然素质层（周冠生，2000）。第三种观点把人的素质结构概括为德、智、体三个方面或德、智、体、美四个方面或德、智、体、美、劳五个方面。以上各观点都有一定的说服力，但也存在一定的缺陷，不过，本书无意去评判各观点的优劣，而在于吸取其合理的研究思路。借鉴已有研究经验，本书对学生素质结构的建构遵循以下原则：①相对性，即素质是一个多维的自组织结构，其划分具有一定的相对性，没有绝对的、唯一的标准。②素质形成的条件是我们建构素质结构的重要依据。③素质结构建构的主要目的在于更好揭示其本质。根据这些原则，本书把学生的基本素质划分为三个方面：身体素质、心理素质和精神素质。

1）身体素质。关于身体素质的定义主要有两种典型观点：第一种观点习惯把身体素质等同于运动素质。例如运动生理学认为，所谓身体素质是指“人体在肌肉活动中所表现出来的力量、速度、耐力、灵敏及柔韧等的基本能力”（王步标，1994：463）。《中国学前教育百科全书》也这样定义身体素质，所谓“身体素质一般是指人体在活动中所表现出来的力量、速度、耐力、灵敏、柔韧等机能。身体素质是一个人体质强弱的外在表现”（卢乐山等，1995：145）。这是传统意义上人们对身体素质的理解。很明显，这种观点存在一定的局限性：运动素质只是身体素质的一部分，它不能全面说明身体素质的内涵。针对传统身体素质定义的局限性，学者纷纷提出符合时代特点的身体素质定义，即第二种观点认为身体素质不仅包括运动素质，还应包含身体形态、生理机能、身体的适应能力等。这一观点扩大了身体素质的内涵，符合现代社会对人的身体素质提出的要求。

笔者认为所谓身体素质“是人体在先天遗传性和后天获得性的基础上表现出来的人体形态结构和生理机能的相对稳定的状况和特征”。其主要包括四个方面：一是身体形态，指体格、体形和姿势的发育状况，良好的身体素质在这个方面主要表现为匀称的体形、正确的姿势；二是生理机能水平，指人体在新陈代谢作用下，人的神经系统、循环系统、呼吸系统、运动系统等各种器官系统的工作能力，通常以脉搏、肺活量为指标；三是运动能力（走、跑、跳、投等）与运动素质（速度、力量、耐力、灵敏和柔韧）；四是“对外界环境和外部刺激的适应能力，如抗热、抗寒、抗病能力等”（毛家瑞，孙孔懿，2001：38-39）。关于学生身体素质的测评我们主要可以参考《国家体质健康标准》及医学有关的各项参考值。

2）心理素质。关于心理素质的含义，目前还没有达成共识，有人认为心理素质就是心理品质；有人认为心理素质就是人格与个性；有人认为心理素质是一种多要素的综合体，包括智力因素、非智力因素等；还有人认为心理素质就是动机、需要等非智力因素的有机结合体……

尽管这些观点对什么是心理素质有不同的理解，但它们都强调心理素质是生理条件基础上的动态发展，并指出心理素质是一个包括多重因素的综合体。结合以上各观点，本书认为心理素质是指人在先天素质基础上，在环境、教育等因素的综合作用与影响下所形成的心理品质，包括智力素质（如记忆力、观察力、注意力、想象力等）和非智力因素（如性格、气质、需要、动机、情感、意志等。）

3）精神素质。所谓精神素质是指对个体精神生命发展具有基础性价值的知识、能力、精神品格等，主要包括才智素质、道德素质、人格力量。

一是才智素质。“人的‘才智’，其最本质的特征是个体在认识和改造客观世界时所表现出来的能动作用。”（洪宝书，1990：51-53）它主要包括：一是个体所掌握的知识。按照不同的标准，这些知识包括自然知识、社会知识与人文知识；感性知识与理性知识；直接知识与间接知识；陈述性知识与程序性知识；事物的知识与人的知识（罗素）；拯救的知识、文化的知识与实践的知识（舍勒）；经验——分析的知识，历史——理解的知识和批判——定向的知识（哈贝马斯）等。这些知识是人的素质结构中不可或缺的组成部分，是人生存与发展的智力工具。二是个体所具有的能力。这些能力包括认识能力（具体有学习能力、处理信息能力、处理符号的能力、构建自我的能力、复杂思维能力等）（叶澜，2006）、操作能力、社会能力（自我监控能力、社交态度、解决社交问题的能力、社会洞察能力、人际管理能力和人际沟通能力）（张环，2006）。

二是道德素质。现代社会对学生提出的道德素质要求是：“从道德面貌的内在根据来说，更强调人人都应该独立做出价值观选择与构建；就道德面貌的外在表现来说，更强调人的公德。具体体现为对公事，要求具有作为社会成员的责任感和义务感；对他人，要求尊重他人与尊重自己相统一；对社会公律，要求自觉地遵守‘法律’、‘制度’、‘纪律’等。就具体的道德能力而言，现代社会首先要求学生具有理性的道德判断能力，即能够运用已有的道德经验和道德知识对道德现象进行分析、鉴别、评价；其次是自主的道德选择能力，即在面临价值冲突时个体能基于道德判断做出正确的选择；再次是敏感性的道德意应能力，即个体能对外界事物产生一定的道德态度，形成一定的道德意向，并据此行动；最后是策略性的社会践行能力，即个体能向环境施加影响。”（杜时忠，2009：37-39）

三是人格力量。“所谓人格力量是一种人的心理倾向、智慧与能力、意志与情感、理想与信仰等综合而成的力量。”（叶澜，2006：213）新基础教育认为，现代新人应该具有的人格力量主要集中在以下几个方面：首先，对自己要有信心，这是一个人独立自强的前提条件，因此也是人格力量的第一要素；其次，对人生要有所追求，这是人发展的动力；再次，面对变幻莫测的未来社会，应该具有迎接挑战的冲动与勇气；最后，具有承受挫折和战胜危机的顽强意志（叶澜，2006）。这些人格力量是人安身立命的基础，对人的生存和发展具有十分重要的意义。

综上所述，学生基本素质结构如下所示（表 4-2）。

**表 4-2 学生基本素质结构**

<table>
<tr><td rowspan="4">身体素质</td><td colspan="3">身体形态：体形、姿势</td></tr>
<tr><td colspan="3">生理机能水平：脉搏、肺活量等为指标</td></tr>
<tr><td colspan="3">运动能力与运动素质</td></tr>
<tr><td colspan="3">适应能力</td></tr>
<tr><td rowspan="2">心理素质</td><td colspan="3">智力素质：记忆力、观察力、注意力、想象力等</td></tr>
<tr><td colspan="3">非智力素质：性格、气质、需要、动机、情感、意志等</td></tr>
<tr><td rowspan="18">精神素质</td><td rowspan="6">才智素质</td><td rowspan="3">知识</td><td>自然知识</td></tr>
<tr><td>社会知识</td></tr>
<tr><td>人文知识</td></tr>
<tr><td rowspan="3">能力</td><td>认识能力：学习能力、处理信息能力、处理符号的能力、构建自我的能力、复杂思维能力等</td></tr>
<tr><td>操作能力</td></tr>
<tr><td>社交能力：自我监控能力、社交态度、解决社交问题的能力、社会洞察能力、人际管理能力和人际沟通能力</td></tr>
<tr><td rowspan="8">道德素质</td><td rowspan="4">道德态度</td><td>价值观：能够独立做出价值观选择与构建</td></tr>
<tr><td>对社会：具有作为社会成员的责任感与义务感</td></tr>
<tr><td>对他人：尊重他人与尊重自己相统一</td></tr>
<tr><td>对公律：自觉遵守法律、制度、纪律</td></tr>
<tr><td rowspan="4">道德能力</td><td>理性的道德判断能力</td></tr>
<tr><td>自主性的道德选择能力</td></tr>
<tr><td>敏感性的意应能力</td></tr>
<tr><td>策略性的社会践行能力</td></tr>
<tr><td rowspan="4">人格力量</td><td colspan="2">对自己：自信</td></tr>
<tr><td colspan="2">对人生：有追求</td></tr>
<tr><td colspan="2">对机遇：迎接挑战的冲动与勇气</td></tr>
<tr><td colspan="2">对困境：顽强意志</td></tr>
</table>

# 第五章

# 背离公民精神的现代学校制度生活透视

彰显公民精神的学校制度生活是具有自主意识的学校共同体成员借助优良学校制度这一调控因素，围绕学生全面自由发展而展开的生命活动。然而，现实的学校制度生活是怎样的？它是否有利于学生成长？学校制度生活的问题只能通过学校制度生活本身才能弄清楚，因此，本书力图通过对学校制度生活的全面透视，揭示当前学校制度生活中存在的问题，进而为学校制度生活重建创造条件。

## 第一节　学校制度生活异化的表征

所谓“异化就是一种活动或活动结果，某物或某人由于这种活动结果变得同某物或某人疏远了”（王海明，2002：56）。学校制度生活异化是学校制度生活由于受到某些不可避免或可以逃避而没有逃避的力量的影响而远离了学校制度生活的本来面貌。

不可否认，随着新课程改革的全面推进与落实，作为课程改革的重要组成部分，部分学校开始从重视教学改革向学校制度生活变革转变。在这个过程中，所取得的成绩也是有目共睹的。例如，学校制度生活的目的由管理转向人的发展，从注重效率向公正转变等。然而，当前学校制度生活中仍然存在许多弊端与不足，主要表现在以下几个方面：学校制度生活主体的单极化、学校制度生活空间的边界扩展、学校制度生活目的的工具化和学校制度生活调控因素的疲软。

### 一、学校制度生活主体的单极化

学校制度生活是学校共同体成员共有的一种生活方式。学校行政人员、班主任、科任教师、学生等都是学校制度生活的主体。然而，当前的学校制度生活基本上处于管理者这一“单极主体”的控制之中。一方面，学校行政人员的地位与作用被极度凸显，他们扮演着学校制度生活的主体、主角、管理者，对教师与学生实行普遍控制；另一方面，教师与学生作为学校制度生活主体的地位与作用则被遗忘与遮蔽了，他们成了学校制度生活的客体、对象、被管理者，完全处于学校行政人员的监督与控制之下。

学校制度生活主体的单极化不仅体现在学校制度的制定过程中，而且还表现在学校制度的运行过程中。

在学校制度制定过程中，行政人员独揽大权，把学校制度的制定当成他们分内事。对于为什么要制定某项制度、什么时候制定、有哪些人员参与制定活动等只需自己明确就可以，不需要向教师和学生做过多的说明，教师和学生只不过是新制度的实施对象而已。

在学校制度运行过程中，学校行政人员作为学校制度的执行者，他们只懂得运用权力，对教师与学生提出行为要求，并强制其执行；而不接受也不允许来自教师和学生的监督。对此，陈桂生教授说道：“严格说来，迄今为止，在学校中还谈不上‘处处有规矩’。因为还存在一个‘没有规矩的角落’，即缺乏校长行使权力的规矩……君不见在不少学校中，一校之长发挥自由意志的空间何等广阔？”（陈桂生，2004：13）

这种现象在班级层面也普遍存在。在班级制度生活中，班主任和科任教师摇身一变成了学校制度生活的主体、管理者，与被管理的学生构成封闭的上下级关系。在这样的班级生活中，学生在某种程度上成为教师班级管理系统上的“螺丝钉”，他们没有独立发展的可能性，缺乏参与班级生活管理的机会。

正如我们已经指出的，学校制度生活作为学校共同体成员共同的生活方式，每个人既是学校制度生活的主体，又是学校制度生活的客体。也就是说学校制度生活中没有绝对的管理者与被管理者，每个人都有积极维护学校制度生活、遵守学校制度的义务，同时也有权要求他人遵守。这种由学校领导或教师个人控制，不允许学生参与的学校制度生活是一种专制的生活，它与理想学校制度生活所要求的民主是相背离的，是一种异化的制度生活。因为“使人们不参与活动，这一事实本身就是压迫的一种微妙的形式。它不给予个人机会去思考和决定对他们有好处的事”（潘一禾，2010：139）。也就是说，这种拒绝教师和学生参与的制度生活，其背后隐藏着权威主义，这是一种无形的压制，它比赤裸裸的强制要巧妙得多。

**案例1 民主不行，就专制！**[①]

刘老师是一位年轻漂亮、在班级管理方面很有经验的老师，已有十年的班主任工作经验。目前担任八年级的语文教学及班主任工作。

一天，在刘老师班上听课，课间休息无意发现刘老师班上贴着一份班级公约。于是，在访谈过程中，我专门向刘老师了解了她们班的班规制定过程。她说："……在制定班规过程中，我受到了一些阻力，主要是班上学生的阻力。我这个人，有点民主，所以我想征求学生们的意见。等我把班规制定出来之后，我一条一条让学生举手赞成。后来就有些学生，有点随波逐流，就是看到有的同学不同意，他又没有自己的立场，所以跟着不同意。后来这样的一个班规就没有制定下去。后来为了这个事情我还'叫人来过'（即惩罚过一些不配合的学生，笔者加注），当时我很生气，你们内心没有这样一种自律意识，那就由我来专制了，我不能对你太民主了。既然有一个班级在这，必须要建立一定的规矩，要不然大家都乱成一团，没有规矩不成方圆嘛！如果犯了错误，由谁来承担这个责任？怎么样来承担这个责任呢？后来我一想，那不行，你们不配合我，那我就不听你们的，由我来定。后来干脆没有管他们是否同意，我就自己拟定了一些内容，再叫学生增加了一些，就形成了现在你看到的班规。这个我还是很花了一点时候去弄的……"

上面案例是学校制度生活不民主的真实写照。在案例中，刘老师事实上始终都扮演着一个"家长"角色（尽管她说自己有点民主，她所说的民主只不过是她专制行为的温柔外衣罢了，如果她真的民主，那么一开始，她就不会是自己拟定班规，而是让学生拟定，并最后讨论），认为"唯有使儿童们服从我的旨意，才能统一班级，舍此别无他法了"。与这一思想一脉相承，她把班级的权力牢牢地集中在自己的手中，从而使整个班级制度生活都受她一个人支配。虽然形成了班规，但由于班规是刘老师凭借个人经验、直觉、见识制定的，因而该班班规不仅缺乏客观性，具有很大的随意性和个人性，而且还造成了学生对刘老师的依附。因此，从表面上看，整个班级似乎借助班规统一起来了，然而，事实上是以抹杀学生的积极性、主动性为代价的，这显然与理想学校制度生活所要求的民主相悖。

在当前的学校制度生活中，虽然单极主体使学校制度生活变得简单，不仅提高了工作效率，而且还有助于管理者树立权威。但由于"学生和教师都还没有成为管理的主体，外在的东西还在很强烈地主宰着他们"（张忠山，1999：33-72），其应有的自由、平等都在这个过程中消失殆尽了，这显然有悖于理想学校制度生

① 根据调研期间与刘老师访谈整理而成。

活的民主，从而不利于人的发展。

## 二、学校制度生活空间的边界扩展

在吉登斯看来，各种形式的社会行为都是“不断地经由时空两个向度再生产出来，我们只是在这个意义上，才说社会系统存在着结构化特征（structure properties），我们可以考察社会活动如何开始在时空的广袤范围内伸展开来……”（安东尼·吉登斯，1998：40），也就是说，空间是任何社会行为的构成要素。毫无疑问，学校制度生活也不是在真空中进行的，而是在特定的空间中展开的。正如我们已经指出的，学校制度作为一种生活方式，不可能无边无际，它有自己特定的作用范围。学校制度的公共性决定了学校制度只能指向学校生活中的公共领域（作为社会生活的一部分，学校生活从整个上看是一种公共生活。但作为一个独特子系统，学校生活仍然是学校公共生活与私人生活的统一），否则学校将从“解放人的工具”变成“奴役人的工具”，学校共同体也将在过度的“制度大网”之下窒息。

然而，在当前的学校生活中，学校制度已经“毛细化”了：学校制度如同毛细血管一样布满了校园的各个角落，渗透在学生生活的各个方面。其结果使学校制度的触角从公共领域伸向了私人领域，并在一定程度上实现了对学校共同体成员私人生活的“殖民化”。在现实学校生活中，学校制度生活空间的边界扩展不仅体现在对私人生活中衣食住行的规定，还体现在对个人思想、言行的控制。

（1）衣食住行控制

衣食住行是学生私人生活最基本的层面，它们直接满足学生最基本的生存需要，具有日常性、非制度性等特征。关于衣食住行的这种日常性，衣俊卿教授论述到“在迄今为止的日常生活中……人们的衣食住行等生活资料的生产、获得和消费活动基本上遵循着春夏秋冬四季运行的自然规则和世代流传的自发的经验常识。这些活动呈现为一个周而复始、循环往复的机械过程，人们凭着重复性思维和重复性实践而自发地生存，很少唤醒自己内在的主体性、理性、自觉性”（衣俊卿，2005：119）。也就是说，衣食住行是一种非制度生活，其由经验、常识等所调控。然而，在学校制度“横行”的今天，学生日常的衣食住行也制度化了。例如，当前许多学校要求学生一年四季穿校服，不能穿他们眼中的奇装异服来学校，否则就会受到相应的惩罚；头发也不能有任何花样，男生最好是小平头，女生最好是齐耳短发，如果留有长发，则应该扎起来，不能披头散发，否则就“不像学生样”。某班就学生的着装制定了这样一条班规：“在校必须规范身穿校服，尤其是集会、出操等大型活动必须严格穿好校服的上衣和裤子。若有同学因未穿好校服而导致我班挨批评或扣分者，罚跑步五圈。”（这是笔者所考察学校七年级二班班规中的一项条款），再比如，有些学校和班级禁止学生吃零食，否则写检查或罚款。魏书生为了禁止班上学生吃食零，班规规定如果在校内吃零食，发现一次写1000字的说明书。如果是吃瓜子，说明书以1000字起步，衣袋里有瓜子的按每粒260字累加。

**案例2　背带裤的风波**①

高一的时候，背带裤刚在古城流行起来。我妈妈给我买了一条背带裤，我高兴地穿到学校来。做操的时候，年级主任看到我，就问：珀，你家里是不是没有别的衣服了？我说，有啊！他冷淡地说：那你最好回去换一条。

两个月后，班主任与我谈话时，也谈到要我注意细节。比如，穿背带裤的问题，我觉得莫名其妙，就问：穿背带裤为什么不行？老师说，不是不行，但最好不穿。他也不解释原因。我还是在穿，学校里穿的人多了，成为流行，他们也就不管了。刚出现的新事物，老师不能接受，时间长了，看多了，也就接受了。

我不知道他们说的奇装异服是什么，但我知道很多老师看不惯新鲜的事物，女孩子稍微活跃一点，他也看不惯，就觉得你不是一个好学生。

**案例3　我想拉一块帘子**②

我是住校生，一个寝室八个人，上下铺，除了床就是两张放碗放壶的桌子，很整齐。但都回到宿舍后就只能待在床上，我习惯下了自习课后，躺在床上看看书，听听音乐，偶尔也想或有或无的心事，更多的时候和室友一起热热闹闹地聊天。

夏天到了，这么大的女孩子，一览无余地躺着，总觉得不自在。我们想到了帘子，就三三两两，买回自己喜欢的布，围着床沿做成了床帘。这一下安静多了，光线也柔和了，总算有了可以避免相互打量的“私人空间”了。我们都觉得很轻松，女孩子们兴奋起来，有的在自己的小空间中挂上布娃娃，有的贴上小笨熊，有的装上风景画，有的插上采来的野花干草……每个人的风格虽迥异，但情趣盎然！我们开始兴致勃勃地注意自己了，也发现每个人身上还有一些以前没有展露出来的东西，我们生活在一种新鲜的快乐中。

---

① 刘云彬．学校生活社会学［M］．南京：南京师范大学出版社，2001：236.

② 刘云彬．学校生活社会学［M］．南京：南京师范大学出版社，2001：246.

不久，检查卫生的老师来了，看了我们宿舍，沉默一会儿，他们交换了眼神，勒令我们把帘子都拉掉，将墙上床头挂的、贴的都收起来。我们说：为什么？他们解释：宿舍要整齐、干净、简洁，不是军训过吗？解放军战士的宿舍，那才是我们的标准，被子要叠成方块，手帕要搭整齐，碗筷要放成直线，墙上要一清二楚，有什么比白白净净更美的呢！花花草草就美吗？在自己的家里可能是这样，但这是宿舍！哪来这么多小资产阶级情调！

我只能将蓝格子布与小笨熊都收到箱子里，我又生活在“光明正大”中。我坐在食堂里吃饭，在教室看书，熄了灯回去睡觉。我早晨吃油条和粥。中午是红烧肉炖萝卜，晚上大白菜与土豆，食堂都安排好了。每周五五点以后洗澡，学校安排好了。我们不必为这些事情烦神。我就在种种安排和管理中过着“三点一线”的生活。外面的一切都是规定好的，我的一切也都是透明的。

在学校日常生活中，衣食住行作为私事，理应由学生个人自己掌控。当然，学校作为一个公共领域，对于穿什么、吃什么、如何美化个人生活空间等私人问题，学校既有权也有义务对其进行引导，但这并不意味着学校可以任意地控制学生的日常生活。在案例 2 中，学校把形象管理异化为形象控制，对学生的着装进行过度干预。形象管理作为学校日常管理的组成部分无可厚非，但形象管理不等于形象控制。在学校日常生活中，学生在遵守学校基本要求的基础上，有权根据自己喜好塑造自身形象。在案例 3 中，学校对学生私人空间控制的结果是学生个人无处藏身。空间是人的必然性需要，每个人都要求有不受他人干扰与限制的私密性空间。因为只有在自己的空间里，个人才能从种种束缚中解脱出来，放松疲惫的身心。在日常生活中，个人往往借助各种方式来标记自己的私人空间，这些标记通常能得到他人的理解和尊重。在案例 3 中，学生试图通过拉上布帘子来为自己在宿舍这个公用空间中营造属于自己的空间，从而使自己在“三点一线”的“透明”生活之余有一个可以任自己思绪聘驰的天地。按理说学校应该尊重学生的这一行为，然而事实却恰恰相反。学校军事化的宿舍管理原则迫使学生放弃自己最后的一个领地，最终将自己最隐私的处所暴露在大家的视线之中。

（2）思想言行控制

《儿童权利公约》第十三条第一款对学生的思想、言论自由做出了明确规定：“儿童应有自由发表言论的权利，此项权利应包括通过口头、书面或印刷、艺术形式或儿童所选择的任何其他媒介，寻求、接受和传递各种信息和思想的自由，而不论国界。”作为一项基本权利，学生的思想与言论自由理应受到学校制度的保障。然而，当前学校制度不仅不对学生思想与言论自由进行保护，反而对其进行控制。例如，魏书生为了提高学生的时间使用效率，对学生所说、所事、所思都进行了明确规定。要求学生严格控制“三闲”即闲话、闲事、闲思。“闲话，指没用的话和有害的话。没用的话是指人家在那上自习、看书，他在那说笑话，说玄话，说大话，说课外话，当然都没有用。”“闲思困扰人的时间就更多了。有一类闲思只是没用，耽误做事，闲思本身并无直接害处”，如在历史课时，联想到了《三国演义》……另一类闲思则有害。如考试成绩不理想，担心父母怎样批评自己，同学又会瞧不起自己等（魏书生，2011：126）。

不单单学校制度生活是学校共同体成员的生活需要，简单、重复的非制度生活也是学校共同体成员的需要。虽然我们不能想象出一个“处处有规则”“事事有规则”“时时有规则”的学校会是一个怎样的学校。但我们可以肯定这样的学校一定不是好学校。不可否认，在科层体制下，学校制度生活的边界正在扩展，一部分私人领域已经被沦为学校制度生活的“殖民地”。但学校制度生活边界扩展的事实并不能说明这种扩展的合理性与合法性，也正是在这个意义上，许多后现代哲学家对学校制度生活的这种扩展现象进行了尖锐的批判。“公共世界借以呈现自身的无数视点的同时在场，因而公共世界是一个以多元为特征的世界，同质与差异矛盾地交织于公共世界的内部。”（郭湛，2009：93）也就是说，公共领域所强调的普遍性是差异性基础上的普遍性。它并不意味着用它的普遍性去消除公共领域中的差异性。然而，在上述案例中，学校普遍用公共的同质性去瓦解个体性。因而，这样的学校是不道德的，是不民主的。

## 三、学校制度生活目的的工具化

学校制度生活作为一种“人为”的生活方式，应“为了人”的存在和发展。在学校制度生活中，学校制度作为一种调控因素，不仅有约束功能，“更重要的是，一种现代性的学校管理制度应该成为激励学校人——包括校长在内的师生员工——的创造性生活，是学校人优质的学校生活”（刘铁芳，2004）。

然而，在当前的学校制度生活中，学校制度生活为秩序而存在，为效率而存在，唯独没有考虑学生的发展。长期以来，人们对学校制度生活价值的认识仅仅停留在其外在价值与工具价值上，即将学校制度生活看作是维护教育秩序，从而提高升学率的手段，而对其目的性价值即学生全面自由发展则关注不够。这种强调学校制度生活工具性价值，忽视学校制度生活目的性价值的传统观念深深地烙在我们学校领导与教师的观念意识中，作为历史传统，它依然存活在今日的学校制度生活中。

**案例 4　围绕考试、排名而展开的班级管理**[①]

……

**笔者**：我觉得您班上的纪律挺好的，都能服从班干部管理，不像有些班级，班主任一旦不在，就不服从班干部的管理。

**班主任**：我想这跟一个班的构成和班级管理是有关系的。我认为（班级管理方式）一个是民主管理，一个是自主管理，还有一个是制度管理。民主管理主要是指我们的很多班规、制度都是广泛征求学生的意见之后确定下来的。自主管理主要是有一个工作能力、管理能力以及自主领导力比较强的班干部队伍……制度管理方面，我们主要是在广泛征求学生民意的基础上敲定了许多管理制度。我对其做了一些归纳总结，然后与学生综合素质挂钩，提出了一个综合素质评价方案，针对学生每一个方面做出一个综合的评价。涉及学生生活中的方方面面，都予以量化，然后至于那些情形给予奖励加分，哪些情况要扣分。我把所有的这些工作和权力都下放给班干部，确定后的制度也让所有学生都知道，然后让班干部大胆地去管理。在奖励加分这一块，我把它分为三个方面：一个是考试，比如不管是学校还是市区的考试，如果你能进入全校前 100 名，就可以加 20 分；如果能进入全班前 10 名，就加 5 分；更重要的是进步奖，就是这一次考试比上一次有进步的，我们也要予以奖励加分。因为前面两种情况毕竟只是少数的学生能做到，但设立一个进步奖就可以激励更多的孩子。

**笔者**：昨天我一进到教室，就看到很多孩子围着一个女生叽叽喳喳，看起来很兴奋。我走过去很好奇地问怎么回事，一个女生开心地告诉我，她考了 96 分，可以“加星”。看来这个制度对孩子们来说还是具有很大的激励作用的。

**班主任**：是的。学生都很在意这个。我们每个学生都有一个竞争对手，当然这个竞争对手只有老师才知道，学生之间是不知道的。如果上一次考试你的对手在你前面一名，你这次考试超过他了，就可以加 2 分；如果上一次在你前两名，就加 4 分。也就是说她在你前面名次越多，你能超越他，你可加的分就越多。当然这些只有我和学生自己知道，这样可以避免学生之间的恶性竞争。

……

① 班主任访谈摘录。

在案例 4 中，这位班主任的做法只是现实学校制度生活目的工具化的缩影。不管他在现实中采用的管理方式是否如他所说的那样是民主的、自主的，他对班级进行管理的最终目的是为了提高学生成绩。学生遵守制度不是出于对班主任管理方式的认同，也不是出于对制度的认同，而是因为是否遵守制度与自己三年后最终的综合素质评价挂钩，对自己的升学有一定的影响。应试教育对学校制度生活的工具化起到了推波助澜的作用，反过来，学校制度生活的工具化又进一步强化了应试教育，它们在学校生活实践中构成“共犯”关系，给教师与学生造成了巨大的压力，严重阻碍了学生的全面自由发展。

当然，学校制度生活为提高学生成绩创造条件本身并没有什么不合理，但当“分数”“考试”成为学校制度生活乃至学校生活的唯一目的时，学校将不再是学生的乐园，教育也将不再是心灵的食粮。对于这种分数教育，教育家苏霍姆林斯基警告大家要谨慎。他说：“我年轻的朋友，我想奉劝您：正如一位外科医生洁净的金属盒子里放着的精密手术器械在等待着动手术的时刻一样，您那些最精细、最睿智、最锋利，但却不无危险的‘手术器械’（评分），就让它少些使用，而更多地‘放在盒子里’吧。我认为，习惯于打分，以至于连一句答话也打分，这种做法乃是昏沉的教育不文明现象的症状。本着这种态度行事，最精密的手段不是变成蜜糖饼干，就是变成粗大棍棒：要么使这个人误入歧途，要么使那个人蒙受创伤。我希望在学校里不应也不必要去追求分数，搞所谓的分数挂帅。”（苏霍姆林斯基，2001：413）

## 四、学校制度生活调控因素的疲软

从本质上讲，学校制度的根本问题是主体对制度的执行与相应成员对制度的遵守问题，学校制度生活过程就是主体执行制度，相应成员遵守制度的过程。主体不执行或没有人遵守或大多数人都有意违反的学校制度是无效的，其所调控的学校制度生活也是异化的。

在当前的学校制度生活中，许多学校制度都成了“挂在嘴上，贴在墙上、印在纸上”的口号、标语与装饰品。与此相对应，学校制度生活的运行受领导者个人意志左右。这与民主学校制度生活所要求的法治精神相背离。亚里士多德认为，“法治应包含两重含义：已成立的法律秩序获得普遍的服从，而大家所服从的法律又应该本身是制订良好的法律”（亚里士多德，1996：199）。依据亚里士多德对法治的论述，要想实现法治，必须使法律被全社会普遍遵守。同样，民主学校制度生活要体现法治精神也必须首先使学校制度被学校共同体成员普遍遵守，没有个体对学校制度的遵守，就没有法治，从而也就没有民主可言。在当前学校制度生活中，学校制度还没有纳入学校制度生活的进程中去，因而也就不存在遵守与否的问题。也就是说，学校共同体成员连起码的法治意识还没有，学校制度生活运行在很大程度上还依赖于学校领导的个人权威。这是一种典型的人治生活，在这里，领导者与教师和学生构成的是一种主奴关系。因此，这种由领导者个人权威控制的学校制度生活其危害不在于不利于调动教师或学生的积极性，而在于它不仅有可能引起学校制度生活的混乱，还泯灭了学校制度生活应有的民主性。因而它是一种异化的制度生活。

**案例 5　学生会竞选章程只不过是个摆设！**①

某校中学部学生会由 20 名成员组成，大多数委员都是八年级学生。在机构设置上，该学生会在主席部之下设有宣传部、体育部、文艺部、劳动生活部、组织部、学习部六个部门。日常工作包括整顿学校纪律、协助学生处老师开展活动、检查清洁、记录校服穿着情况。

学生会委员换届是学生会工作的重要组成部分。每年，该校学生会都会进行一次换届。在与学生会委员的交谈过程中，笔者了解到，该校学生会委员都由学生处老师指定。

笔者：你们有《学生会竞选章程》吗?

委员 1:《学生会竞选章程》是什么东西呀!

……

笔者：你们是如何加入学生会组织的?

委员 2：我们都是朱老师挑的。

委员 3：陈老师（班主任）要我来的。

笔者：你们下一次是什么时候进行改选？如果下一次要你进行委员改选，你会采用什么方式进行?

委员 1：朱老师上次说了，他下个学期会给我们推荐新的成员进来，所以我们不要想这个了，我们只需要把朱老师挑进来的委员的具体工作分配一下，然后再带带他们就可以了。

……

① 学生访谈摘录。

### 该校学生会竞选章程

一、学生会改选采用民主直选方式

1. 改选委员会。改选委员会由团支部书记，现任学生会成员代表3名，学生自荐代表6名组成。学生自荐代表由学生自荐，开学后第一周的周三当众抽签产生。

2. 竞选候选人选采用自荐与他荐相结合的方式。竞选候选人应针对竞选岗位职能，结合自身优势，填写《学生会候选人报名表》，经改选委员会审核后，报学生处、团委批准，改选委员会在二周后公布名单。

3. 学生会换届改选采用无记名投票，所有学生会成员参与选举产生出新一任的学生会主席及各部部长人选。

4. 学生会换届改选所用选票由学生会统一印制并盖章，其余选票视为无效。

二、唱票过程

1. 改选委员会将在投票日演说结束后，立即收集所有选票封存。

2. 改选委员会将在投票过后48小时内组织非竞选人员进行唱票。唱票时接受学生处、团委的监督。

三、选举结果

1. 对于学生会每一个职务，由该职务中选票最多的候选人当选。

2. 若两组或两组以上主席候选人选票相同，则由改选委员会在一周内择日进行重新投票，投票前再次给候选人提供时间进行演说，若两组或两组以上部长候选人选票相同，则视为同时当选。

四、结果公布

1. 改选委员会将在投票日后三天内宣布改选结果，并向全体会员公示拟任职名单。

2. 候选人对选票结果有异议，可在改选结果公布后24小时内上诉改选委员会，改选委员应及时向学生处、团委汇报，并于48小时内做好复查答复工作。

五、违规处理办法

1. 选举过程中所有候选人不得向同学发放任何物品，否则视为贿选，取消竞选资格。

2. 选举期间，除在规定地点外，不得在校园其他场所粘贴宣传材料。一经发现，取消竞选资格。

3. 候选人在指定时间举办竞选宣传活动，必须与相关教师做好沟通协商，并报改选委员会审核备案，通报学生处，经批准后方可开展，否则视作违规，取消竞选资格。

4. 所有竞选宣传活动需在校内进行，参选人员不得在校外举办各种形式的竞选宣传活动。

5. 改选委员会于第二周周末提供“竞选检举箱”和“网上检举信箱”，以便所有同学对竞选过程中有违规嫌疑的行为进行监督检举；改选委员会每日下午检查当天的检举信息，并对检举事宜展开调查核实工作，最迟于次日下午将处理方案确定，于第三日早公布处理决议。

6. 如有未尽事宜，报改选委员会讨论决定相关处理方案。

附则：

本章程解释权属于×××××

在案例 5 中，该校的《学生会竞选章程》制定出来后，学校与学生处忽视章程的实施。在与学生处朱老师的交谈中笔者了解到，该章程是学校在 2004 年接受评估时由他和学生处的其他几个领导一起制定的，在实际的学生会工作中很少用到。由此来看，该校的《学生会竞选章程》只不过是学校的“工作”，是学校领导为了应付上级部门检查的“产品”，存在制定与实施“两张皮”现象。因此，在该校学生会实际工作中，朱老师依据自身权威对学生会进行管理，很多决策与决定都采取“学生处决策—学生会会议通知”的模式。学生会作为学生自治组织，其有关规章制度的制定应该由学生自主制定，作为学生会的相关负责人，教师可以对规章制度的制定提出意见，参与制定活动，但这并不意味着教师可以任意地支配学生会工作，甚至喧宾夺主地控制学生会工作的展开。这种由教师掌控的学生会已经不是自治意义上的学生组织了，它顶多只是教师对学生进行管理的工具。该校如下的一份学生会工作计划便是一个例证。

**案例 6　××学校学生会 2010～2011 学年下学期工作计划**

指导思想：

本学期将以党的十七大精神为指导，以服务于广大同学为宗旨，围绕素质教育这一中心配合校学生处、教务处、校团委的工作安排，加强对我校学生的思想、道德、文化教育，协助学校开展好教育教学工作。

一、工作要点

1. 配合校学生处和团委，开展学校思想道德教育工作。

2. 结合重大节日、纪念日开展各项活动。

3. 加强校园文化宣传建设，对广播台等校组织进行改革，推动其进行定期活动。

4. 站稳宣传阵地，注重舆论导向。

5. 积极开展各项文体活动，丰富同学们的课余生活。

6. 对学生行为规范进行督促，加强同学们的行为规范意识。

二、各部门工作安排

主席部：

1. 进行学生会工作总部署、协调及监督，协助各部门工作，带领学生会成员与校团委、广播台等学生组织进行协作完成各项活动。

2. 进行每周一的行为规范检查。

纪检部：

1. 与其他部门合作，继续完善日常纪律检查工作，组织好各项突击检查，积极配合学生处的工作。进一步完善量化各项评分标准，及时通过集会时间、公告栏等公布对校内学生、班级情况的检查结果。

2. 加强纪检部的自身建设，提高队员综合素质，保证检查质量。继续组织好值日工作。

3. 继续协助学生会其他部门，维护各项校内活动的纪律。

宣传部：

1. 完成学校开展的各项活动的前期各项宣传工作。

2. 进行学生诚实守信、集体主义思想的宣传工作，以海报等方式进行思想熏陶。

3. 配合学生处三月活动主题，开展中学生行为规范知识答辩竞赛，加强同学们的行为规范意识。

生活部：

1. 响应学校号召，协助学校开展植树环保系列活动。

2. 协助学生处、医务室做好每月底的清洁卫生大扫除，并对班级卫生进行记录。

3. 负责督促各班做好常规清洁卫生、班级包干区卫生并做好记录。

体育部：

1. 开展校园三人男子篮球赛活动，调动同学们对体育的兴趣。

2. 协助学生处有序组织好各项体育活动。

3. 协助学生会纪检部做好各项活动秩序维持工作。

文艺部：

1. 进行校园歌手大赛，选拔校园明星。

2. 协助学生会其他各项工作进行。

三、学生会具体开展各项工作时间。

3月：中学生行为规范知识答辩竞赛

植树环保活动

4月：进行诚实守信、集体主义思想的宣传工作

三人男子篮球赛（月底）

5月：五一劳动节清洁卫生大扫除

校园歌手大赛初赛

6月：优秀班级、优秀学生干部、三好学生评比活动

××学校　学生会

2011年2月

这份由学生处朱老师制定的学生会工作计划明确指出学生会的主要工作是协助和配合学生处、教务处和校团委工作。据学生会干部介绍，除了协助学生处、教务处和校团委开展上述活动外，学生会的日常工作还包括整顿学校纪律、检查清洁、记录校服穿着情况。由此来看，该校学生会不是学生进行自我管理、自我教育、自我成长的地方，也不是训练未来公民的场所，它只不过是学校管理部门的执行机构。

## 第二节　学校制度生活异化的原因分析

现行学校制度生活中呈现出来的种种偏颇，只是学校制度生活异化的表象，面对病态的学校制度生活现状，我们不得不追问：是什么造成了当前学校制度生活的诸多弊端？学校制度生活的复杂性决定了学校制度生活影响因素的多样性。本书主要从社会环境、学校制度本身、教师等方面探讨学校制度生活异化的原因。

### 一、学校制度生活异化的社会根源

根据马克思主义社会哲学观点，教育可以理解为一种社会实践活动。作为一种社会实践活动，教育受到现行经济、政治、文化的影响。这是因为：首先，“教

育作为整个社会体系中的一个组成部分，它必定与其他组成部分发生联系，其中特别是构成社会基础的经济及其集中表现的政治，另外还有与之相联系的其他组成部分，它们作为一种现实力量，必定会对教育现状及其发展起着一种规范、制约作用。”其次，“教育要使受教育者具有现存社会所必要的规定性，才能使其成为一个现实的实现者。”（鲁洁，2002：19）也正是在同样的意义上，1972 年，联合国教科文组织提交的供成员国在制定政策时参考的文件——《学会生存——教育世界的今天和明天》中说道：“教育是一项巨大的事业，对人类命运具有强烈的影响，因而，如果我们只根据它的结构，后勤的手段和过程去考虑教育，那将是十分有害的。对于教育的实质、教育同人类与人类发展的基本关系、教育同作为社会产物和社会因素的环境相互作用等等，我们必须进行深刻的检查和广泛的重新考虑。”（联合国教科文组织国际教育委员会，1996：98-99）当然，作为影响教育的可能因素，社会环境包括促成或阻碍、刺激或抑制教育活动的各种条件。也就是说，社会环境对教育（或学校制度生活）的影响不仅在方向上有正、反之分，而且在性质上还有积极和消极之别。随着市场经济的逐步完善，政治文明的稳步推进及精神文明建设的深度展开，教育在这些社会环境的支持下获得了空前发展。然而，当前社会在发展过程中也存在诸多问题，这些问题严重阻碍了教育发展，影响了学校制度生活的正常展开。

### （一）当前我国经济生活中存在的主要问题及其对学校制度生活的影响

我国建立社会主义市场经济具有历史必然性。它不仅是我们对传统计划经济得失经验教训的总结，而且也是世界经济全球化及我国生产力发展的必然要求。改革开放以来，我国已建立了比较完善的，具有中国特色的社会主义市场经济制度，市场机制在资源配置方面也发挥了基础作用。在现代化建设过程中，我国在经济方面取得的成绩有目共睹：中国已建立了具有较强国际竞争力的现代工业体系，成为世界第一大出口国、第二大进口国，世界第一大外汇储备国、第二大外资吸引国和重要的资本输出国。2012 年中国克服了全球金融危机的不利影响，实现 GDP8.23 万亿美元，成为世界第二大经济强国……

当然，在看到中国经济发展成绩的同时，我们也必须正视当前我国社会主义市场经济中存在的问题。例如，市场经济的法制化程度不高。法制性是市场经济的重要特征。一方面，市场经济涉及一系列制度安排，如产权制度、资源配置制度、分配制度等；另一方面，市场经济的高效运行需要一套激励与协调合作的法律制度来保证市场机制功能的发挥。新制度经济学家诺斯说：“有效率的市场是一种能进行低成本衡量和实施合约的制度结果。这需要由鼓励适应性效率的规则、补充的非正规制约和有效的实施来实现。”（道格拉斯·C.诺思，2011：112）也正是在这个意义上，有人把市场经济也称为制度经济或法制经济。当然，不管如何称呼市场经济，有一点是可以肯定的，即市场经济的正常运转离不开法律制度的规范和保障。没有完善的法律制度体系，不可能产生高效的市场经济。当前我国经济领域出现的市场失效主要源于法律制度体系不完善。具体表现为：①一些重要法律法规还没有制定出来；②法律制度缺乏可操作性，如《评标委员和评标规定暂行规定》对评标方法缺乏明确界定，导致工程建筑招投标舞弊现象普遍存在；③监督机制不完善导致司法腐败严重。

再比如，经济不公正的普遍存在。经济公正是社会主义市场经济发展的必须要求。美国著名经济学家莱斯特·瑟罗认为要解决经济问题首要的工作是建立一个公正的经济模式。他说：“我们的社会已经发展到了这一步，即要求其有所发展，首先就必须做出明确的、公正的抉择。”（转引自：王锐，1997）经济公正是指社会经济活动中的公正，它涉及经济活动中诸如起点公正、过程公正、结果公正等一系列问题。①在经济活动中，不论企业性质如何、规模大小都有均等机会参与某一经济活动，不允许某些企业或单位搞特殊化，具有优先进入市场的权利。②要求进入市场的各经济主体都必须无一例外地遵循市场规则，并对违规者进行平等处罚，反对任何形式的垄断与强权行为。③要求市场主体合理定价，反对任何形式的欺骗行为。客观地说，随着社会主义市场经济的逐步完善，经济公正在我国当前经济领域得到了广泛实现，但仍然存在一些不公正的经济行为，如目前经济领域存在的权力经济就是一种不公正经济。权力持有者利用手中权力同企业进行交易，从而获得灰色收入；企业则借助“购买”的权力优先进入市场或可以不遵守市场规则，这样企业就可以不通过公平竞争获得利润。因为权钱交易的存在，权力经济自始至终都充满了不公正，这种不公正不仅体现在经济活动的起点上，还体现在过程和结果上。

此外，唯效率论也是当前我国经济发展面临的重要问题。效率与公平是人类社会一切经济行为永恒的追求目标。在社会主义市场经济的发展道路上，中国共产党对效率与公平的认识经历了“效率优先—效率优先，兼顾公平—初次分配注重效率，再次分配注重公平—初次分配注重效率兼顾公平，再次分配注重公平”这样一个过程。这说明追求效率与公平的协调统一是我国一直努力的方向。然而，在实际经济生活中，人们往往只追求效率，而忽视公平及社会效益。例如，频繁曝光的食品安全事件中——三聚氰胺奶粉、毒豆芽、墨汁粉条、染色紫菜等，这些企业为了获取最大经济效益，视人们的生命安全如粪土。

这些问题导致了市场经济秩序混乱，成了我国经济进一步发展的阻力。比如，“走私、贩私、偷税、骗税猖獗，尤以伪造、倒卖、虚开增值税专用发票进行犯罪活动的专业化作案团伙突出；制假、售假，人多面广，一些假冒伪劣商品充斥市场，以食品、药品、农资、棉花、汽车拼装尤为严重；工程建筑领域招标、投标弄虚作假、工程质量低劣问题普遍，破坏环境资源的现象屡禁不止；违约失信、商业、金融欺诈频发，恶意逃避债务、欠财、赖财屡见不鲜；财务失真、违反财经法纪的行为比较普遍；文化市场混乱的问题群众反映强烈，侵权、盗版肆虐；地方保护、地区封锁严重，生产经营中，特大安全事故时有发生”（张国平，2012：140）。

当然，当前我国经济领域存在的这些问题不仅影响经济发展，还影响到其他社会生活的有序展开。作为学校生活展开的社会背景之一，当前我国经济领域存在的这些问题严重影响了学校生活及其中的学校制度生活的正常运转。首先，经济生活中对法律制度的普遍不重视强化了学校共同体成员对学校制度制定与实施的忽视。人是环境的产物，重视法律制度的学校共同体是法制经济模式的产物。当前许多学校不重视学校制度建设，在学校生活中有规则不依，很重要的一个原因就是学校共同体成员还没有充分认识到学校制度在学校生活中的意义，或受唯效率论的影响，往往只把学校制度当成学校管理的工具，忽视它在学校共同体发展中的作用。学校共同体成员制度精神缺失对学校制度生活的根本影响是导致人治代替法治，使学校制度生活始终处于学校领导及教师的掌控中，进而泯灭学生的独立性与主体性。其次，经济生活中普遍存在的权钱交易滋生了社会生活中掌权者有权不用，过期作废的观念，从而导致包括学校制度生活在内的社会生活中诸多的不公正。例如，安排座位是班级管理中经常会遇到的事情，对于如何分配每个学生座位，每个班级都有自己一套成文或未成文的规定，班主任通常会按照此规则执行，但有些家长总希望老师能把自己孩子安排在“黄金宝座”上。因此，在开学之初，某些家长就会送礼给班主任，要求把自己孩子安排在理想的位置上。某些班主任则依照“拿钱办事”原则利用自己的权力给送礼的学生优先安排座位，从而使该生可以不按班规就可以实现自己的愿望。长此以往，学生坚信有钱能使鬼推磨，规则只是为没钱或没背景的人制定的。

当然，经济领域存在的问题远不止这些，如地区封锁、市场服务机构不健全、市场监督不到位、诚信危机等等。它们都不同程度地影响着学校制度生活，但笔者无意也无法对经济领域的所有问题逐一加以分析，而只能择其要者。

### （二）当前我国政治生活中存在的主要问题及其对学校制度生活的影响

“政治是一种近乎无处不在的社会现象，因为政治的基本问题是权力的分配与运作问题，而权力的分配与运作存在于大部分人类群体的过程之中。这就难怪法国著名政治学家迪韦尔热断言，一方面，‘没有——或几乎没有——任何事物完全是政治性的’，另一方面，‘一切——或几乎一切——都带有部分政治性’。”（吴康宁，2008：75）不过，本书无意在此宽泛的意义上探讨当前政治生活对学校制度生活的影响，而只集中分析政治体系与运行方面存在的主要问题及其可能对学校制度生活产生的负面影响。

改革开放以来，与社会主义市场经济发展相伴随，我国的政治发展取得了巨大成就，政治面貌发生了很大变化。但在新形势下，我国的政治发展仍面临诸多问题，特别是政治体系运行中存在的诸如选举机制不完善、监督机制不健全及权力高度集中等问题不仅对中国政治的进一步发展形成了阻碍，而且对学校教育及其中的学校制度生活也产生了一些不良影响。

“民主是文明社会的基本价值，是近代政治文明的伟大成果，是不同国家、不同意识形态达成共识的政治哲学，民主已成为整个世界头等重要的政治目标。”（蔡定剑，2010：1）正如我们前面已经指出的那样，在现代社会，民主不仅是一种国家制度，也是一种生活方式。作为一种国家制度，民主在操作层面上表现为选举、决策等形式。在民主的道路上，我国在一步一步地前进，并取得了一些成绩：如 1987 年开始的村民自治；2004 年“保护公民人权”写进宪法；中共十五大首次提出建立社会主义法治国家；十六大后，党和政府将公民社会作为决策依据等。然而，中国社会的民主政治还有待完善，这是我们应该正视的事实。例如，由于选举机制不完善，目前选举活动中的形式主义普遍存在。我们的选举制度是一种间接选举，虽然这种多层次的间接选举有利于减少直接选举中的随意性和盲目性，也可以节约选举经费和减少工作量，但它影响选举权的平等性。从每个公民都享有投票权来看，我国公民拥有的选举权是平等的，但从投票率及被选举权来看，选举权则存在着不平等。因为在我们的实际政治生活中，一部分人只有选举权，另一部分人却总有被选举权。因而，在实际的选举活动中，大家对投票不感兴趣，也不关心这个权利，这就是我们的问题所在。可以说，我国的选举还没有完全制度化，人为操作的因素还很大。例如，“某些地方人代会等额补选国家机关领导人的选举办法颇有新意：代表对选票上的候选人，赞成不画任何符号、反对画‘×’、弃权画‘○’，一改往常赞成画‘○’、反对画‘×’、弃权不画任何符号的做法”（李景治，2009：281）。这种做法实际上是民主的倒退，是以前举手表决的翻版。

腐败是中国当前面临的又一重大社会问题。“截至2017年6月底，十八大以来，共立案审查中管干部280多人、局级干部8600多人、县处级干部6.6万人，乡科级及以下党员干部134.3万人，处分农村党员干部64.8万人，缉拿归案杨秀珠、李华波等重点‘红通’外逃人员，共追回外逃人员2566人、赃款86.4亿元人民币。”①原广州市政协副秘书长、巡视员范松青把中国当前的官场腐败归纳为十大特征，“高官特权化、腐败群体化、贪腐高层化、数量巨额化、权力家族化、洗钱国际化、司法黑帮化、贿赂色情化、官位买卖化、军队腐败化等。”②这不仅说明当前我国腐败问题严重，更反映出现阶段反腐力度之大，以及反腐败斗争的长期性与复杂性。

这些腐败问题产生的原因主要有：价值观念错位、职业道德缺乏、监督体系不健全等，其中监督体系不健全是主要原因。我们目前的监督体系基本上是一种体内监督，缺乏应有的体外监督。体内监督之所以不能从根本上遏制腐败是因为：首先，体内监督不是群众监督，监督者又不是既得利益者，因而无法保证监督的真正实施。对国家权力最有力的监督是群众监督，因为只有群众对自己权力的保护要求最迫切，其次，体内监督无法对监督者进行监督。监督者能否秉公监督是体内监督无法保证的，因而需要体外的群众对其进行监督。此外，体内监督也无法避免官官相护。因此，健全监督机制，实现体内监督与体外监督的统一是当前的重要工作。当然，近年来，在监督机制方面，以习近平同志为核心的党中央在这方面做了很多创新，有效地遏制了腐败问题的产生。

当前政治生活中存在的这些问题反映到学校制度生活中主要表现为：首先，不民主的政治生活强化了学校领导及教师的专制、不民主思想。关于国家政治制度与个人品质的这种紧密关系，柏拉图在《理想国》中说道：“有多少种不同类型的政制就有多少种不同类型的人们性格”；“如果有五种政治制度，就应有五种个人心灵”，因为制度由习惯产生，而“习惯的倾向决定其他一切的方向”。（柏拉图，2002：313-314）由此来看，浸润于当前不民主政治生活中的个体不可能是崇尚民主、讲求自由的个体。当然，这些专制个体控制下的学校制度生活也注定与民主无缘。同样，长期生活在这种不民主、不平等环境中的学生也就不可能成长为民主、自由、平等、独立的公民。当前学校制度生活中存在的对学生权利的

① 姜潇.党的十八大以来反腐倡廉工作综述[OL]http://www.china.com.cn/legal/2017-10/06/content_41692399.htm

② 范松青.当代中国社会的十大官场腐败特征[OL].https://weibo.com/p/230418ba209dfb0102xvgt

剥夺、奖惩有别、班干部选举走过场等现象都是不民主的表现，这些不民主既是政治生活不民主的折射，也是政治生活作为一种背景对学校制度生活所形成的影响。其次，不道德的政治制度只能衍生出不道德的学校制度。因为“在制度结构体系中，学校制度并非本源性的制度，相反，它来源于、受制于国家根本制度和国家基本制度。顺理成章的问题就是，欲求道德的学校制度，必有道德的国家制度”（杜时忠，2013：7-10）。一般而言，一个完美的制度体系包括四个基本要素，即公正的规则体系、公正的执行程序、保证制度公正执行的监督机制和自控机制。任何一个要素的缺失都会导致制度体系的不合理。监督机制不健全是国家政治制度与学校制度中普遍存在的现象。监督机制不健全对学校制度生活的根本影响：一是造成学校制度制定与实施的分离，出现重制定、轻实施的现象，从而导致学校制度生活的无序；二是强化学校领导及教师的独裁，导致学校制度生活中的人治现象。

### （三）当前我国社会文化中的消极因素及其对学校制度生活的影响

美国人类学家克罗伯和克鲁柯亨认为，“文化包括各种外显的和内隐的行为模式；这种行为模式通过象征符号而获致和传递；文化代表了人类如何的显著成就，包括它们在人造器物中的体现；文化的核心部分是传统的观念，尤其是它们所带来的价值；文化体系一方面可以看作是活动的产物，另一方面则是进一步活动的决定”[①]。也就是说，社会文化作为一种行为模式，有着巨大的历史性制约力量，它借助文化性的强制，使个体的行为选择和取向得到强化。然而，文化有先进与落后之分，先进的社会文化能够引领社会跨步前进，落后的社会文化则会阻碍社会的发展。在我国的社会文化中，社会主义先进文化基本居于主导地位。在社会主义先进文化中，社会主义核心价值体系（即马克思主义指导思想、中国特色社会主义共同理想、以爱国主义为核心的民族精神和以改革创新为核心的时代精神、以‘八荣八耻’为主要内容的社会主义荣辱观）处于统摄与支配地位，从指导思想、根本目的等方面规定着社会主义文化的性质和发展方向。

众所周知，文化具有滞后性，即文化一旦形成，即使它所反映的客观事实已不完全存在，还会继续存在于人们的生活中，影响着人们的心理与行为。我国经历了几千年的封建社会，又没有市场经济社会中公民文化的影响，再加上当前我们的社会体制还存在着一些专制成分。因而，客观地说，我们的社会主义先进文化还没有真正形成，中国传统文化中的一些不合理因素还深深地根植于当前的社

① 转引自：周作宇，2000：98.

会文化中，影响着学校制度生活的正常展开。

具体而言，当前我国社会文化中存在以下消极因素，它们都不同程度地影响着学校制度生活的运行。

（1）道德至上及其对学校制度生活的影响

“道德中心主义，或曰泛道德主义，是中国传统文化，特别是占统治地位的儒家文化最重要、最基本的特征。这几乎为海内外研究中国传统文化的学者所公认。”（易杰雄，1998：62-67）道德至上主要表现为把道德作为社会的最高价值，认为道德价值高于一切社会价值，是推动社会发展的根本力量。例如，孔子认为道德不仅高于生产，而且高于政治、法律、军事等。因此，对于樊迟请学稼，孔子表现出很不满意，他说：“小人哉，樊须也；上好礼，则民莫敢不敬；上好义，则民莫敢不服，上好信，则民莫敢不用情。夫如是，则四方之民襁负其子而至矣，焉用稼？”在对待道德与政治的关系上，孔子也认为道德高于政治，在《论语·为政》篇中说道：“为政以德，譬如北辰，居其所而众星共之”。“书云‘孝乎惟孝，友于兄弟，施于有政，是以为政，奚其为政’？”“道之以政，齐之以刑，民免而无耻。”在道德与军事的关系上，孔子也持道德至上论，例如，他在卫灵公向他请教军事问题时说到“俎豆之事情，则闻之矣；军旅之事，未之学也”（《论语·卫灵公》）。

道德与法律制度作为社会调控的两个重要因素，是维护社会稳定与和谐不可或缺的重要因素。然而，在我国古代社会中，在道德至上思想的支配下，在道德与制度的关系上，人们普通用道德代替制度，使道德制度化。这种将道德尺度绝对化的最终结果是中国古代社会走向君主专制的政治治理模式。这种治理模式具有君权至上、君主独裁、以德代法等特点。对照人治特点，中国古代社会难逃“人治”的痕迹。与法治相对，“人治指依靠道德高尚的圣君贤臣通过道德感化的方式来治理国家”（王家军，2009：50）。这种治理模式具有以下几个方面的特征：“其一，个人的权力至上。国家的最高权力集中在一人或几人的手里，个人的意志和权威凌驾于法律制度之上，不受任何的约束和限制。其二，法律不是国家权力的基础，而是统治者实现权力统治的重要手段和工具。其三，国家的治理既可以依靠圣者贤人的高尚品格和道德影响，也可以借助强制性的法律，但国家统治的主体都是个人，专制、独裁是它的同义用词。”（吴翠丽，2006：30）

中国传统文化以“人治”代替“法治”，使圣君贤臣成为道德化身，其权威被赋予不可冒犯的权力，并凌驾于一切准则之上。这样，统治者完全可以凭借个人的喜好进行统治，从而带有极大的随意性。这种以道德至上为根本原则的“人治”模式对我们今天的现实生活仍然产生着深层的影响。反映在学校制度生活中，具体表现为：①在学校层面表现为学校领导权力至上。学校权力集中在学校领导手中，学校领导有权要求师生接受制度约束，而自身可以不受任何限制。在班级层面表现为班主任权力至上。班级的一切大小事务都由班主任说了算。这样，学校领导与班主任的意志凌驾于学校制度之上极易导致学校制度生活的私人化。②学校制度不是学生权利的基础，而是校长及教师对学生进行管理的工具。作为一种管理工具，其目的不是为学生成长服务，而是为了便于校长及教师对学生进行控制。③学校制度生活的运行依靠校长及教师的个人魅力品质。然而，这种借助于个人魅力维持的秩序必然会随道德权威人物的变动而消失，并最终导致学校生活的无序。

（2）臣民文化及其对学校制度生活的影响

臣民文化是中国社会文化的又一特质。秦德君认为，“中国的臣民文化兼有阿尔蒙德和维巴分析的三种政治文化中的‘村民政治文化’和‘臣民政治文化’两种特质中的消极内容……‘村民型’政治文化的特点是公民既不向政府表示自己的愿望和要求，也不关心政府的政策和法令；‘臣民型’政治文化的特点是公民尊重并执行政府所做的权威性决策，但缺乏参与政治、向政府表达利益要求的意识”（秦德君，2011：51）。臣民文化可以概括为以下特征：消极顺从、迷信权威、看重权势等。我们可以从各种物质与精神的客观存在中找到臣民文化的文化传统。

消极顺从是中国传统文化的重要特征。董仲舒提出三纲五常，三纲即指“君为臣纲，父为子纲，夫为妻纲”，要求为臣、为子、为妻的必须绝对服从于君、父、夫。程朱理学讲三从四德，“三从”即“未嫁从父，既嫁从夫，夫死从子”，要求在一个家庭中地位低的人要无条件地服从地位高的人的意志。

顺从者完全没有自我意识，总是被动地服从统治者。阿尔蒙德和鲍威尔认为：“所谓顺从者，……他们受政府行动的影响而不是积极地去影响政府的行动。”“他们甚至还可能对政权和权威人物产生某种合法感或者疏远感，但是他们对于政治参与则始终抱被动的态度。”（加布里埃尔·A·阿尔蒙德，1987：41-42）张东荪先生在《理性与民主》一书中也说了同样的话：“我常说，中国的社会组织是一个大家庭而套着多层的无数小家庭。可以说是一个‘家庭的层系’（A Hierarchical System of Families）所谓君就是一国之父，臣就是国君之子。在这样层系组织之社会中，没有个人观念。所有的人，不是父，即是子。不是君，就是臣。不是夫，就是妇。不是兄，就是弟。中国的五伦就是中国社会组织；离了五伦别无组织，把个人编入这样层系组织中，使个人居于一定之地位，而恪以那个地位所应尽的责任。如为父则有父职，为子则有子职。为臣则应尽臣职，为君亦然。”（梁漱溟，2008：81）

在中国古代社会中，权势既是人们遵从的对象，也是人们所追求的人生目标。因此，凡臣民都对权势顶礼膜拜。这是因为，在中国古代这样一个等级森严的社会里，人的等级依权力而定，而个人在社会中所处的地位又决定了他的势力、财富等。也就是说，有了权力就等于有了一切。

从封建社会延续至今的臣民文化长期以来制约着我国人文精神的发展。臣民文化浸润中的学校领导与教师，其主体性是阙如的，他们惟统治者之命是从。陈独秀在《今日之教育方针》中对这种脆弱的国民主体性进行了描述，“封建时代，君主专制时代，人们惟统治者之命是从，无互相联络之机缘，团体思想，因以薄弱”（吴晓明，1994：15）。这些长期依赖于权力的个体，当有一天他们成了掌权者，他们不仅会依照此观念来管教他的学生，而且会变本加厉，使学生时时需要教师的严格管教。从表面上看，学生对教师的依赖性越强，学校更易管理。但事实上，正如超稳定社会可能孕育着极大的不稳定一样。在一个主体性精神孱弱的学校共同体中，本应由学生自己组织承担的事务，终由学校及教师来操办，这样极易促成强势领导与教师，使行政意志无处不在。于是，权力化身的领导和教师在学校生活的各个方面都担当着主体，成为学校一切事务的主角。相应地，学生则处处服从权威，成为学校制度生活的客体。

## 二、学校制度生活异化的制度根源

现行学校制度的不完善也是引起当前学校制度生活异化的重要原因。正如杨小微教授所言，“纵观当前我国中小学变革进程，以促进学生发展作为教育变革的核心理念正在成为共识，创新和发展学校内部制度以确保变革成果也已开始引起重视。然而，现实中仍存在一些问题：一是制度资源匮乏；二是制度意识欠缺；三是制度设计仅仅体现管理者的意志，或仅仅关注‘事’的管理，缺乏人文关怀；四是制度多是自上而下地产生，缺乏民主参与，这样的制度通常是被机械被动地执行”（杨小微，2010：10-15）。的确，伦理维度的遮蔽与逻辑维度的不足是现行学校制度的重要病症。具体而言，当前学校制度主要存在以下几个方面的问题。

### （一）学校制度的结构要素缺失及其对学校制度生活的损害

学校制度生活是由计划、实施、监督、反馈等环节构成的结构性生活过程。

因此，学校制度是由学校制度的制定、实施及实施过程中的监督机制和自控机制四项要素紧密相连而构成的动态系统。作为一个完整有序的制度链，这些要素之间不是线型关系，而是一个闭合的环状结构，使学校制度呈现出动态的、不断循环的制度周期。因此，学校制度功能的发挥依赖于各项要素的和谐统一，任何一个环节的缺失与不完善都会影响功能的发挥。具体而言，学校制度功能的发挥一方面依赖于学校制度各要素的齐全；另一方面，确保各要素各司其职，既保证各环节能对功能发挥起到很好的作用，还要保证有利于其他各个环节功能的实现。学校制度结构要素不完整是现行学校制度存在的重要问题。

1）从整体上看，当前学校普遍重视学校制度制定，而相对忽视学校制度实施，特别是对其中监督与自控机制的忽视。在校长负责制的今天，对学校制度实施过程中监督机制的忽视是目前大多数学校普遍存在的现象。对此，陈桂生教授曾说道："严格说来，迄今为止，在学校中还谈不上'处处有规矩'。因为还存在一个'没有规矩的角落'，即缺乏校长行使权力的规矩……君不见在不少学校中，一校之长发挥自由意志的空间何等广阔？"（陈桂生，2004：13）学校制度各要素之间的紧密关系决定了这种结构要素缺失将产生"多米诺骨牌效应"，即学校制度监督机制这张骨牌倒下去之后，首先无法保证学校制度实施的有效性，接着导致实施过程中自控机制的失效或失灵，进而阻碍学校制度设计的进一步完善。

2）在学校制度系统中，各项要素自身也存在不完备的地方。①学校制度制定缺乏公正与完备性。一般而言，学校制度的制定包括成立起草小组，调查分析，撰写制度文本，充分审议，民主表决等几个基本阶段。而当前学校制度制定只关注撰写制度文本，而忽视其他几个阶段。例如，在笔者调研的学校，校长告诉笔者该校的学校制度都是从本校实际出发，在调查研究基础上通过充分审议制定的。但笔者从教师那里得知，该校的大部分制度都是由学校领导班子撰写的，所谓的审议只不过是走过场。同时，由于受教育价值、管理理念等多方面因素的影响，制定出来的制度文本也存在着明显的不公平、不合理。②学校制度实施过程没有明确的制度执行程序、监督机制及自控机制，这一方面导致制度执行偏离制度的设计理念和设计目标，从而出现执行结果的不公正；另一方面导致制度实施中存在的问题不能及时反馈，导致学校制度失灵，从而降低了学校制度的执行力。

从学校制度生活的角度看，学校制度结构要素缺失对其造成的根本危害是：导致学校制度生活调控因素的疲软，从而使学校制度生活"私人化""不公正"。在学校制度生活中，学校制度生活主体之所以"有法不依"，一个重要的原因是监督机制的缺失。监督机制的缺失或不完备，制度执行者缺乏严格执行制度的内在动力，从而出现要么使制度形同虚设，按照自己的意志去支配学校制度生活的现象，从而导致学校制度生活的“私人化”；要么不按制度要求办事，偏离制度的设计理念和设计目标，导致执行结果“不公正”。因此，学校制度生活的正常运行要求学校制度各个要素协调统一，共同构成一个动态的制度链。

### （二）学校制度的泛化及其对学校制度生活的损害

在当前学校生活中，不仅有学者所说的学校制度匮乏问题，还有制度泛化问题。所谓制度泛化，是指在学校生活中，人们过度地依赖于制度，使制度充斥于学校生活的各个角落。在我国现代学校领域，制度泛化是一种普遍现象，主要表现如下。

1）处处有制度。“‘一个好学校处处都有规矩，’大概是多数校长信奉的格言。对这句格言，鲜有异议。因为只要一所学校哪个时期，哪个角落坏了规矩，立即就会出现无序状态。”（陈桂生，2004：13）因此，在“一所好学校处处都有规矩”观念指导下，学校领导对学校各个空间都制定了规章制度。例如，我们有办公室公约、教室管理规则、课堂管理规则、学生阅览室规则、计算机教室管理制度、多媒体教室使用制度、寝室管理制度、食堂管理制度、档案库房管理制度、实验室管理制度、体育场使用规则等。总之，在制度泛化的今天，在学校物理空间内，“人所到之处”无不有规章制度。

2）时时有制度。对时间的崇拜是现代社会的一大特点。为了保证时间的充分利用，现代社会使时间惯例化、常规化了。时间的惯例化是学校制度泛化的又一表现。我们的学校和班级不仅为学生制定了一日常规，还为学生制定了一周常规、每月常规、学期常规甚至学年常规。为了追赶学校设定好的时间框架，学生忘记了学习的目的、人生的乐趣……“嘀嗒、嘀嗒、嘀嗒，时钟上的指针走着，走着，走着。终于有一天，我们不再让时间为我们服务了，我们开始为时间服务，我们成了奔走着的奴隶。”（罗伯特·列文，2007：75）

3）事事有制度。为了保障每件事情都在可控范围内，使“事事有人做”，我们的学校和班级针对每件具体的事情制定了相应的规章制度，从而使“人人做事有法可依”。如学校各项行政工作制度、教学常规管理制度、学生行为规范制度、总务后勤管理等。

学校制度泛化是当前学校制度中不可回避的问题。从学校制度生活的角度看，其危害在于：①使学校制度本身的道德合理性面临危机，导致学校制度生活调控因素的疲软。学校生活的正常运行需要制度，但并不是制度越多越好。“在任何一个集体中，个人行为若不受到一定约束，意味着对集体和其他人自由意志与活动空间的侵犯；反之，个人行为若不致造成对集体和其他人自由的侵犯，这种个人行为就不该受到约束。这，就是规范的合理限度。”（陈桂生，2004：11）例如，学生课间不能找其他班级同学玩等这样规定的合理性是需要拷问的。因此，学校制度本身的不合理是导致当前学校制度生活调控因素疲软的重要原因。②导致学校制度生活空间的扩展，使学校制度生活成为制约个体发展的桎梏。学生全面自由发展需要学校制度生活为其创造有序的学校生活环境，但学校制度的泛化将制度置于人之上，使学校制度不再成为人发展的手段，其本身成了目的，人不过是制度牵在手里的小狗或奴隶。③为滥用职权，恶意执法等违规行为提供了存在空间。当然，我们所说的此种制度泛化“是相对于公众而言的，对于制度的受益者（或既得利益者）来讲就不存在过剩的问题”。（卢现祥，2000：10）相反，他们利用这些低效的或过时的制度来实现私人利益。

### （三）学校制度的不公正及其对学校制度生活的损害

公正作为学校制度的首要价值基本形成了共识。尽管我国学校制度正在朝公正方向迈进，但从学校制度设计与实施过程看，还存在诸多不公正的地方。

1）在制度设计层面，学校制度不公正主要表现如下。首先，制定主体的单一性。学校制度公正依赖于民主的组织形式与过程。然而，当前学校制度的制定都是按自上而下模式产生的，校长及相关行政人员在决策过程中起决定性作用，广大教师的意见只是在最后征求意见的过程中得到反映。不过，在学校实践过程中，教师出于多方面考虑不敢说真话，主要以旁观者身份被动地参与到审议过程中来。一名中学老师曾告诉笔者一个让人啼笑皆非的关于学校制度审议会议的真实故事。

> “……你们天天强调民主，我们的领导也天天在喊民主，可是我们的民主在哪儿呢？想想我们开教代会那会，真觉得好笑，更觉得恶心！你知道吗？我们学校在准备实行教师绩效工资时，领导天天闲着没事干，就制定了很多条条框框，然后开教代会要我们提意见。事实上，他们哪有什么闲心听你的意见，也可能出于心虚，怕反对的老师们太多，所以他们把所有的条条框框读了一遍就要我们表决，你不知道那些领导有多恶心，他们不是先问‘同意的请举手’，而是问‘不同意的请举手’，你想，谁愿意当替罪羊，所以大家

都没举手，接着领导就说，‘既然大家都没什么意见，那么我们的绩效工资制度就从下个月开始实行。’其实，领导要再问一下‘同意的请举手’，也不会有人举手，每次都这样走过场……”

其次，制定过程的封闭性。在学校制度制定前，学校相关人员应该让各利益主体知晓与制度制定有关的问题，并向他们提供必要的资料，这既是学校制度制定过程公正的基本要求，也是确保各利益主体参与学校制度制定的前提条件。然而，在当前学校制度设计过程中，制度制定成了一些领导者分内的事情，一切只要他们自己知道就可以了，广大师生不必知晓。这种由领导者独揽大权，闭门造车的做法与我们提倡的制度设计程序公正是相悖的，因而是不公正的。

2）在学校制度文本层面，学校制度不公正主要表现为：首先，权利与义务的不对等。权利与义务对等是公正的基本要求。权利与义务作为学校制度的核心内容，两者在制度中相辅相成，权利是义务的结果，义务是权利的保障，二者不可分离。没有无权利的义务，也没有无义务的权利。然而，当前学校制度主要是职责与惩罚条款的汇总，对师生应该做什么、不应该做什么都做了面面俱到的规定，而很少提及教师和学生的权利。也正因为如此，师生的权益很难得到保障。其次，逻辑上的自相矛盾与缺乏可操作性。例如，某校学生卫生习惯中要求“不准吃垃圾食品”，但学校为什么还允许小卖部出售各种各样的垃圾食品？这岂不是与学校制度相矛盾。另外，哪些食品是垃圾食品，学校也没做出相应说明，因此，听话的学生什么食品也不敢带到学校来。

3）在现行学校制度运行过程中，那些权益有可能受到学校制度运行影响的主体没有参与学校制度运行的权利，即使参与了其意见也很少得到裁决者的关注，因此，裁决者最后做出的结论由于缺乏可靠证据有可能是不公正、不民主的。例如，15 岁少女雷某某之死在一定程度上就是由于班规运行的不民主、不公正造成。据班主任周老师透露，班上有规定，对犯错误的同学，学生要民主评议。因此，2010 年 4 月 6 日，雷某某因和同年级其他班另一名女同学打架犯了错误，班主任周老师就启用了“民主评议”这项规则。首先，单纯从这一规定本身看，它没有什么不合理。但规则本身的合理只是制度运行结果公正的基础，制度运行公正与否才是结果公正的必要条件。显然，该班的班规运行是不公正的。因为它没有允许权益受影响者雷某某参与评议过程，而是让她回避，这剥夺了雷某某的参与权与陈述权，这与程序公正是相违背的。其次，班主任没有对整个事件做全面了解，同学们对整个事件也可能是一知半解，因此，在论据不充分的情况下对雷某某所做的处理也是不合理的。

公正作为学校制度的首要价值，它是保障学校制度生活公正、自由、平等、民主的前提条件，是学校制度生活价值发挥的基础。没有公正的学校制度，学校制度生活不仅不能保证师生的基本权利，甚至成为奴役他们的工具。因此，学校制度生活的正常运行需要公正的学校制度。

### （四）学校制度价值取向的工具化及其对学校制度生活的损害

在不同的背景和价值偏好中，任何行为都有一定的价值目标取向，行为主体对价值目标的确定是一个复杂的过程。学校教育的独特性与学校制度的本质特征要求学校制度应以促进学生的全面自由发展为价值取向。然而，现行学校制度主要关注秩序和效率，对于学校制度本身是否充分彰显其伦理价值以及是否最大限度地促进了学生全面自由发展则重视不够。有学者调查显示，目前学校制度制定的目标“主要是规范师生在工作、学习和生活方面的行为，尤其是学生的行为，以使学校教育工作能顺利进行，而对于‘最终为了培养有道德的人’的目标考虑不够，其答案选择率只有 15.8%”（刘超良，2007：217-218）。另外，笔者对一所学校 80 名教师的随机调查也得出了同样的结果，大部分教师认为学校制定制度的目的是为了规范和约束全体师生行为，从而维护学校正常秩序，只有10%的教师认为学校制度目的是“为了学生全面自由发展”。然而，在当前学校制度生活中，秩序只是学校追求的“初级目的”，其“最高目的”是为了提高升学率。

在这种工具价值的导引下，学校制定了许多烦琐的规章制度，对师生的教学生活和学习生活进行了全面管制，使师生承受了巨大的压力。这种工具性学校制度调控下的学校制度生活只能表现出成果工具性的价值追求。学校制度生活工具化其危害不在于对秩序与效率的强调，而在于其过度追求这些工具价值，甚至将这种工具价值置于目的价值之上，从而遮蔽人的发展。

## 三、学校制度生活异化的主体根源

影响学校制度生活的因素很多，除了前面讲到的社会及制度因素外，教师自身的公民精神状况也深刻地影响着学校制度生活。

随着我国教师教育的推进，我国教师队伍整体素质有了很大的提高，但不可否认，教师整体上比较缺乏公民精神，如权利意识、公共精神、制度精神等，这引发了学校制度生活的异化。因为当教师失去了自身的公民身份意识、失去了教育者应当具有的公共情怀及制度精神的时候，他又如何能够向学生传递正确的公民理念呢？因此，本书认为，教师公民精神缺乏是引起学校制度生活异化的主体根源。

### （一）教师权利意识缺失及其对学校制度生活的损害

公民是权利与义务的统一体，其中，权利构成了公民身份的必要前提，是公民区别于臣民的关键所在。作为一个权利主体，他不仅珍惜自己的权利，而且也会在同等意义上尊重他人的权利。因此，为了促进学生公民精神的养成，以及学校制度生活的正常运转，教师需要具有权利意识及其培育能力。

一个具有权利意识及其培育能力的教师，不仅积极地维护自己的权利，还尊重学生的权利，并努力把他们培养成独立的权利主体。之所以要尊重学生的权利，是因为学生也是一个与教师平等的公民，他们的法定权利需要教师的保护，从而为其公民精神养成奠定基础。

调查研究显示，我国教师的权利意识普遍比较淡薄。“23.6%的教师都不清楚自己有哪些基本权利，50.4%的教师都只是有点清楚自己有哪些基本权利，很清楚自己有哪些基本权利的教师仅占 26.4%，28.2%的教师甚至不知道教师除了享有基本的公民权利之外，还应该享有教师所特有的权利。当自己的权利受到侵犯的时候，17.1%的教师还表示不会去维权。访谈还发现相当多的教师侵犯了学生的权利而不自知，例如，一位农村教师认为突袭检查学生日记是为了学生更好的发展，无所谓不正当，他从没有意识到这种行为本身侵犯了学生的隐私权利。访谈还发现教师普遍不知道如何教育学生去维护自己的权利，几乎没有教师曾有意识地要把学生培养成为权利主体。”（严从根，2013：15-19）

由此可见，一个缺乏权利意识的教师，不仅不会积极地维护自己的权利，而且对学生的权利反应会比较迟钝，以至于出现侵犯了学生权利而不自知的情况。应该说，普遍的教师权利意识淡薄是学校制度生活主体单极化及学校制度生活空间边界扩展的重要原因。因为，如果教师有强烈的维权意识，他就会对行政人员独揽大权表示抗议，从而促使行政人员改进自己的工作作风，从而表现出主体的多极化。同样，如果教师有敏感的权利意识，他就不会处处对学生提要求，导致学校制度像一双无形的手伸向学校生活的每一个角落，出现对学生隐私权等的侵犯。因此，对于教师权利意识的缺失，其危害不只是不懂得珍惜自己的权利和学生的权利，而是从根本上否定学生的权利及公民身份，这对于学生公民精神的养成及学校制度生活的建构都是极其有害的。

### （二）教师公共精神缺失及其对学校制度生活的损害

公民之所以是“公”，是因为他关注公共福祉，在公共生活中培养自己的公民精神。因此，公民最根本的德性就是公共精神。学校制度生活的建构不仅依靠完善的学校制度，而且依赖于生活在其中的学校共同体成员，特别是教师的公共精神。正如阿伦特所言，“没有分享公共幸福，就没有人会是幸福的；没有体验公共自由，就没有人可以称作是自由的；没有分离公共权力，就没有人会是快乐和自由的”（檀传宝，2011：203）。而且更重要的是，“从极端的角度来说，一个由自私的个体组成的社会就不构成社会，而且正确地说，也根本不存在公民——它无非是由一些竞争的单元所组成的聚合”（德里克·希特，2007：73）。同样，学校制度生活之公共性的彰显也需要具有公共精神的个体。

可是，当前教师的公共精神也是阙如的。调查研究显示，“有 15.3%的教师表示不关心国家的公共决策；14.5%的教师表示对世界公共议题从不关心”（严从根，2013：15-19）；“只有 47.9%的教师表示会参与献血、做志愿服务等公益活动。”（杨莉，2015：18-22）具体来说，教师公共精神的缺失表现在以下三个方面：“一是教师职业的‘私事化’对公共性的贬斥，导致了教师职业愈来愈成了‘生存饭碗’而非公共事业；二是教师职业的‘技术理性’对公共理性的压抑，使得教师逐渐蜕变为技术工人，教育活动也成了一项技术性的活动；三是教师职业的‘阐述者’角色对批判角色的取代，导致了教师未能充分理解自身的批判者角色，从而失去了批判性与反思性。”（叶飞，2014：70）

丧失公共精神的教师因难以超越“个人的生存”而无暇顾及“学校的生存”和“学生的生存”。这将导致严重后果：首先，教师公共精神的缺失催生了学校制度生活中行政人员独揽大权情况的出现。因为对于他们来说，学校制度生活中诸如学校制度的制定与实施等公共性事务都是“事不关己”的。其次，教师公共精神的缺失强化了学校制度生活对功利性目的的追求。当教师缺乏公共精神之后，其工作将成为一项仅仅关注私人或群体利益的工具。在这种情况下，教师将忽视学校制度生活的公共使命，忽略学生公民精神的培育，这样他们培养出来的学生也将是缺乏公共精神的“单子式个人”。

### （三）教师制度精神缺失及其对学校制度生活的损害

“所谓制度精神，是指使制度得到恰当遵守和履行所需要的设计意图以及内化于人们心中的一套稳定的信念和价值体系，这套体系既包含制度设计时的立意与目的，也包含制度实施过程中的相关人对制度本身的敬畏与遵奉。”简而言之，制度精神包括制度立意与制度敬畏。“所谓制度立意是指设计某一制度的初衷或目的，即为了达到什么样的社会功能或者什么样的社会效果而设计了这样的制度，而不是别样的制度；制度敬畏是人们对制度本身的推崇与遵奉而产生的一种敬畏与服从的观念。”（崔玉娈，2011：14、18、19）

教师制度精神缺失在现实中表现为两个层面：①对制度立意的不遵守。为了保证学校生活的有序展开，学校往往会制定比较完备的学校制度。但是这些制度被制定出来后往往形同虚设，教师与学生把制度束之高阁，而在实际运作中则遵循着另外一套潜规则。正如前文所述，某校为了学生干部竞选的公平公正，制定了《学生会竞选章程》，但在学生会实际换届过程中却没有按照章程来产生新一届学生会干部。这种“有制不依”比没有制度对学生产生的负面影响还要大。②对制度缺乏敬畏与尊重。相比制度立意而言，制度敬畏是一种比较高的要求。对制度的敬畏之心往往不是通过践行某一项制度就可以树立起来的，它往往需要在制度实践中得到不断强化才能稳固。所以，对于那些对制度立意都不遵守的个体来说，要其对制度产生敬畏之心是完全不可能的。

正是教师对学校制度立意的不遵守及对学校制度缺少足够的敬畏与尊重，才使得学校制度成为贴在墙上、写在纸上、挂在嘴上的口号，从而导致人治因素在学校制度生活中占据较大的比重，由此破坏了学校制度本身的权威，也影响了学校制度生活的建构。

## 四、学校制度生活异化的实践根源

学校制度由规则体系到人的生活方式的转变不是一个自然的过程，需要学校共同体成员在学校制度生活中实践。没有学校共同体成员对学校制度在学校生活中的实践，学校制度只能成为贴在墙上、写在纸上、挂在嘴上的口号，从而导致学校制度生活的异化。应该说，当前学校制度生活调控因素的疲软与学校制度远离生活不无关系。具体来说，学校制度远离生活对学校制度生活的影响主要表现为：

### （一）学校制度立意远离生活及其对学校制度生活的损害

学校制度立意远离生活是指学校制度的制定目的不是出于学校共同体成员生活的需要，特别是学生生活的需要。马克思说，制度是“个人之间迄今所存在的交往的产物”（邹吉忠，2003：126）。也就是说从制度的产生来看，制度产生于人们生活实践的需要。同样，在学校生活中，我们之所以要制定某项或某些制度一定是源于学校共同体成员生活的需要，否则其合理性就会遭到质疑。例如，各级各类学校都制定了学校作息时间制度，就是为了保证学校生活的有序开展。

然而，在当前的教育实践中，许多学校制度立意都是远离生活的。例如，许多学校制定了诸如学生不允许使用手机，不能穿奇装异服等制度。从学生的角度来说，因为这些制度合不合理、为什么要制定等问题没有在学生中展开讨论，只是作为管理者的教师为了管理方便而制定的，所以这些制度是远离学生生活的。再比如，在依法治校理念的倡导下，许多学校都制定了《学校章程》，且一些章程大同小异，在学校生活实践中往往成为摆设，因为一些学校不知道《学校章程》的意义是什么。他们之所以要制定学校章程，主要是为了应付上级领导的检查。所以，诸如此类的学校制度也是远离生活的，其合理性也就成为问题。

学校制度立意远离生活对学校制度生活的主要影响是导致学校制度生活调控因素的疲软。从发生学的角度来看，学生认可、信奉制度是“依制行动”的前提，没有学生对制度的认可与信奉，就会导致学校生活实践中“有制不依”现象的存在。当然，学生对制度的认同与信奉并不是无条件的，只有合理的学校制度才能得到学生的认同与信奉。现行许多学校制度因远离生活而使其合理性遭到质疑，所以才会出现学校制度生活中调控因素的疲软。

### （二）公民精神培养方式远离生活及其对学校制度生活的损害

公民精神培养方式远离生活主要是指在学生公民精神培育过程与学校生活相分离。学生公民精神养成有多种方式，如宣讲、奖惩、陶冶、示范、实践活动等多种方式，其中最好的方法是体现生活性特点的陶冶方式、示范方式及实践活动方式，特别是实践活动方式。因为制度来源于生活，在生活中展开，所以生活的过程就是公民精神习得的过程。正如杜威所言，“生活在一起这个历程本身就有教育作用，它扩大且启发经验，刺激并丰富想象，使我们负责言论和思想的准确、逼真”（杜威，2001：5-6）。但是，在当前的学校制度生活中，许多教师都把宣讲作为主要的公民精神培育方式，以为通过宣讲让学生了解并记住这些制度条文，学生就能够遵守这些制度要求，殊不知，从知到行需要活动（生活）机制发挥作用。正如杜威在批判直接道德教育时说道：“假使学生只从学校的教科书中学习，且背诵规定的范围，这种知识只对一些行为有影响——也就是当别人要求时，再把它背出来。这种知识在校外生活中产生不了多大影响是不足为奇的。”因此，“任何主张将知识灌注在一无所有的心灵上的各种教育方法，都应该被扬弃”（杜威，2001：359）。巴雷特在谈到信仰的习得时的观念和杜威一致，他说：

“这不是一种单靠理智即可获得的知识，甚至是根本不能靠理智获得的知识。他是凭借着身体和热血、骨骼和内脏，凭借着信赖、愤慨以及迷茫、热爱和恐惧，凭借他对那永远不能通过理智去认识的存在的热情信仰，而取得这些知识。”（威廉·巴雷特，1999：76）同样，学生公民精神的养成也主要是基于具体的生活，而很少是出于抽象的识记。

所以，这种依靠宣讲培育学生公民精神的方式不但不利于学生公民精神的养成，而且对学校制度生活很不利。宣讲方式假设学生是一个外在于制度的“无知”客体，等待着制度塑造，这样就造成了学生与制度的对立，影响学生对制度的认同和遵守，进而导致学校制度生活调控因素的疲软。

相比宣讲方式而言，学校公共生活中的陶冶、示范、实践活动是比较理想的公民精神培育方式。然而，当前我国学校公共生活处在无序状态，它无法为学生公民精神养成提供实践舞台。

这种无序主要表现为：一方面，学校公共生活不受重视，活动展开次数有限且形式单一。有学者通过对“南通、镇江、扬州、淮安、金华、广州六个城市部分中学所做调查发现，中学生一年参加的公共实践活动，包括校外考察或调查、校内学生选举或会议决策等平均不到两次，有的学校初中三年竟然一次这样的活动都没有组织。学生活动的主要形式依然是主题班会”（王雄，朱正标，2007，（8）：33-64）。另一方面，学校公共生活是异化的。学校公共生活包括学校全体成员自觉参与，旨在实现学校自治的各种交往活动。然而，在学校教育生活中，实然的学校公共生活背离了学校公共生活的本真。首先，从参与者来看，参与学校公共生活只是部分学生的专利。据笔者对一所学校的田野观察及访谈了解到，该校爱校值周活动、升旗手、黑板报策划、班会等各种学校公共活动都是由学生干部或成绩优秀的学生组织参与，其他学生则成为旁观者。这与学校公共生活的公共性是相悖的，公共生活之所以是“公共的”是因为它不是“你的”或“我的”生活，而是“我们”的“共同生活”；公共生活的依据也不是“你的”或“我的”行为偏好，而是“我们”共同协商形成的共识。其次，从目的上看，学校公共生活表现出工具性。学生会、大队部、班委会本是中小学生学习如何参与公共生活的试验场，是培养学生参与意识、自我管理意识、制度精神的有效方式，然而在学校公共生活实践中，学生会、大队部、班委会不再是学生的自治性组织，而是学校、教师管理与控制学生的工具。

# 第六章

# 走向公民的学校制度生活建构

马克思曾说："哲学家只是用不同的方式解释世界，问题在于改变世界。"（中央编译局，1995：57）因此，我们不能仅仅停留于对学校制度生活的反思与批判，还应致力于学校制度生活的重建。学校制度生活重建的实质是使学校制度生活从异化的、非本真状态走向本真状态，也就是促进学生公民精神发展的过程。当前学校制度生活重建涉及四个方面内容：一是加快中国公民社会建设，二是建设完善的学校制度体系，三是培育具有制度精神的教师队伍，四是丰富学校公共生活的活动载体。

## 第一节　学校制度生活重建的社会策略

当前社会生活中存在的诸多问题使学校制度生活偏离了其本来面貌，重建学校制度生活就是要避免这些问题，而要实现社会主义市场经济的法制化及公平与效率的统一、政治民主化及社会主义先进文化的真正形成，首要的工作是建构一个法制、民主的公民社会。

### 一、公民社会：学校制度生活建构的社会基础

#### （一）公民社会的内涵

如果把 1992 年邓正来和景跃进合写的《建构中国市民社会》（刊于《中国社会科学季刊》总第 1 期）作为中国公民社会研究的起始标志，从 1992 年至今，公民社会在中国的研究已有二十几年的时间，取得了丰硕成果。回首这一历程，中国公民社会研究以 20 世纪末为分界线，大体经历了两个阶段（中国公民社会

研究进程的“两段论”在中国学术界已成共识。据有学者考证，“两段论”分界符合 1992～2007 年的相关论文统计结果，具有准确性）（路鹏，2009)：第一阶段从 1992 年起至上世纪末，此阶段研究是建立在国家—市民社会二分法基础上与市场经济紧密相关的市民社会理论；第二阶段从世纪之交开始至今，此阶段是建立在国家—经济—公民社会三分法基础上，并融合治理与第三部门理论的公民社会理论。

在不同研究阶段，学者对公民社会内涵的理解存在差异。

在第一阶段，代表性的公民社会界定有以下几种：第一种观点认为公民社会是非官方的公域和私域的合成。“中国的市民社会乃是指社会成员按照契约性规则，以自愿为前提和以自治为基础进行经济活动、社会活动的私域，以及进行议政参政活动的非官方公域。”（邓正来，2002：7-10）第二种观点认为公民社会是指社会中各个个人私人利益关系的总和。俞可平认为，“市民社会亦称公民社会，就其一般意义而言是指社会中各个个人私人利益关系的总和，它是国家政治生活之外的所有社会秩序和社会过程，它通常只有在把政治国家当作自己的参照体系时才有意义”（俞可平，1993：45-48)。第三种观点认为公民社会是指一套行为模式。“如同政治国家，市民社会不是一种社会结构，也并非一般意义上的社会组织（尽管市民社会自身有其组织和结构)，而是指一套行为模式，市民社会标示的是社会物质生活的交往方式，是一种社会生存样式。”（戚珩，1993：59-63）

在第二阶段，代表性的公民社会概念界定有四种。第一种观点认为公民社会的内涵有广义与狭义之分。广义的公民社会由以下三个要素构成，“其一，公民社会是国家和家庭之间的一个中介性的社团领域，由经济、宗教、文化、知识、政治活动及其他公共领域中的自主性社团和机构所组成。其二，这些社团组织由社会成员自愿地结合而形成，并在同国家的关系上享有自主权，以保障或增进成员的利益或价值。其三，公民社会有一整套广泛传播的文明的或公民的道德与风范。”“第一个要素常用于指称狭义的公民社会”（周国文，2006：58-66)。第二种观点依据国家—市场—公民社会三分法，认为“公民社会概念是指相对独立于政治国家与市场经济组织的公民结社和活动领域，包括个人私域、非政府组织（志愿性社团、非营利组织)、非官方的公共领域和社会运动等四个基本要素。”“建立在三分法基础上的公民社会又被称为‘第三部门’（third sector）或第三域，它是指处于公共部门和私人经济部门之外的部门，或者处于国家和企业之外的社会活动领域”，“具有民间性（非官方性)、非营利性（不以营利为目的)、自治性（自主管理保持独立性)、志愿性（进出自由和志愿参与)、集体性（活动宗旨和范围超越了个人和家庭）等特征”（何增科，2002：31-40）。第三种观点认为“中国公民社会既可指一种特定的社会领域，也可指在这一特定社会领域中活动的主体。任何公民社会，包括中国公民社会，有三个必要的共同特征：一是相对独立和自治于国家和政府，而不是完全依附于国家和政府；二是它必须是以平等自由的契约关系规则来调节内部相互关系的组织系统，而不是以等级化关系规则来调节内部相互关系的组织系统；三是它是一个以合法组织为基本构成单位的组织系统。公民个人和非法组织不能构成公民社会”（施雪华，2005：23-26）。第四种观点认为“中国特色公民社会是与社会主义政治国家相对应的分析范畴，是在中国特色社会主义发展过程中形成的以社会主义市场经济为基础、以保护和增进公民权利为主旨、以公民社会组织为主体的，相对独立于政治国家的社会自主领域。它包括两个层次、三个领域、四个结构性要素和一个内核。两个层次即个人或私人层次、社会组织（包括经济组织）层次。三个领域即经济生活领域、社会生活领域、文化生活领域。四个要素和一个内核就是指私人领域、公民社会组织、公共领域、社会运动和作为内核的公民社会价值观”（杜保友，2009：26-27）。

正如哈贝马斯在其著作《公共领域的结构转型》中所说，“要在有关书籍中寻找关于市民社会的清晰定义自然是徒劳的”（尤尔根·哈贝马斯，1999：29）。由于研究者所处社会背景的差异及研究视角的不同，他们对公民社会的理解也存在区别。综观这些观点，本书认为在界定公民社会概念时我们需要明确的是：首先，公民社会不是一种独立的社会形态，它表明的是具有特定品质的社会。其次，界定公民社会概念的重点是陈述事实，而不是表达价值预设。然而，已有研究在界定公民社会概念时往往从“应该怎么样”的角度对公民社会进行述说。

那么，何谓公民社会？笔者认为：①从社会空间来说，公民社会是指独立于政治国家的私人自治领域；②从社会属性来说，公民社会是一个尊重公民权益，鼓励公民参与和合作的民主社会；③从社会品质来说，公民社会是一个好社会，它不仅实现个人福祉，而且扩大了公共福祉。

### （二）公民社会：中国社会建设的下一个目标

要重建学校制度生活，为什么我们要营建公民社会？建构一个良好的公民社会，究竟会给我国当前的社会经济、政治等带来什么？

1）公民社会是人类的梦想，也是人类社会文明发展的一种趋势。康德曾说：“人类最大的问题是要实现一个普遍法治的公民社会，大自然迫使人们要解决这个问题。”对于这样一个社会，康德进一步解释到，“大自然给予人类的最高任务就是必须使外界法律之下的自由与不可抗拒的权力这两者能最大可能的限度相结合在一起的社会，那就是一个完全正义的公民社会；因为惟有通过这一任务的解决和实现，大自然才能够成就她对我们人类的其他目标”（康德，1996：8-9）。公民社会之所以是人类文明的主潮流，是因为公民社会预设着公民福祉。意大利学者罗伯特·D.帕特南（Robert D. Putnam）在《使民主运转起来——现代意大利的公民传统》一书中，通过对 12—16 世纪意大利北部与南部两种不同政治制度的比较研究发现：民主的政治制度有利于人口、经济的发展。在 20 世纪 80 年代中期，实行共和制的北方人均收入比实行等级制度的南方高出 80%。因此，对于当今的中国来说，建设公民社会是顺应历史发展的必然选择。

2）公民社会有利于市场经济的良性运转。①公民社会的法制性为市场经济的正常运行提供制度保障。市场经济作为一种制度经济，它的良性运转离不开完善的经济制度体系。公民社会采用的是法治治理模式，强调法律至上。因而，在公民社会中，公民的经济行为受到一系列法律制度的制约，如国家法律、各种经济法规等，这使经济主体在经济活动中能自觉地遵守契约，认真履行自己的经济义务，从而为市场经济的正常运转提供制度保障。公民经济行为的普遍契约化不仅是社会经济法制化程度高的表现，而且还会促使社会经济制度的进一步完善。②公民社会的平等性为市场经济的正常运行提供了主体条件。市场经济要求经济主体是独立的主体，能自主地参与经济活动。在公民社会中，每个公民都是自由、平等的个体，他们能自由地、平等地从事各种经济活动，他们的经济权能平等地受到法律的保护。因而，公民社会的发展有利于克服当前社会主义市场经济中的不公正因素。③公民社会的人文性为市场经济的发展提供了观念条件。追求效率是任何经济的生存命脉，没有效率的经济是失败的经济，然而，唯效率论的经济也难逃失败的命运，唯有效率与公平相协调的经济才能日益壮大。公民社会的着力点是社会的主体——人，把人的发展和现代化作为整个社会发展的逻辑起点。处在公民社会中的市场经济不仅追求效率，而且把人的自由全面发展作为自身的价值目标。总之，公民社会有利于克服当前社会主义市场经济中诸如经济制度不完善、公平与效率失衡等问题。因此，要推动社会主义市场经济的进一步发展，从而为学校制度生活顺利开展创造条件需要中国公民社会的壮大。

3）公民社会是实现政治民主的有效途径。政治民主是当前我国社会政治发展中需要亟待加强的环节。实现政治民主有多种途径，其中公民社会的培育是重要的途径之一。首先，公民社会是监督政治国家的重要力量。民主监督是政治民主的重要内容。当前我国政治监督基本上是一种自我监督，缺乏体制外的监督。

介于个人与国家之间的公民社会组织就是一种重要的体外监督力量。与个人对社会政治的监督相比，公民社会组织具有天生的优越性。在国家公权力面前，孤立的个体显得太渺小、太单薄，因而无法与以国家为后盾的政府权力相抗衡，对政府权力的侵害也无能为力，公民社会组织则可以借助多个社会团体从各个方面形成多元社会权力从而制衡政府权力。其次，公民社会能促进政治参与。政治参与是政治发展的目标，是实现政治民主的重要环节。在论述政治发展与政治参与的关系时，日本学者蒲岛郁夫开宗明义地说道；“政治发展的定义繁杂，其中共通的是政治参与的重要性。（蒲岛郁夫，1989：41）”公民社会是公民参与型社会，参与是公民社会的重要标志，只有当大多数人既有能力也有意识参与公共事务时，公民社会才算真正形成。公民社会组织不仅为公民的政治参与提供了制度化、组织化和多样化的形式和途径，而且提高了公民政治参与的能力和水平，从而保障公民利益表达的畅通，促使公民政治参与成为一种理性、有序的行为。

## 二、中国公民社会建构的实践策略

要建构中国特色的公民社会，我们首先需要清楚当前中国公民社会发展到了什么程度，在中国当前的社会条件下能否培育出公民社会。

20世纪90年代以来，国内外学者关于中国能否发育出公民社会有不同的观点。

以托马斯为代表的国外学者认为中国还没有形成公民社会，中国公民社会的形成还有很长的路要走。首先，现代社会中公民社会要达到的先决条件，如企业文化、公民文化、讨论文化等在中国才显露征兆，因而中国公民社会才刚刚形成。其次，知识分子和思想家在政治决策过程中的地位尚未形成。最后，中国社会还没有形成自治。

国内学者依据不同的判断标准也产生了不同的观点。以俞可平为代表的中国学者认为中国公民社会已经形成。高丙中以“公民性”（civility）（按照序列分解为礼貌、非暴力、宽容心、同情心、志愿者精神、相互尊重、共同体意识等七项要素）的若干基本内涵为指标，认为中国已经迈进公民社会的门槛（高丙中，2012）。

以韩恒为代表的一些学者对中国公民社会兴起说的主流观点提出了质疑。韩恒从公民社会的三个层次即经济层面、社团层面及文化层面着手进行考察，认为目前中国公民社会发育不平衡。经济层面的公民社会已经出现，且会持续地走下去，但对于社会和文化层面的公民社会而言，是否会进一步发展，从初级走向高级很难预料（韩恒，2008）。潘修华以公民社会组织的特征为判断标准，认为中国目前仍然处于威权社会，公民社会只有发育迹象。他认为，“以自主性和界限趋向水平联系上的模糊化两个指标来分析中国社会的组织特征，中国社会虽有向公民社会发育的迹象，但总体上仍处于威权社会，而不是公民社会”（潘修华，2010：81-83）。

正如有论者所言，“虽然论者们在中国公民社会无有的问题上产生了分歧，但绝大多数中国学者都主张中国要发展公民社会，歧义主要在于中国公民社会的具体建构路径”（董明，2005：111-116）。本书认为，中国公民社会的出现具有必然性，中国的小康社会为中国公民社会的成长提供了经济基础，法制社会为公民社会的发展奠定了政治基础，和谐社会则为中国公民社会的壮大提供了文化基础。然而，正如学者所说的那样，中国公民社会的壮大和成熟还有很长的路要走。

面对中国公民社会发展过程中可能遇到的问题，要建构公民社会，不仅要进一步完善社会主义市场经济，而且要推进政治文明建设及公民文化培育。其中，公民文化培育是重点。公民社会是以成熟的公民文化为条件的。公民文化概念提出者阿尔蒙德认为，所谓“公民文化是一种政治文化和政治结构相互协调的参与者政治文化”①。就其内容而言，“公民文化主要涉及公民个体对于政府及政治的认知和态度、公民个体的政治参与意识和感受以及公民社会的整体思维方式和观念倾向等”（江国华，2010：163）。那么，我们该如何培育公民文化？从主体角度出发，公民文化的培育方式主要有以下几种。

1）社会公共生活实践。①就其性质而言，公民文化是一种参与型文化，它不仅以最低限度的政治参与为产生条件，而且是影响公民政治参与的重要条件。因而，社会实践，特别是其中的公共生活实践是塑造公民文化的重要途径。②公民文化作为一种实践文化，公民对政治知识的获得可以通过灌输的方式获得，但政治技能、政治兴趣、政治信仰等是很难通过灌输实现的，它们只能通过公民的公共生活实践获得。③社会公共生活实践不仅是公民获得公民文化的途径，而且还是公民实践公民文化的渠道。正是在这个意义上，社会公共生活实践对公民文化培育具有基础性和决定性意义。

2）公民教育。公民文化的培育离不开政治社会化。所谓政治社会化，就是“人们在特定的政治关系中，通过社会政治生活和政治实践活动，逐步获得政治知识和能力，形成和改变自己的政治心理和政治思想的能动过程”（王浦劬，1995：

① Almond G A，Verba S.1965.The Civic Culture：Political Attitudes and Democracy in Five Nation，(Princeton，New Jersey：Princeton University Press：35.

7)。从个体成长的角度看，政治社会化包括连续的两个阶段，即开始政治社会化阶段和再政治社会化阶段。对于处在开始政治社会化阶段的青少年儿童来说，他们获得公民文化的主要途径是教育。他们在此阶段所获得的公民文化将为他们一生的政治社会化奠定基础。对于处在再政治社会化阶段的成人来说，其公民文化发展的途径则是多种多样的，既有政府的教化，也有政治生活实践等。对于深受封建专制制度影响的我国来说，重视公民教育显得尤为必要。

3）精英示范。模仿是人们在社会生活中普遍存在的一种社会心理现象。法国社会学家 G.塔尔德认为社会模仿有三个法则，“一是斜坡法则。即社会下层群体喜欢模仿社会上层群体。二是几何级数法则。一种模仿一旦开始，就会快速发展。三是先内后外法则。人们总是先模仿本地文化，再模仿外域文化”（秦德君，2011：155）。正因为如此，公民社会中的文化精英有很大的示范效应。文化精英不仅是公民文化的传播者，而且也是引领公民文化发展的力量。因此，精英示范成为公民文化培育的基本路径。这就要求我们的社会精英要有政治操守。

## 第二节　学校制度生活重建的制度策略

当前，学校制度的不完善是导致学校制度生活异化的重要原因之一，因而，重建学校制度生活必须首先进行学校制度建设。

### 一、学生人性假设：学校制度建设的前在预设

对于何谓制度，人们有不同理解。这些多样化的制度理解背后潜藏着不同的人性假定。这是因为制度设计的基本目的就是为了规范人的行为，而要规范人的行为首先必须明确人的行为动力源泉所在，也就是对人性的了解。由此看来，对基本的人性认识是制度设计的前在预设。同样，在进行学校制度建设时，对“学生的假定”也应成为其前在预设。

在西方社会，主要的人性假定观有“无赖原则”“人非天使”“经济人”等。

英国经济学家大卫·休谟是“无赖原则”预设的代表人物。这一理论预设的基本观点是：人是理性的谋利动物。对此，休谟说道：“政治作家们已经确立了这样一条准则，即在设计任何政府制度和确定几种宪法的制约和控制时，应把每个人都视为无赖——在他的全部行动中，除了谋求一己的私利外，别无其他目的。”（斯蒂芬·L.埃尔金，1997：27-28）基于这一预设的制度设计逻辑是：人是理

性的谋利动物，因此在进行制度设计时，人人应当被假定为无赖。制度不仅能对人的无赖行径进行惩罚，而且还能遏止人可能萌发的各种无赖冲动。

美国宪政学家詹姆斯·麦迪逊是“人非天使”假定的代表人物。这一理论预设的基本观点是：人不是天使，由人组成的政府也不是天使。“如果人都是天使，就不需要政府了。如果是天使统治人，就不需要对政府有任何外来的或内在的控制了。在组织一个人统治人的政府时，最大的困难在于必须首先使政府能管理被统治者，然后再使政府管理自身。毫无疑问，依靠人民是对政府的主要控制；但是经验教导人们，必须有辅助性的预防措施。”（汉密尔顿，1980：264）基于这一预设的制度设计逻辑是：制度起源于人性的先天不足，是一种正当的救济办法。制度不仅要对个体进行引导，而且还要对政府这个管理被统治者的统治者本身进行控制。

“经济人”假说最早由英国早期经济学家亚当·斯密提出。在他看来，“经济人”有三个基本属性，即追逐自己的利益、对这种利益的兴趣是一贯的，并力图使这种利益最大化。沿着斯密的研究思路，新古典经济学对“经济人”进行了进一步的修正，认为“经济人”拥有完全的理性。在新古典经济学的基础上，新制度经济学对“经济人”进行了更进一步的修正，形成了“新经济人”。在新制度经济学家看来，“新经济人”具有以下特征：“一是人类行为动机的双重性：一方面，人们追求财富最大化；另一方面，人们又追求‘非财富’最大化。二是人的理性是有限的。三是人的行为具有机会主义倾向。”（康永久，2003：54-56）基于“新经济人”的制度设计认为制度是人们对利益追求以及利益追求过程中的收益——成本计算，制度对人具有激励与导向作用。

在我国，主要的人性学说有：性善论、性恶论、性无善恶论。性善论是由孟子提出的，他主张“人之初，性本善”。在孟子看来：“恻隐之心，人皆有之；羞恶之心，人皆有之；恭敬之心，人皆有之；是非之心，人皆有之。恻隐之心，仁也；羞恶之心，义也；恭敬之心，礼也；是非之心，智也。仁义礼智，非由外铄我也，我固有之也，弗思耳矣。故曰：‘求则得之，舍则失之’”（郭齐勇，2009：195）。基于性善论的制度设计会提出适度的规范，其制度主张都是保护性和激励性的。性恶论是由荀子提出来了的，他主张“人之初，性本恶”。在荀子看来，人的本性是恶，善良只是后天人为的结果。基于性恶论的制度设计则强调制度规范的控制与限制。性无善恶论则是由告子提出来的。在性无善恶论看来，人性之所以无所谓善恶是因为“人性是人生而固有、不学而能的本性，是天生的、自然的、本能的东西，因而便与一切自然物不可言善恶一样，是无所谓善恶的”（王海明，2002：259）。基于性无善恶论的制度设计则会制定塑造式的制度。

尽管上述各种人性假定基本观点有所不同，但他们对人性的假设都是“天生的”“基本的”，所存在的缺陷也是明显的。因此，在进行学校制度建设时，我们不能照搬上述观点。本书认为，学生并非生来就善，但学生具有向善的冲动，并且具有很大的可塑性。因此，我们在进行制度设计时必须信奉这样的观点：在学校教育的影响与指导下，学生能够成长为负责任的理性主体。作为理性的行动主体，学生不仅能理解规则，而且能依据规则行动。

## 二、学生成长需要：学校制度建设的实践起点

### （一）确立恰当的学生成长需要观

在制度性的学校生活中，规则大量存在。在教师看来，学校规章制度是学校生活正常展开所必需的，因而也是人人必须遵守的，于是理所当然地要求学生接受各项规章制度并遵守。然而，在学校生活实践中，教师在强调学校规章制度的同时，学生违规现象屡屡发生。面对学生频繁的违规现象，教师避免不了加倍地控制学生。在教师的强制下，有些学生“就范”了（当然，这些就范的学生主要是因为害怕教师才没有表现出对规章制度的反抗，而不是因为认同这些规章制度），有些学生一方面熟知学校规章制度到能够背诵的程度，另一方面继续违规。这些现象意味着什么呢？难道仅仅是因为学生的自制力差吗？究其根本原因，这些规章制度本身不是学生所需要的。因此，学校制度的改造与创新应该通过对“学生成长需要”的关注与研究，探索与建构基于学生成长需要的学校制度。或者更明确地说，基于对学校生活中学生成长需要的合理认识，可以为学校制度的建构提供坚实的基础，为学校制度的完善提供合理的“实践起点”。

那么，什么是学生成长需要？学生成长需要的含义主要有以下几种代表观点。

第一种观点认为学生需要即是学生成长需要。这种观点存在的问题是明显的：首先，把“需要”等同于“成长需要”，有可能忽视“成长”，导致教师对学生发展的放弃。“这是因为，生长中的个体具有相当强的原始享乐本能和自我中心本能。而且社会环境多元，不良价值取向会通过各种渠道对青少年产生影响，成长中的学生，独立选择发展取向的能力不强，发展不会在无引导下自动产生。”（李晓文，2005：16-19）因此，自发的需要不一定能引导学生发展。其次，学生表达的需要不完全等于学生的内在需要。由于学生的需要是多方面的，表达的方式也多种多样，既可以采用积极的方式表达，也可能以消极的方式表达。对于不

合理的需要，我们不但不应该满足，还要在一定程度上进行引导。因此，并不是学生的所有需要都能促进发展。最后，学生需要具有时间性，主要指向当下。“学生的需要是建立在其生活世界的理想性和经验世界的现实性相互作用的基础之上的，它是理想和现实的融合，它在时间上是指向现在的。”（谭斌，2005：12-14）因此，不能把学生需要与学生成长需要混为一谈。教育要以学生当下生活为基础，但更应着眼未来，实现学生潜能的发挥。

第二种观点认为学生问题即是学生成长需要。这种观点虽然突出了“成长”，但在一定程度上又忽视了“需要”。因为这一观点隐含了这样一种认识，即学生成长需要的转化是在外力的单向作用下完成的。此外，要把学生的问题转化成学生的成长需要也相当困难。这是因为“一方面，解读学生的问题相当困难，不能通过问题，去分析学生所有的成长可能。另一方面，即使从问题中看到了发展方向。但形成有效的转化性活动，也并非能顺水推舟”（李晓文，2005：16-19）。因此，学生成长需要并不一定都是学生问题，学生问题只是学生成长需要表达的多种方式之一。

第三种观点认为学生成长需要是具有成长可能性的需要。杨小微教授认为，“成长需要是指向未来状态的、发展性的需要；成长需要具有发展的可能性，能够在当下状态基础上促成新的成长；学生的成长需要是师生在互动中构建起来的”（杨小微，2010：10-15）。其表现形式多种多样，既“可以是学生当下呈现出的、必须解决的、否则很快就会影响学生成长的一系列问题，也可以是学生显现出的新的兴趣爱好、能力的提升、才华的展现等需要”（李家成，2009：17-19）。

对于我们要建构的基于公正、平等、自由、发展的优良学校制度来说，学生成长需要有如下含义：首先，从性质上来说，学生成长需要首先是学生自己的一种主动发展需要。其次，从来源上来说，学生成长需要是在个体与师长、同伴的人际互动中产生的。再次，从表现上来说，学生成长需要是个体发展需要与社会发展需要的统一，是当下发展需要与未来发展需要的统一。最后，从内涵上说，学生的成长需要是旨在提升生命质量的多方面成长需要，它具有多种表现形式。

### （二）各年龄段学生成长需要及其对学校制度建设的启示

学生是不断发展变化中的人，学生成长需要表现出阶段性，在不同的年龄阶段，学生成长需要各不相同。不同年龄阶段学生成长需要是我们进行学校制度建设的出发点。

“新基础教育”通过大量调查与观察，发现如下。

一年级学生的年龄特征与成长需要是：对“小学生”角色有自豪感；迫切希望建立积极的自我形象；希望得到老师的认可；经常出现违规，很难内化规则；以形象思维为主，想象力丰富。该阶段的成长需要是：养成良好的生活习惯，形成规则意识；喜欢学习生活；成为集体的一员。

二年级学生的年龄特征与成长需要是：掌握了学校生活规则，并依据规则来评价自己和他人；出现竞争心理；集体感的产生；具有合作倾向与合作能力；具有岗位工作能力。

三年级学生的年龄特征与成长需要是：独立意识增强，不再简单地服从权威；自主意识强，但自我管理能力不够；喜欢自我表现。

四年级学生的年龄特征与成长需要是：自发小团体的出现；具有明显的兴趣和爱好倾向；情感丰富。成长需要建立丰富的人际关系；形成良好的性别角色；能够体验与表达师长、同学间的情感；爱护小同学，能够在帮助中体验快乐；形成比较广泛的兴趣。

五年级学生的年龄特征与成长需要是：自我概念稳定；能客观地评价别人和自己；真正朋友关系形成；主动性增强；面临学习压力；渴望丰富多彩的生活，开始关注社会信息。

六年级学生的年龄特征与成长需要是：给学生表现自己的机会，让他们树立自信；让他们喜欢与同学交往，热爱集体，喜爱初中生活；借助学生组织，培养学生自主管理的能力。

七年级学生的年龄特征与成长需要是：自我形象初步萌芽，自我意识发展的需要进一步呈现；自主阅读、思考、表达的需要凸显；综合能力不断发展，逐渐成为学校各类活动的主力；人际交往中民主、尊重的需要进一步发展。

八年级学生的年龄特征与成长需要是：综合素养进一步提升；自我意识觉醒；与诸多关系人的关系需要实现性质重建；学科学习与学生工作质量提升的需要明显。

九年级学生的年龄特征与成长需要是：面对选择，需要承担；人际关系敏感，需要关怀与支持；学习与发展的挑战性高，综合素养需要的提升（李家成，王晓丽，2009：125-272）。

不同年龄阶段学生的不同成长需要决定了他们对制度的不同理解与反应。这就要求我们在进行学校制度建设时根据学生的年龄特征对规章制度进行遴选，使规章制度切实地符合学生成长需要，而不是使之超乎学生的现实生活世界。例如，形成规则意识是一年级学生的成长需要。同时，由于这一阶段学生主要以形象思维为主，教师可以通过创设问题化情境来刺激学生的规则需要，并在不断的生活实践中形成规则意识。“插嘴”是一年级学生普遍存在的现象，通常也是引起课堂混乱的主要因素之一。面对这一问题，教师不要单刀直入，不要简单地训斥学生“插嘴”。而是索性让他们说，等到课堂场面安静一点，教师通过提问学生是否听到某同学生说话，并要求其重复，让学生充分体验无规则的后果，从而激发学生的规则需要。当然，对于那些必须接受与遵守的规章制度，教师不能要求学生在一天或一周之内都达到要求。因为学生对规章制度的内化是在学校生活中自然地展开的，一些规章制度既不可能也没有必要即时地内化。

## 三、学校制度建设的具体路径

### （一）坚持程序公正，推动学校制度建设

审视现行学校制度，其在制度制定、制度执行、制度监督等方面都不同程度地存在着违背公正、自由、平等的问题，且部分学校制度规则缺乏可行性、稳定性。学校制度重建就是要避免这些问题，而要促进优良学校制度之公正价值、自由价值、平等价值的实现首先要确保制定与运行学校制度的过程是公正的。这是因为，与结果公正相比，程序公正具有优先性。这里的优先性是指我们在考虑优良学校制度建设问题时，首先要考虑产生与运行学校制度的程序是否符合公正价值，这不是因为程序公正是我们的最高价值目标，而是因为它是最基本的伦理要求。因为尽管程序公正不是为公正的行为规范形成服务的手段，也不必然在运行过程中导致公正结果的产生，却能够在“总体上”和“普遍情况下”导致公正的行为规范的形成和公正结果的产生。关于程序公正与结果公正的这种一致性，美国学者泰勒曾指出，“在一般情况下，公正的程序比不公正的程序能够产生更加公正的结果”（陈瑞华，2010：202）。由此来看，以程序公正为着力点势必成为学校制度建构的一种有效方式和途径。

（1）程序公正有助于公正规则体系的形成

公正概念的核心是“每个人得其所应得”。在社会共同体中，权利与义务是每个公民最重要、最根本的“应得”，因此，权利与义务的分配是公正的根本问题。与此相应，学校制度公正所要解决的核心问题是学校共同体成员权利与义务的分配。那么，学校制度应该如何分配每个成员的权利与义务才是公正的？黑格尔在论述如何分配每个公民的权利与义务时说道：“一个人负有多少义务，就享有多少权利；他享有多少权利，也就负有多少义务。”（黑格尔，1979：172-173）

确实，只有当学校制度要求每个人所履行的义务与其所获得的权利保障相当时才是公正的。而要实现学校制度中权利与义务的动态平衡首先要求制定规则体系的过程是自由、平等的。因为只有每个人都充分地参与到制度制定过程中去，他们才有发表自己意见的机会，也才有可能对侵害自己利益的主张进行反驳，从而使规章制度符合全体成员的利益需求。而这些恰好是程序公正所倡导的。

（2）程序公正有助于科学的制度执行程序的形成

优良学校制度建构包括公正规则体系的设计与制度公正执行两个方面，其中，制度公正执行是实现优良学校制度价值的关键，没有学校制度公正执行这个"桥梁"，公正的执行结果不会产生。制定科学的制度执行程序是保障学校制度公正执行的重要环节，它旨在克服制度执行过程中客观上可能遇到的各种问题。而要确定这些问题首先需要依据程序公正，通过反复调研收集问题，然后仔细地对这些问题进行衡量，确定哪些问题是影响学校制度执行的关键性问题，最后针对性地制定克服这些问题的完整执行程序。随意制定的制度执行程序由于缺乏理性依据，要么无效，要么不公，从而导致学校制度执行结果不公。因此，为了实现学校制度的设计目标，确保制度执行结果公正，需要制定科学的制度执行程序。

（3）程序公正有助于有效的监督机制的形成

有了公正的规则体系、科学的制度执行程序，公正的制度执行结果并不必然产生，因为学校制度执行者有可能不按制度规范要求严格执行或违反制度规范要求。这就需要制定有效的制度监督机制来纠正执行者在制度执行过程中可能存在的各种非理性操作，保障学校制度的公正执行，从而产生公正的制度执行结果。有效监督机制的制定要求客观地研究制度执行过程中在人为因素方面可能存在的偏差和问题，然后针对性地制定一些纠正措施，这同样需要所有利益相关者的平等参与和理性论证。

（4）程序公正有助于有效的自控机制的形成

自控机制的制定在一定程度上是对监督机制的补充，尽管公众的监督能够对制度执行者的行为起到一定的约束作用，但这种监督毕竟是有限的、消极的。一旦失去这种外在约束，制度执行也许就会出现执行不严，从而导致不公结果的产生。为此，我们需要在有限的外在监督之外，制定一些促使内在自觉的机制，这种机制就是把制度的严格执行与执行者自身利益结合起来的自控机制。关于有效自控机制对制度执行的意义，我们可以从制度学的经典案例《七个和尚分粥》的故事得到启示。在这个故事中，为了实现分粥公正，和尚制定了五种方案，无论是指定专人负责、选举专人负责、轮流负责还是监督委员会都没有实现分粥公正，最后只有第五种方案（即由七个人轮流负责分粥，但每次负责分粥的那个人必须最后一个取粥）实现了公正分粥。第五种方案之所以可以实现结果公正是因为它加入了制度执行的自控机制，即分粥是否公正与负责人自己所获得粥的数量直接相关，负责人越是按照公正原则进行分配，就对自己越有利，反之则对自己不利。因此，要实现学校制度的公正执行还必须制定有效的自控机制。然而，要制定有效的自控机制同样需要秉承程序公正的原则，应通过反复论证、公开讨论产生。

### （二）倡导公民参与，推进学校制度建设

民主性是现代学校制度的重要特征之一。民主本身意味着参与。多元民主理论的代表人物罗伯特·达尔在论述什么是民主时提出"公民参与"是民主的重要指标。"当代西方参与式民主理论充分强调'参与'在民主发展中的价值，从民主的本质规定性出发，以大众自发的、直接的参与为核心，强调民主应当通过自我管理过程中大众积极的直接参与才能实现。"（董石桃，2010：30-36）因此，学校制度的民主性要求学校制度不能由学校行政部门全凭自己的意志制定，而要充分考虑教师、学生、家长及其他利益相关者的意见，让所以利益相关者参与到学校制度的制定与实施中来，从而形成民主的管理制度及监督机制，以保证学校各项工作能够反映各主体的利益。为了完善中小学内部管理制度，《教育规划纲要》明确指出要"建立中小学家长委员会，引导社区和有关专业人士参与学校管理和监督"，从而为当前学校制度建设提供了一条重要路径。

（1）公民参与：学校制度建设的重要路径

根据国际公民参与协会（1AP2）的定义，所谓"公民参与是指公民在影响其生活的政策制定过程中（主要是行政决策）有发言权；公民对政策制定能够产生实质性的影响；参与过程中所有参与者的利益能够得到充分沟通，而且该过程能够满足参与的需要；参与过程具有开放性，便于潜在的受影响群体的参与；参与过程能够清晰定义公民参与的机制和方式"（马光明，2009：221-222）。公民参与不仅是调整学校与社会关系的重要方式，而且是建设学校制度的重要路径之一。教育是一项公共事业，参与学校制度建设不仅是家长、公众的权利，而且是他们的一项基本义务。随着中国市场经济的逐步发展，政治民主的稳步推进，以及人民受教育程度的提高，公民的参与意识明显增强，参与学校公共事务的意识也明显提高。但现实的情况是，公民参与意识的增强并未提高公民实际的参与行动。有关调查显示，"在接受调查的2336位家长中，面对教育不满现象，有42.3%的家长认为'投诉也没有用'，有9.3%的家长认为'投诉可能给孩子或家庭带来麻

烦’，另有12.5%的家长认为‘这个问题已经是中小学的普遍做法’。仅有50位家长（4%）曾经向相关部门投诉”（王蓉，2008：23-27）。这显然不利于当前公共教育体制变革，也不利于现代学校制度建设。因此，在这种背景下，倡导公民参与学校制度建设就显得尤为必要。

1）公民参与有利于保障学校制度的公正性。我国学校制度制定模式主要有两种形式，一种是自上而下的精英模式，决策方式的单一性是其主要特征；另一种是渐进模式，渐进性、连续性是其主要特征。在当前学校制度制定过程中，精英模式是学校制度制定的主要方式，学校行政部门直接对学校制度进行决策，没有教师、学生、家长、公民等的参与。这样产生的制度基本上是一种“家长”意识的表达，很少考虑广大师生的权益，导致学校制度的不公正。这种不公正的学校制度在一定程度上增加了学校制度实施的难度，影响学校教育的正常秩序，甚至出现“上有政策，下有对策”的局面。因此，为了制定公正的学校制度，我们需要超越现行的制度制定模式，让公民参与学校制度建设。公民参与之所以能在一定的程度上克服学校制度不公现象的产生，是因为首先，公民参与有效地保证了其利益表达渠道的畅通；其次，公民参与的过程能够对决策者起到一定的监督作用；最后，公民参与在一定程度上能够对最终的决策产生实质性的影响，从而在根本上保证自己的权益。

2）公民参与能够维护学校制度的权威性。学校制度权威是“人们对制度的服从关系。这种服从关系表明了制度发挥作用或制度有效性的程度”（李松玉，2005：39）。公民参与之所以能够维护学校制度权威，是因为首先，公民参与增强了公民对学校制度制定与运行相关信息的了解，从而增强公民对学校制度的认同感，并对学校制度形成普遍的信任和尊重；其次，学校制度本身合理与否，是影响制度权威的重要因素，也就是说，制度权威的确立不在于其外在强制与激励，而在于其内在的合理性，而公民参与又是维护学校制度合理性的重要方式；最后，对于违反制度规定的公民来说，公民参与可以使他们充分地表达自己的主张和观点，充分地参与到制度运行的辩论中来，有效地影响最后的裁决结果，并促使裁决者明确地宣告做出结论的依据，从而使违规者对结论产生信赖和尊重。

3）公民参与是对公民人格尊严和权利的保障。首先，公民参与使公民对学校制度制定与实施产生积极影响，使他们的人格尊严和权利得到保障。这是因为“参与意味着公民自主的主宰自己的命运，‘在现代民主社会中，大部分公民宁愿自行管理自己的事务，也不愿意别人主宰自己的命运，哪怕别人做的要比自己更好。参与性统治的反面是奴隶制、政治服从或者军事管制’”（陈瑞华，2010：157）。

其次，公民参与可以使他们参与学校公共事务的法定权利得以回归。学校教育具有公正性，公民依法享有参与学校公共事务的权利。然而，在传统的管理体制下，公民的公共教育参与权并没有得到落实与保证。因此，优良学校制度的建设过程事实上也是公民参与权的回归过程。

（2）公民参与路径实现的条件

要保障公民有效参与学校制度建设，必须具备以下条件。

1）落实教育信息公开制度，在制度上确保公民参与权的回归。日本学者结诚忠认为公民的教育参与权主要包括以下三类："一是知情权。即了解学校有效信息的权利。二是提案、发言权。三是共同决定权，即父母与教育行政当局、学校处于同权的地位上，保障其共同参与、决定的权利。"（劳凯声，2003：202）2010 年教育部《关于推进中小学信息公开工作的意见》的颁布为公民参与学校事务提供了制度支持。这些信息包括：学校基本情况、学校现行规章制度、学校发展规划、学校招生计划与对象、学校教学科研工作的有关规定、人才引进与职称评定、学校经费收支情况、学校资产等。

2）加强教育社会组织建设，丰富公民参与的渠道。1994 年中共中央、国务院在《中国教育改革和发展纲要》中明确指出，"为保证政府职能的转变，使重大决策经过科学的研究和论证，要建立健全社会中介组织，包括教育决策咨询研究机构、高等学校设置和学位评议与咨询机构、教育评估机构、教育考试机构、资格证书机构等，发挥社会各界参与教育决策和管理的作用"。在政府的鼓励下，我国出现了大量的教育社会组织，常设性组织机构通常包括以决策为主要职能的机构、以咨询为主要职能的机构以及以监督评价为主要职能的机构等。尽管当前的这些教育社会组织对教育发展起到了不可忽视的作用。但从总体上看，当前我国教育社会组织发展还不够完善，与西方国家的教育社会组织相比还有相当大的差距。因此，我们还需要借助多方力量来加强教育社会组织建设，扩大公民参与的途径。

3）加强公民参与能力，切实提高公民参与效率。公民本身的参与能力是公民参与路径的又一重要条件。然而，当前我国公民的参与能力并不高。"一项对牡丹江市家长所做的调查显示，尽管分别有 88.5%和 90.4%的教师和校长认为'家长有权参与学校教育'，有 90.4%和 100%的教师和校长认为'学校发展需要家长提供帮助'，89.9%和 100%的教师和校长认为'家长参与学校教育对于子女健康成长非常有必要或有一定必要'，但是也分别有 42.3%和 48.1%的教师和家长认为'家长参与学校的障碍是因为家长没有能力参与学校教育'，有 51.9%和 50%的教师和校长认为‘对家长参与学校教育的作用没有信心’。”（王蓉，2008：23-27）当然，我们不能坐等公民能力的提高，事实上，公民参与学校制度建设的过程就是公民学习参与，提高参与能力的过程。

## 第三节　学校制度生活重建的主体策略

学校制度生活的重建，既有赖于外在社会文化的建构和内部学校制度优化，也有赖于参与学校制度生活的个体的努力。教师作为学生成长的引路人，需要以在场的方式关注学生的成长，自觉履行公民义务，积极维护公民权利，积极参与公共生活，身体力行为学生公民精神成长树立典范。当教师缺乏权利意识，失去作为知识分子的批判与反思精神时，他不但不能有效地引导学生公民精神的成长，反而为学生公民精神成长树立了一个权威的负面形象，这对学校制度生活的建构及学生公民精神养成都是极其有害的。正如米凯利说：“如果教师没有做好准备的话，我们无法实现教育变革。”[①]因此，为了建构彰显公民精神的学校制度生活，进而培养现代社会所需要的公民，我们要注重培养教师的公民精神。

### 一、教师作为转化性知识分子：学校制度生活重建的主体准备

亨利·A.吉姆指出：“公立学校在未来的教师与现职教师所面临的一项重大威胁，就是日益盛行的强调对教师培训和课堂教学都采取一种技术进路的工具性意识形态。”在这一进路中，“教师的工作被简化为执行。其结果，不只是教师技能的退化，使他们远离思考与反省的过程，而且也将学习与课堂教学变成例行公事”。（亨利·A.吉姆，2008：56）这与学校教育作为一种民主的公共领域是相冲突的。因此，如果学校要成为培养公民的场所，教师必须实现角色转化，成为吉姆所说的“转化性知识分子”。

那么，什么是“转化性知识分子”？转化性知识分子由“转化性”+“知识分子”合成，所以要了解转化性知识分子的内涵，我们需要从“转化性”和“知识分子”两个方面入手了解其含义。

“知识分子”是一个耳熟能详的词，在日常生活中，我们把“有文化、有知识”的人称为知识分子，如《现代汉语词典》（2005年版）的定义：“知识分子是指具有较高文化水平，从事脑力劳动的人。如科学工作者、教师、医生、记者、

① 转引自严从根．我国教师的公民教育能力及提升路径湖南师范大学教育科学学报［J］．2013，（6）：15-19．

工程师。”

在学术研究中，知识分子不仅要有知识、有文化，还要具备关心社会公共生活的公共情怀。例如，我国历史学家余英时先生在《士和中国文化》一书中指出，“知识分子首先必须是以某种知识技能为专业的人……但是如果他的全部兴趣始终限于职业范围之内，那么他仍然不具备知识分子的充足条件。知识分子除了献身于专业工作以外，同时还必须深切怀着国家、社会以至世界上一切有关公共利害之事，而且这种关怀必须是超越于个人私利之上的”（余英时，2008：2）。“转化性知识分子”概念的提出者吉姆也是在这个意义上理解“知识分子”一词，“知识分子这个范畴，在几个方面是有帮助的。首先，它提供了一种理论基础，来把教师工作智识劳动（intellectual labor）的一种形式，这与用纯粹工具性的或技术性的术语来界定教师工作是对立的。第二，它澄清了教师作为知识分子发挥作用所必需的种种意识形态的与物质的条件。第三，它有助于弄清楚教师在通过支持与采用某些教学方式而生产和合法化各种政治、经济、社会利益的过程中扮演的角色”（亨利·A.吉姆，2008：152）。

“转化性”意味着教师要能够使用权力，并且将这种权力延伸到公共生活及各种各样的生活关系当中，促使学生形成教育过程政治化的观念。这是教师作为转化性知识分子核心意义所在，主要体现为教育的政治功能和政治的教育功能。

“使教育更具有政治性，意味着要将学校教育直接插进政治领域中，因为学校教育既代表着界定意义的斗争，也代表着在权力关系上的斗争。按照这样一种视角，批判性的反思与行动成为一项根本性的社会事业的组成部分，这项事业的目的是帮助学生形成深刻而坚定的信念，为克服经济、政治与社会的不公正而斗争，并且使作为这种斗争之组成部分的他们自己的生活进一步人性化。”（亨利·A.吉姆，2008：154）

“使政治更具有教育意义，意味着运用这样一种教育形式，它体现为本质上具有解放性的政治旨趣；也就是说，将学生视为批判性的行动者；质疑现成的知识；运用批判性与肯定性的对话；以及形成这样的一种局面，既为所有人创造一个性质上更好的世界而奋斗。在某种意义上，这意味着转化性知识分子必须很认真地对待这样一种要求，既让学生在他们学习的过程中发出积极的声音。这也意味着，形成一套能关注日常生活及各个层面所面对的问题，特别是与课堂实践相关的涉及教育经验的那些问题的批判性语言。”（亨利·A.吉姆，2008：154）

综上所述，笔者认为，在学校制度生活重建中，教师作为转化性知识分子具有以下几个方面的内涵：①教师工作是一种智识劳动，而不是一种纯粹工具性或技术性的工作。作为一种智识劳动，教师不仅要向学生传授知识，而且还要引导学生学会去反思和创造知识。这是一种思想与行动相统一的劳动方式。作为一种纯粹工具性或技术性的工作，教师的主要任务就是向学生传授知识，而不会去追问课程背后的价值和意义。因此，教师不能把工作沦落为追求个人或群体利益的工具，而必须看作是一种充满智慧的劳动。②转化性知识分子应该与意识形态保持恰当的距离。传统教师角色与意识形态是一种完全的合作关系，即教师作为社会代表，其主要工作就是在学生群体中传播主流意识形态。显然，这种缺乏自主、独立的教师角色与现代社会精神品格相去甚远。当然，教师作为社会生活中的一员，也不能与意识形态相冲突。也就是说，转化性知识分子应该与意识形态保持恰当的距离，既能防止来自意识形态的控制，又能通过知识的反思与批判来发挥知识分子的公共使命。③教师以文化工作者及跨越边界者的身份来改善他们的工作环境和参与知识的建构。这是教师作为转化性知识分子核心意义所在。

## 二、教师通过“转化性”来重建学校制度生活

教师作为转化性知识分子，承担着重建学校制度生活的使命。作为转化性知识分子，教师已不是单纯的社会代表者，也不完全是现行教育体制的批判者，教师与现行教育体制是一种合作与批判关系，批判的目的是为了更好地合作。教师可以在合理的范围内承担起知识分子的公共使命，对学校制度生活进行批判与重构。在批判与重构中，教师可以利用自己的公民教育角色来建构学校制度生活，从而促进学生公民精神养成。具体来说，作为转化性知识分子，教师在学校制度生活重建过程中具有以下的作用。

（1）作为转化性知识分子，教师通过引导学生去反思与批判来潜在地改变学校制度生活

作为转化性知识分子，教师工作是一种智识劳动——他不仅要向学生传授知识，让他们知道“如何去做”以及“怎么做才有效”，而且还要引导学生学会批判和反思知识，从而把他们培养成民主社会所需的公民。因为正如杜威所言，批判性思维与民主紧密联系，他认为，“人类是生长着的生物体，主要的发展任务是与其生存的环境……妥协。在此过程中，人类经常处在建立适应性的过程中”（尼古拉斯·M.米凯利，2009：210）。反过来，这一过程不仅要求高水平的积极思维（如分析），也要求反思（这要求个体能后退一步，超脱地看待自己的处境——也是一种高级策略）。戴维·S.马丁进一步说到，今日民主之所以需要批

判性思维是因为：①“对选择的认真考虑是一般公民获得民主所必需”。因为无论是涉及家庭生活还是工作生活或是政治选择的某些方面，缺乏批判性思维能力的公民一般不能在多个选项中做出明智的选择。②“明智的选择来自对选项的周全考虑”。人类的生活充满需要根据推理作决定，只有一个能分析、综合、组织寻找模式并使用逻辑的公民才能做出经得起实践考验的决策。③能从几种观点出发来考虑一个议题本身就是一种民主生活。④有能力全面地考虑一个议题的人能够理解他人。一个能接受一个话题或议题，并系统地研究其多个维度而不是一个维度的人，将能理解其自己和他人为其作的任何决定的全部意义。⑤“有能力寻找创新的方式去消除障碍是民主环境中另一个有价值的技能。”⑥“质疑的倾向而不是盲目地授受是民主的基础。”我们不仅要教学生去质疑权威，而且还必须教他们怎样去提出明智、探究性问题，这些问题可能会让权威人士做出更好的最终决定（尼古拉斯 • M. 米凯利，2009：207-208）。

由此可见，作为转化性知识分子，教师自身不仅具有批判性思维，并且还十分重视对学生批判性思维的培养，师生在批判与反思学校制度或知识的过程中潜在地改变了自身与学校制度生活。

（2）教师以建构者的身份来改善学校制度生活

这是教师作为转化性知识分子核心意义所在。作为转化性知识分子，教师不仅要运用权力审视和批判学校制度生活中存在的问题，而且还要把这种理念的批判转换化实际行动。让自己成为一个“思想—行动”统一体。当教师以转化性知识分子参与学校制度生活时，他的理念和行动将潜移默化地影响学生，促进学生公民精神的养成，进而影响学校制度生活。

在学校制度生活中，作为批判者，教师可以对既定的学校制度及其生活进行反思和解构，其批判思维能够激发学生的公民批判意识、能够引导学生参与对学校制度生活的反思。这种批判活动为学生的公民成长提供了宝贵经验，促进了学生公民批判精神的发展。但是，批判者角色及其教育活动不是作为转化性知识分子教师工作的全部，他同时还是建构者，即引导学校制度生活的建构与发展。如果教师的工作仅仅止于批判，仅仅止于揭示学校制度生活中的问题，那么教师很难真正理解批判学校制度生活的最终意义是什么，也很难将学校制度生活的批判与反思统一起来。对于学生而言，他们也同样希望在批判活动的基础上改善学校制度生活。只有当教师和学生一道对学校制度及其生活进行批判并且提供建构方案时，学生将会得到积极的教育。也正因为如此，教师要为学生尽可能多地提供机会，让他们在批判的基础上建构学校制度生活，让他们感受到改造学校制度生活现状的可能性。这就是作为建构者的教师在促进学生公民精神养成及学校制度生活重建中发挥的作用。

## 三、教师何以成为转化性知识分子

为了更好地发挥教师作为转化性知识分子的角色，从而建构出彰显公民精神的学校制度生活，进而培育学生公民精神，教师需要实现三大超越。

（1）超越个体生活，引领学生走向公共生活

作为转化性知识分子，其公共性“不仅意味着为自己负责，也要为他人负责；不仅自利，而且要利他；不仅追求个人生活的价值，而且要追求公共生活的价值”（金生鈜，2008：210）。而个体（私人）生活则是一种“为我”的生活，它始终以追求个人私益为目的。显然，个体生活的“为我”性与作为转化性知识分子的公共性相去甚远。所以，教师要成为转化性知识分子，首先要超越个体生活，成为学校公共生活中的一名公民。这时，教师自身不仅是学校公共生活中的公民成员，还是引领学生走向学校公共生活的引路人。作为学生成长中的引路人，如果教师自身不能超越狭隘的个体生活，不能身体力行地参与公共生活，那么他也很难引导学生去追求公共福祉。因此，教师要积极地参加各级各类的公共生活，通过积极的公民参与来展现作为知识分子的公共性。

然而，在现实教育活动中，许多教师仅把教师工作作为谋生的手段，同时为了追求更多的个人利益，他们把所有的时间和精力都放在个人专业技能的提升方面，对于诸如学校教育的公共责任是什么，学校教育如何促进社会的“公共善”，学校教育如何促进学生公共精神的发展等问题很少考虑。教师由于过分地关注自我利益和专业技术，往往有意无意地远离了公共生活。教师在狭隘的个体生活中，只能越来越私利化、技术化，这使得本应具知识分子精神的教师蜕变为技术工人。

事实上，每一个人的生活都具有双重性即由个体（私人）生活和公共生活组成。并且这两种生活并不是截然分开的，且公共生活更为根本。因为我们每个人的生活都离不开对社会公共利益的利用，因而我们也无法回避自己作为社会一员应该具有的公共责任。作为学校制度生活中的成员，教师不仅为自我专业技术及荣誉而生活，同时也为学生及学校制度生活的完善而生活。因此，教师要实现从技术工人到转化性知识分子的转变，从而重建学校制度生活，就必须从这种狭隘的个体生活中走出来，真正以知识分子的眼光看待学校生活，积极思考与谋求学生、学校和社会的发展。只有教师从这种个体化的生活中解放出来了，他才能引

导学生走向公共生活，去关心他人、学校和社会问题，成为一名现代社会所需要的合格公民。

（2）超越单子式的个人竞争，促进公民学习共同体的形成

中国学校生活是一种竞争性的生活，竞优选能是这种生活的外在表现与内在灵魂。这种生活通过对学生及教师的评价，把他们划分为不同的等级与层次，从而确定谁是最有前途，最值得培养的，这样就引起了学生与学生、教师与教师之间的比较与竞争。在比较与竞争中，每个人都以他人为参照系来确定自己的等级序列，对于每个个体而言，自己的能力、前途比他人和学校的利益更重要，甚至为了个人的利益可以牺牲他人、班级或学校的利益。显然，在这种排他性的生活中，学生与学生、教师与教师之间已不再是一种伙伴关系，每个人都成了孤立无援的“单子式自我”，学校也不再是一个充满公共情怀的场所。单子式的自我必然在历史的进程中遭到批判，因为人是一个共在性的存在，“世界向来是我和他人共同分有的世界，此在的世界是共同的世界。‘在之中’就是与他人共同存在”（海德格尔，1987：146-152）。因此，作为转化性知识分子，教师必须阻止这场竞争，引导师生建立伙伴关系，促进学校制度生活中公民学习共同体的形成。把学校建构成为基于公共性与民主性的“公民学习共同体”，实现学校教育由甄别与竞争向共在与共生的根本性转变，使学校成为一个通过知识的平等传送、公共交流、自由创造而培养公民的场所。

学习共同体理念可以追溯到杜威，但学习共同体作为一个明确概念则由波伊尔在 1995 年发表的《基础学校：学习的共同体》报告中提出。在我国当前学术界，关于学习共同体的概念尚未有统一的界定，代表性的观点有理念说、学习方式说、社会安排说。理念说从哲学的角度认为“学习共同体是一种理想信念的存在”。学习方式说则从教育学的角度认为学习共同体“是一种学习模式，是学习共同体成员为完成真实任务、问题所进行的探究、交流与协作”。社会安排说则从社会学的角度认为学习共同体就是“一种社会安排，在共同体中师生交往互动，相互促进，为共同的成长愿景而奋斗”（潘洪建，2011：56-60）。

笔者认为学习共同体是奠基于公共性与民主主义理念基础上的未来学校蓝图。日本学者佐藤学就是在这个意义上理解学习共同体的，他认为，学习共同体“这一概念是为学校再生为如下场所而设计的：亦即使学校成为儿童合作学习的场所；教师作为专家相互学习的场所；家长与市民参与学校教育并相互学习的场所”（佐藤学，2011a：4-10）。在这一概念中，“表征为‘学习共同体’的‘共同体’不是地域性、血缘性的共同体，而是意味着由叙事、言词与祈愿的情

结构成的富于想象力的共同体”（佐藤学，2011b：214）。共同体的核心任务是学习，学习的过程不是个人与个人之间的激烈角逐，而是同世界、他人、自我的对话过程。这样的学校充满了人性关怀，它所培养的学生是人性丰满的现代合格公民。在这里，每个人都被看作独一无二的个体，通过个人的亲力亲为与众多异质性的他者建立关系，从而为“我们”参与其中的共同体谋福祉。这个学习共同体是由作为公民的教师和作为公民的学生共同打造的，所以我们可以把这个共同体称为“公民学习共同体”。

（3）超越知识授受关系，形成公民交往关系

正如前面所说，当前的教育正面临着来自功利主义、技术主义的威胁，教育不再是师生之间心灵的交流和对话，而是一种冷冰冰的知识授受关系。所谓知识授受关系，是一种以传道、授业、解惑为中介，以传授知识为最终目的的师生关系。从师生的地位来看，这是一种不平等的师生关系。在知识授受关系中，教师是成熟的社会代表，是主体，高高在上；学生则是未成熟，等待教育改造的对象，处在被动、服从、授受的地位。从师生交往的目的来看，这是一种工具化的师生关系。从本真意义上来说，师生交往是师生之间精神的交流与对话，以促进学生全面发展为目的。知识授受关系不再以精神的交流与对话为目的，而以实现外在的功利目标（如考试成绩、个人晋升、学校排名等）为导向。一旦交往过程被看作考试升学的工具，那么师生交往的对话性就会被工具性所遮蔽，最终成为我与它的关系。因此，由不平等、工具化的知识授受关系构筑的学校制度生活很难彰显公民精神。即使是处于主体地位的教师也很难体现主体精神、权利意识，因为在这种师生关系中，教师既是控制者，也是被控制者，教师受到来自国家、教育主管部门的控制。教师除了对学生进行控制外，也并不能真正发挥自己的主体性。因而，教师要实现向转化性知识分子的转变，必须超越知识授受关系，形成师生之间的公民交往关系。

师生间的公民交往是这样的一种交往关系：首先，它是一种知识交往。这里的“知识”在对话中生成，在交流中重组，在共享中倍增，它不同于知识授受关系中的给定性的“知识”。由此，知识交往不仅仅是一种认知性交往，还是一种对话、民主性、批判性的交往。其次，它是一种伦理性关系。教育不仅涉及知识，还关注学生情感、态度、价值观的成长。我们之所以反对知识授受关系，就在于它使得师生之间的交流与沟通仅限于知识的沟通，而情感、态度与价值观则处于缺失的状态。最后，它是一种社会性交往。作为社会性存在，教师和学生不仅要关注自己的利益与成长，还要通过有关社会生活的对话来培养学生的社会参与和

服务精神，从而使学生能够更好地适应社会生活，改造社会生活，成为对社会有益的公民。师生交往的社会性使个体生活与公共生活，个人与社会融合在一起，最终使教师与学生成长为公民。

无论是师生间的知识交往，还是伦理性交往和社会性交往，教师不再是一个无限高大的课堂专制者、知识的授受者及价值的灌输者，而是一个与学生在人格上平等、在角色上对等、在权利上平等的公民。所以教师与学生之间的公民交往超越了知识授受关系中的不平等性和工具性，作为转化性知识分子的教师应该具有交往理念。

## 第四节　学校制度生活建构的实践策略

现行学校制度由于远离生活而成为外在于学校共同体成员的静止的、无意义的规则体系，这正是学校制度生活异化的主要根源之一。因此，要重建学校制度生活必须加强学校制度与生活的联系。具体来说从两个层面展开：①让学校制度来源于学生生活需要。学校制度产生于学生生活展开的需要，所以，学校制度制定的前提是了解学生生活需要。关于各年龄阶段学生生活（成长）需要及其对学校制度制定的启示参见本章第二节。②让公民精神的培育在生活中展开。丰富多彩的学校公共生活建构是实现在生活中培育公民精神的前提。针对当前我国学校公共生活的无序状态，要切实保障学生参与学校公共生活的经常化，需要从以下几个方面创造条件。

### 一、建构完善的学校公共生活制度体系，从制度上确保学校公共生活的有序展开

#### （一）秩序和教育秩序的内涵

无论是自然界，还是人类社会都存在着秩序。从一般意义上讲，秩序是与无序相对的一个概念。博登海默说："秩序意指在自然进程和社会进程中都存在着某种程度的一致性、连续性和确定性。另一方面，无序概念则表明存在着断裂（或非连续性）和无规则性的现象，亦即缺乏知识所及的模式——这表现为从一个事态到另一个事态的不可预测的突变情形。"（博登海默，1999：219-220）

作为反映社会生活有序性的一个基本范畴，秩序广泛地运用于政治、经济和日常生活中。但迄今为止，人们对其内涵仍没有一个统一的认识。在西方，有的

学者把秩序理解为社会的各种调控因素，有的学者则认为秩序表达的是行为主体之间协调统一的状态，有的学者认为秩序意味着社会生活的可预测性，有的论者则把秩序理解为社会的持续与稳定状态……

在我国，学者对秩序的理解主要有以下几种代表观点：第一种观点把秩序定义为社会生活的一种稳定、连续和有机统一状态。第二种观点认为秩序是“社会得以聚结在一起的方式”。具有“社会运行的稳定性、社会主体之间在结构上的张力平衡性、主体之间社会互动的规则性、社会互动的可预测性”四个方面的特征（邹吉忠，2003：200-202）。第三种观点从秩序与社会规范的关系角度，把秩序理解为一种制度化的社会过程和社会结构。在这一观点看来，秩序的形成过程也就是人们依据社会规范行动的实践过程。

西方学者对秩序的理解主要揭示了秩序的各种表征，对于把握秩序的内涵具有重要意义，但没有揭示出秩序更深层次的本质。我国学者对秩序的理解主要从人类社会秩序区别于自然秩序的本质特征——主体行为的规范性出发来揭示其内涵，应该说这种定义方式是深刻而富有启发的。综合以上各观点，本文认为所谓秩序就是人们在社会生活中，依据社会规范行动而形成的一种稳定、确定的关系状态，具有稳定性、确定性、规范性等特征，其中，规范性是其本质特征。

基于对秩序的不同理解，当前我国教育界对教育秩序的界定也有不同的观点：第一种观点认为教育秩序是教育生活中主体之间的一种关系状态。“所谓教育秩序，就是在教育生活中形成的，人们之间应有和实有的关系状态与常规。”（贺继明，2009：136）教育秩序作为社会秩序的一种具体类型，具有社会秩序特有的“人为性”，但论者把教育秩序说成是主体之间的一种“实有”关系状态，有模糊其“人有意而为”的嫌疑。同时，这一观点也没有对教育秩序表明的是主体之间怎样的一种关系状态进行必要的说明。第二种观点认为教育秩序就是一个连续的、稳定的规则体系。“所谓教育秩序是指教育主体为达到一定的目的，把诸多教育资源和要素有效整合，培植出一个相对稳定的个体认知框架和行为规则等。”（刘春梅，2011：237-239）第二种观点忽视了教育秩序与规则之间的关系，错误地把教育秩序等同于规则体系，规则体系是教育秩序的主要标志，但教育秩序不等于规则体系。第三种观点认为教育秩序具有多重内涵，主要包括以下六方面，即“有序、协调、完善的教育原则和规范，规范化、模式化的教育活动，稳定的教育关系，安宁的、健康的教育心态，合理的教育体制和教育运行机制，有序的教育结构”（李登祥，郭玉英，1990：1-7）。这一观点揭示了教育秩序的各种表征，但没有揭示教育秩序的本质内涵。

笔者认为，所谓教育秩序，是指学校系统中以人为核心的各要素之间依据学校制度相互作用、相互制约而形成的一种良性关系结构。它包含三个要素，即自由行动的主体、连接行动主体的学校制度和使主体有规则地行动的权威力量，三者的有机统一形成教育秩序。具体而言，教育秩序包含以下几层含义：①教育秩序表征着学校生活的稳定运行。作为一种社会组织，学校由管理者、师生、教育资源、学校制度等要素构成，学校生活要有效地运行，各个部分都应该按一定的秩序组合起来。②教育秩序表征着学校共同体成员之间的良序互动。在有序的学校生活中，主体之间不仅表现出竞争关系，而且还存在着合作，也就是说教育秩序表明的是主体间的协调统一关系。③教育秩序表征着学校共同体行动的制度化。学校生活的过程是主体之间相互作用、相互制约的过程，学校生活的有序性体现为主体对学校制度的遵守，学校共同体行动的制度化是教育秩序的基本标志。④教育秩序表征着学校共同体行动的可预测性。学校生活中秩序的形成不仅依赖于“我”的行动，而且还依赖于“你”的行动，它是“我们”共同行动的结果。在有序的学校生活中，个体在遵守学校制度规范，维持学校生活秩序的过程不仅相信而且也能预见他人也能按学校制度规范行动。

### （二）教育秩序对于学校公共生活的意义

（1）教育秩序是学校公共生活正常运行的保障和条件

秩序是人类生存和发展的基本条件。“没有社会秩序，一个社会就不可能运转。”（布罗姆利，1996：24）同样，教育秩序也是学校教育存在与发展的条件，没有教育秩序，学校生活不可能正常进行。这是因为学校生活的正常运转以学校共同体之间的合作为前提，而教育合作又需要教育秩序，教育的无序不可能产生教育合作。

“教育失序就其基本的意义而言，指的是教育生活或教育世界失却了教育交往活动中普遍有效的教育制度规范，致使教育交往活动呈现出失序状态。”（李江源，2003：9-15）因此，①在教育失序的情况下，信息的不确定和不对称容易引起个体行为的机会主义倾向。“在西方新制度经济学家看来，人的机会主义倾向是指人对自我利益的考虑和追求，意思是人具有随机应变、投机取巧、为自己谋取更大利益的行为倾向。”（卢现祥，1997：45-48）这样，在一个人人都具有无限自由的环境中，机会主义倾向导致每个人都想追求自己利益最大化，合作将变得不可能。②在教育失序的情况下，人的行为失去了必要约束，无法明确地预期他人行为，导致人与人之间合作的激励机制的缺失，从而使合作趋于消解。正如康芒斯所言，“假使不能有把握地预期别人在未来以及目前不会有不利于我的举动，或者别人一定会实行他们的诺言，那么像人类这样一种靠‘预期’生活的家伙，就会不肯生产、储蓄或交换”（康芒斯，1962：197）。总之，在教育失序的情况，教育合作将化为乌有。

（2）教育秩序是学校公共生活育人功能正常发挥的基础

教育秩序在本质上是一种组织化的活动状态。学校教育价值的追求和实现都必须依赖于这种组织化的活动状态。涂尔干等人对课堂纪律与控制的强调事实上在于表明教育秩序的价值。涂尔干说：“人们常说，如果要让民族获得幸福，它们就必须得到很好的治理；儿童与成年人一样，他们也需要感受到在他们身外有一种约束他们、维护他们的法律。遵守纪律的班级，会有一种健康的气氛和良好的情趣。每个人都各就其位，而且感觉也不错。相反，没有纪律就会产生混乱，而受害最多的却是那些似乎为没有纪律约束而手舞足蹈的人。”（涂尔干，2006：113）古得莱说：“教师必须控制课堂环境。如果学生的行为变得无法控制，教师就不能实践教学的中心任务……教师意识到他们和他们的学生每天生活在比较拥挤的匣子式的教室里，因此尽管他们愿意按照他们对好的教学法的信念去工作，但他们仍感到需要有控制学生的权利，以防止不守纪律的学生占上风，为学生创造必需的学习条件。如果教师对教室里的学生失去控制，他或她就不能够积极地表彰学生的成就。在一个失去控制的班级里，是不能进行学术性学习的。”（约翰·I.古得莱，2006：188）本书认为教育秩序是学校公共生活育人功能正常发挥的条件。教育秩序通过保障学校生活的正常运行来满足人们参与教育生活的需要。从表面上看，对教育秩序的要求会对人们自由参与学校生活造成一定的限制。然而，教育的发展历程表明这种限制是必要的，人们正是借助教育秩序这种必要的限制来保障人们自由地参与学校生活，进而满足其教育需要。教育作为一种公共事业，只有对超越公共利益的私利行为进行必要的限制，才能实现公共利益与私人利益的平衡。也正是在这个意义上，人们特别重视教育秩序。

### （三）学校公共生活秩序的建立需要制度保障

教育秩序是古今中外任何社会实现教育发展和人发展的前提。但在不同时代，不同国度，人们往往采用不同的方式形成教育秩序。既有依靠权力与暴力形成的教育秩序，也有依靠道德、宗教、习俗等维护的教育秩序，还有与个人魅力结合在一起的教育秩序……然而，历史表明这些力量的作用都是有限的，它们只能在一定时期发挥有限作用，不能成为支撑教育秩序形成的根本力量。因此，在教育秩序的形成问题上，我们不能按照这些“非制度的方式”进行，相反，我们必须依靠制度策略来解决现代教育秩序问题。

1）教育秩序的形成和维护离不开学校制度。一方面，学校制度是非制度教育秩序推行的条件。不可否认，权力、暴力、个人魅力、道德、宗教、习俗等是维持教育秩序的重要因素，但它们不是形成和维持教育秩序的根本力量。例如，依靠权力和暴力形成的“法西斯式”教育秩序只是变态的教育秩序，它非人化的特点注定其不可能长久存在；建立在领导个人魅力基础上的“魅力型”教育秩序也会随着领导者的变动而远去；而靠道德维护的“内生型”教育秩序也可能会随着校园环境或社会环境的变化而出现混乱。更为重要的是：无论是短时间起作用的法西斯式教育秩序，还是魅力型教育秩序及内生型教育秩序，它们都必然包含学校制度的成分，都必须靠学校制度来推行。也就是说，与其他非制度力量相比，学校制度在教育秩序的形成中具有优先性，教育秩序的形成和维护离不开学校制度。

另一方面，学校制度的产生起因于教育失序。存在于学校生活中的各种规章制度之所以被设计出来，就是因为学校生活客观上需要教育秩序。也正是在这个意义上，夸美纽斯说：“没有纪律的学校犹如没有水的水磨坊”。他说，“如果水磨坊的水干涸了，水磨就停止转动。同样，如果你使学校丧失了纪律，你就夺去了它的原动力。”（夸美纽斯，1979：209-210）

2）学校制度有助于减少学校生活中的不确定性，促进学校共同体之间的信任与合作，进而建立良好的教育秩序。人与人之间的信任与秩序的形成密切相关。在学校生活中，由于存在利益的多样化和价值观的多元化，学校共同体之间的交往存在着不确定性。然而，信任却能够应对这种不确定性。著名社会学吉登斯在《现代性的后果》中说道：“信任缩短了因时间和空间造成的距离，排除了人的生存焦虑。若不加以控制，这些焦虑会不断对人的感情和行为造成伤害。”（安东尼·吉登斯，2003：93）因此，只有学校共同体成员间存在稳定的相互信任关系，教育秩序才能建立与维持。

然而，人与人之间的信任决非出于自然。从信任的形成机制来看，信任的建立要么是“出于”道德的非制度性信任，要么是“符合”道德的制度性信任。正如有学者指出的那样，“对于现代社会来说，由于人与人之间的关系主要建立在各种契约关系之上，因而信任的基础是各种契约和规则，包括国家制度、法律以及为了某种特定目的组成的组织和正式规范”（李宝梁，2007：76-82）。因此，基于制度建立的人与人之间的信任是现代社会秩序的基础。作为一个社会组织，学校共同体之间的信任也是奠基于学校制度之上的制度性信任。

3）学校制度可以有效地抑制机会主义倾向，减少教育秩序混乱的诱因。在教育世界中，由于人的教育需要和教育资源的制约，每个人的出发点总是他们自己。因此，教育主体在教育资源竞争过程中会采取各种手段，追求自己利益的最大化，使得一些教育主体具有机会主义行为倾向，这必然导致教育失序。学校制度的本质决定了它在一定程度上可以减少这种机会主义倾向。具体来说，学校制度主要借助提高违规行为成本使教育主体产生稳定预期，从而减少机会主义行为的发生率。

总之，教育秩序以学校制度为条件，学校制度首要价值是秩序价值。

在学校生活中，与学校公共生活有关的制度主要包括《学校章程》《学生会章程》《学生社团联合会章程》《学校大会制度》《听证会制度》等。这些制度不仅明确规定学生的相关权利，还对活动参与程序等各方面做出了有关规定与说明，为学生积极主动地参与公共生活提供了制度支持。当前，不健全的学校公共生活制度是导致学校公共生活不断萎缩与异化的主要原因。因此，要实现学校公共生活的有序展开，首先需要完善学校公共生活制度体系为其提供制度保障。

## 二、丰富学生参与学校公共生活的载体，创新学校公共生活形式

学校公共生活都是在一定空间内发生的，有一群人参与，他们有着某种言论或行动。因此，从空间和活动的角度来说，学校公共生活包括以下几类。

### （一）教室中的学校公共生活

教室是学生生活展开的重要场所，学生在校的大部分时间都在教室里度过。学生在教室里展开的活动有的属于公共生活，有的则是私人生活。凡是为解决学校共同体的公共事务而展开的活动就是公共生活。在教室这个场域中，符合这一条件的活动有课堂生活、班会、集体文艺活动、小组活动、各种非正式活动等。

#### 1. 课堂生活

多勒（W. Doyle）认为，课堂生活是教师与学生在教室里相互作用而形成的生态系统。它具有以下特征："①多维性（multidimensional）。课堂充满了人、任务和时间压力。不同的人、不同的目标都要共享资源，要完成大量的任务。一个行动可能会产生多重效果。因而，教师所做出的任何一项决定都不是单纯的。②同时性（simultaneity）。课堂上每一件事几乎同时发生。一个教师一边解释概念

一边注意学生是否听懂了，还要考虑是否制止正在说小话的学生。③难以预料性（unpredictable）。课堂节奏快，事件不可测。就算一切准备就绪，课仍有可能被打断：或停电，或有人生病，或窗外的噪音等。④公开性（public）。课堂是大家共享的活动场所，因而总是公开的。教师的一言一行都处于学生的注视之中。⑤历时性（history）。师生相处是一段‘历史’过程。”（陈振中，2004）课堂生活的这些特征表明，课堂生活是一种典型的公共生活。在课堂生活这个公共生活中，教师不仅向学生传授法定知识，同时鼓励学生去思考与讨论知识背后的价值与意义，引导学生反思与创造知识。学生在这个过程中收获的不仅仅是知识，更是公民精神的成长。所以，课堂生活也是公民精神成长的重要途径。

2. 班会

所谓班会就是在班主任指导下，全班学生团结起来自主解决问题、达成共识，并实现自身发展的班级教育活动。它具有以下特点：①普遍性。班会以班级共识为行动准则，同时班会为全体成员提供了共同生活的框架，因而，它要求全体成员共同承担责任。②共享性。班会是全体成员追求班级公共价值并分享班级公共利益的实践，表现出共享性。③自治性。所谓自治是指“某个人或者集体管理其自身事务，并且单独对其行为和命运负责的一种状态”（戴维·米勒，2002：745）。班会作为学生进行自我管理、自我调节、自我控制的场所，是学生进行自治的重要内容。④公开性。班会作为班级全体成员大会，所有成员都有权自由、平等的出席会议。⑤宽容性。在班会上，所有成员的意见或观点都受到尊重与保护。由此可见，班会是重要的学校公共生活之一，是公民成长的重要途径。因此，在学生公民精神成长过程中，教师要充分利用和发挥班会的育人功能。

### （二）教师办公室中的公共生活

在现代组织结构中，办公室是重要的工作空间。作为一个特殊的组织，学校空间设置虽然以教室为主，但学校职能部门办公室在学校空间中仍然处在一个重要的位置。教师不仅可以在这里完成自己的工作，还可以帮助学生了解公共机构的职能和责任，教会学生如何处理公共交往的矛盾等。作为学校公共生活领域，办公室空间存在的公共生活有座谈会、听证会、寻求服务、监督、谈话等。

1. 座谈会

中国农业大学教授李桂华等人通过对座谈会的历史沿革考察指出，“座谈会是源于日本的一种会议形式。近代以来，座谈会的名称与形式伴随着中国赴日留学生的介绍传入中国。中国最早的座谈会召开于1930年。1930年初，由夏衍等人发起创办的上海艺术剧社召开了首次座谈会。在此之后，座谈会的名称与形式开始在知识界与大众传媒中逐渐传播开来”（李桂华，2016：84-86）。在中国民主政治发展的推动下，座谈会已经成为各级各类组织或团体普遍开展的一种活动。

在教育实践中，为了提升学校办学质量，体现“以生为本”的教育理念，学生代表座谈会已经成为学校一道亮丽的风景线。学生代表座谈会是指在教师的组织下，通过学生代表的参与，师生一起解决问题，化解矛盾。它强调通过沟通化解冲突、平等对话和民主参与。

学生通过参与座谈会，可以拓宽和畅通教师与学生之间的沟通渠道，提升学生参与意识、维权意识，增强学生的集体荣誉感和归属感，激发学生积极主动地参与到学校管理中来。由此可见，座谈会是重要的学校公共生活之一，是公民成长的重要途径。

2. 听证会

“听证一词源于普通法，其理论依据可以追溯到自然法中的自然公正原则，即任何人在受到惩罚或其他不利处分前，应为之提供公正的听证或其他听取意见的机会。”（许安标，2005：14-16）后来普遍地运用到各种立法和行政活动中，“所谓听证，即行政机关在做出影响行政相对人合法权益的决定前，由行政机关告知决定理由和听证权利，行政相对人表达意见、提供证据以及行政机关听取意见、接纳证据的程序所构成的一种法律制度”（廖小梅，2006：42）。

如今，听证会已经进入普通大众的生活，重要的事情在做出决定前有时会召开听证会。在这样的背景下，校园听证会也不再是一个陌生的词，现在许多学校每隔一段时间就会举行听证会。如上海长宁区的天山第一小学、泸定中学以及华政附中等22所学校的听证会已经常态化，累计参与学生数达到了3000余人次。“在听证准备阶段，学生自行围绕听证议题，通过问卷调查、采访社会人士、访谈政府部门、实地考察等各类实践进行社会角色体验，了解不同群体的利益诉求。在充分准备的基础上，各校相继召开校园模拟听证会，让学生以角色扮演的形式，代表各利益相关方阐述观点、表达主张，并根据听证结果形成具体的方案或制度。如西延安中学制定了《学生自修课方案》，泸定中学出台了《师生在校使用手机细则》。”①

① 沪学校开听证会——学生的问题让学生自己处理[OL].http://news.online.sh.cn/news/gb/content/2015-11/27/content_7631769.htm?g7lcp6ypxm.

校园听证会之所以会受到教师和学生的青睐是因为听证会充分发扬了民主，尊重学生的权利，让学生畅所欲言表达自己的想法和观点，最后由大家投票，确定要解决的问题及方案。在这个过程中，学生不仅了解了听证会的一般流程，增强了学生的权利意识和参与意识，同时还激发了学生的主人翁意识。这对于小公民的成长是十分有益的。

### （三）学生会中的公共生活

学生会是由广大同学民主选举产生，代表广大同学利益的学生组织。按照《中华全国学生联合会章程》第四章第十五条的规定，学生会的基本任务包括以下四个方面：①遵循和贯彻党的教育方针，组织同学开展学习、科技、文体、社会实践、志愿服务等多种活动，促进同学全面发展；②维护校规校纪，倡导良好的校风、学风，促进同学之间、同学与教职员工之间的团结，协助学校建设良好的教学秩序和学习、生活环境；③组织同学开展勤工助学、校园公益劳动等自我服务活动，协助学校解决同学在学习和生活中遇到的实际问题；④沟通学校党政与广大同学的联系，通过学校各种正常渠道，反映同学的建议、意见和要求，参与涉及学生的学校事务的民主管理，维护同学的正当权益。学生会的任务和性质决定了它是学校发展的参与者和组织者，是学生公民精神成长的重要舞台和基地。学生会组织的各项活动如公益活动、社团活动、选举、民意调查等都是学生成长的重要载体。

#### 1. 学生会中的公益活动

公益指公共之利益，相对于一个人之私利、私益而言。凡是涉及公共利益的行为和活动都属于公益活动的范畴。

公益活动提供与人为善，平等尊重，互相帮助，其本质就是公民精神。在现代社会，人们越来越重视公益活动，现代公益活动在传统博爱、奉献的核心要素之外，内涵不断丰富，体现出公民内在的责任意识、参与意识、主体意识、公共情怀，形成了公民精神的重要组成部分。作为一种对社会负责的行动方式，公益活动使得学生在日常生活中除了考虑个人利益得失之外，还要站在社会的立场，主动承担社会责任，因此，公益活动是培养学生公民精神的重要方式。

在教育实践中，学生会组织的常规公益活动包括帮扶类实践活动，如爱心捐款等；环保类实践活动，如植树活动等；宣传类实践活动，如“节电行动、低碳生活”宣传等。

2. 学生会中的社团活动

学生社团是由具有某种共同兴趣爱好的学生自愿组建的非正式组织，这个非正式组织开展的活动即为社团活动。当前，社团活动已经成为学生校园生活的重要组成部分，越来越受到广大教师和学生的重视，活动内容和形式日益广泛丰富多样。从类别上来说，社团活动包括理论学习类、科技活动类、文学艺术类、志愿服务类、体育健身类和综合类等。

社团活动作为一种自我教育、自我管理、自我发展、自我娱乐的活动方式，为学生公民精神的养成提供了广阔空间。“社团实行民主管理、成员共同讨论并确定共同遵守的规则，民主参与增强了他们对规则的认同感和执行的自觉性，有利于认同规则的价值，从而培养他们遵守公共生活规则的意识。社团的领导者实行民主选举，培养了学生平等、竞争意识，增强学生的耐挫折能力；社团实行民主管理，有利于培养学生的权利与义务意识。学生社团成立和活动的开展，为更多同学提供了直接参与民主选举、民主决策、民主管理、民主监督的实践机会，大大提高他们民主参与的能力水平。”（孙建良，2016：218）因此，学校要重视和发挥社团活动在学生公民精神养成的价值。

以上只是抛砖引玉地列举了一些常见的学校公共生活载体，还有许多活动有待我们去挖掘和研究，凡与学生有关的学校公共事务都可以成为学校公共生活的内容。

# 结 语

中国正处于向公民社会转型时期，尽管当前公民社会已取得初步发展，中国公民意识也开始觉醒，但从总体上看，中国公民意识还相当薄弱。因此，在我国走向公民社会的过程中，学校教育要真正起到推动社会发展的超越作用，最有意义的就是在学校范围内开展培养未来公民的探索。然而，公民培养是一个长期而缓慢的过程，需要多渠道、全方位的指导。其中最根本的是建立与公民社会精神相一致的自由、民主、平等的学校生活。然而，自由、民主、平等的学校生活不会自发地形成，它依赖于学校制度的支持。

然而，长期以来，人们总倾向于简单地把学校制度当作学校管理的手段，并把学校制度当作学校管理的全部法宝，不是靠制度去调动人的积极性，而是作为约束人、限制人的有力工具；不是靠制度去激励绝大多数人，而是用它来整治少数人，把人变成了制度的奴隶。同时，很多学校在“一所好学校处处有规矩”这一为大多数校长信奉的格言的指导下，为师生“处处”“时时”“事事”设置规章制度，使师生在这张巨大的“制度之网”下成了被制度牵在手里的奴隶。学校制度本身的这种不合理与不恰当造成的不良后果是：造就了一群人格分裂、循规蹈矩、缺失自由精神的人。显然，这样的人是不可能成长为积极参与公共生活的合格公民的。他至多是一个听话、顺从的臣民。现代学校教育要肩负起公民培养的责任，首先变革学校制度，需要全面透视学校制度存在的问题，寻找学校制度变革的新途径和新方式，从而推进学校生活的整体转变。

“自从有了学校，就有了有关学校的规则和制度。这些规则一直存在，且存在了几千年。人类一直在寻求和建构好的学校制度。著名教育史家泰克（David B.Tyack）的著作《一个最好的制度》（The One Best System）讲述的就是美国人探索和寻求‘最好的教育制度’的历史进程。”（褚宏启，2004：73）中国人也一直在探寻优良的学校制度。但为什么我们的学校制度还重病缠身，甚至“已成为制约学校发展的瓶颈”？当然，这其中的原因很多。但从学理上讲，我们对学校制度的不周全认识不能不说是一个重要原因。长期以来，人们简单地把学校制度当作一种外在于人的、静态的规则体系。对学校制度问题的分析也仅限于对静态制度文本的分析。我们认为，这样的分析是必要的，但它并不能全面地揭示学校制度问题。因为学校制度是规则与行动的统一，对学校制度问题的分析不仅需要从静态的角度去分析制度文本中所存在的问题，更需要从学校制度存在的载体——学校生活中去发现其在制定与实施过程中的问题，从而寻求学校制度变革的新途径、新方式。

关于这一认识，我们受到来自于制度德育研究的启示。从 1999 年至今，以杜时忠教授为代表的一些学者一直都在努力地探讨着制度德育，对制度德育的认识经历了三个阶段：①在理论探索阶段，强调制度的教育性价值，把旁落教育学视野之外的制度纳入到学校德育中来，使制度以其独特的方式发挥育人功能。②在实证探索阶段，强调制度的过程价值，指出制度制订与实施是一个教育过程。同时指出，制度育人功能的发挥以制度制定与实施过程的公正为前提。③在综合实践阶段，强调制度的生活性即学校制度总是生活中的制度，学校制度在本质上是一种生活方式。受此启发，本书提出了学校制度生活的概念，并对学校制度生活的内涵、特征、结构做了论证，力图勾勒出学校制度生活的分析框架，并尝试运用这一分析框架对当前学校制度生活进行审视，进而针对性地重建学校制度生活。

通过改革现行学校制度生活，进而促进学校生活的整体变革，克服不利于公民成长的弊端，是我们进行学校制度生活理论研究的使命。由于研究能力的限制，还有一些问题没有落入本书的视野，如现行学校制度生活在课堂生活、学校公共生活等不同层面所存在的具体问题，如何通过对具体层面学校制度生活的建构来促进学校制度生活乃至学校生活的整体变革，等等。

# 参考文献


阿尔弗德·许茨. 2001. 社会实在问题. 霍桂恒译. 北京：华夏出版社

阿格妮丝·赫勒，魏建平. 1990. 日常生活是否会受到危害. 国外社会科学，（2）：61-66

阿格妮丝·赫勒. 2010. 日常生活. 衣俊卿译. 重庆：重庆出版社

阿克顿. 2001. 自由与权力. 侯健等译. 北京：商务印书馆

阿拉斯代尔·麦金太尔. 1996. 谁之正义？何种合理性？. 万俊人，吴海针，王今一译. 北京：当代中国出版社

阿伦森. 1985. 社会心理学入门. 郑日昌译. 北京：群众出版社

安东尼·吉登斯. 1998. 社会的构成. 李康译. 北京：生活·读书·新知三联书店

安东尼·吉登斯. 2003. 现代性的后果. 田禾译. 南京：译林出版社

柏拉图. 2002. 理想国. 郭斌和，张竹明译. 北京：商务印书馆

班华. 2001. 现代德育论. 合肥：安徽人民出版社

班华，薛晓阳. 2010. 学校道德生活教育模式的探寻与思考. 镇江：江苏大学出版社

包亚明. 2003. 现代性与空间的生产. 上海：上海教育出版社

保尔·芒图. 1997. 十八世纪产业革命：英国近代大工业初期的概况. 陈希秦译. 北京：商务印书馆

边沁. 2000. 道德与立法原理导论. 时殷弘译. 北京：商务印书馆

伯恩·魏德士. 2005. 法理学. 丁小春，吴越译. 北京：法律出版社

博登海默. 1999. 法理学——法律哲学与法律方法. 邓正来译. 北京：中国政法大学出版社

布罗代尔. 1993. 15 至 18 世纪的物质文明、经济和资本主义. 顾良，施康强译. 北京：生活·读书·新知三联书店

布罗姆利. 1996. 经济利益与经济制度——公共政策的理论基础. 陈郁译. 上海：上海三联书店

布罗日克. 1988. 价值与评价. 上海：上海知识出版社

蔡定剑. 2010. 民主是一种现代生活. 北京：社会科学文献出版社
查尔斯·达维南特. 1995. 论英国的公共收入与贸易. 胡企林译. 北京：商务印书馆
查理斯·E. 孟利欧. 中华民国二十年. 美国公民教育. 严菊生译. 上海：商务印书馆
查理斯·爱德华·麦理安. 中华民国二十四年. 公民教育. 黄嘉德译. 上海：商务印书馆
车洪波. 1997. 自主意识的由来与必然走向. 学习与探索，（1）：23-27
陈朝宗. 2007. 论制度设计的科学性与完美性——兼谈我国制度设计的缺陷. 中国行政管理，（4）：107-109
陈桂生. 2004.学校管理实话. 上海：华东师范大学出版社
陈慧. 2006. 初中生学校日常生活方式的研究. 华中师范大学硕士学位论文
陈荣明. 2009. 教育资源优化配置与共享的现实基础与制度安排：以南京市为例. 南京理工大学学报（社会科学版），（4）：81-85
陈瑞华. 2010. 程序正义理论. 北京：中国法制出版社
陈颖. 2011. 教师自主的内涵透视. 教育学术月刊，（9）：11-15
陈永森. 2004. 告别臣民的尝试——清末民初的公民意识与公民行为. 北京：中国人民大学出版社
陈振中. 2004. 社会性、互动与权力——诠释课堂生活的社会学视角. 湖南师范大学教育科学学报，（4）：20-23
陈忠武. 2004. 人性的烛光. 昆明：云南人民出版社
陈周旺. 2000. 论共同体主义对西方自由主义的批判. 现代哲学，（2）：85-89
成有信. 1996. 公民·公民素养·公民教育. 北京师范大学学报（哲学社会科学版），（5）：76-80
程斯辉，明庆华. 2001. 关于学生观的新视野. 教育理论与实践，（21）：22-27
褚宏启. 2004. 中国教育管理评论（第 2 卷）. 北京：教育科学出版社
川岛武宜. 1993. 现代化与法. 申政武译. 北京：中国政法大学出版社
崔玉娈. 2011. 制度精神初探——中国政治制度的视角. 复旦大学博士学位论文
戴维·L. 韦墨. 2004. 制度设计. 朱宝钦译. 上海：上海财经大学出版社
戴维·米德. 2005. 社会正义原则. 应奇译. 南京：江苏人民出版社
戴维·米勒. 2002. 布莱克维尔政治学百科全书. 邓正来译. 北京：中国政法大学出版社
党秀云. 2005. 公民精神与公共行政. 中国行政管理，（8）：105-108
道格拉斯·C. 诺斯. 1999. 经济史中的结构与变迁. 陈郁译. 上海：上海三联书店
道格拉斯·C. 诺斯. 2011. 制度、制度变迁和经济绩效. 杭行译. 上海：格致出版社
德里克·希特. 2007. 何谓公民身份. 郭忠华译. 长春：吉林出版集团责任公司
邓正来. 1999. 国家与市民社会. 北京：中央编译出版社
邓正来. 2002. 市民社会理论的研究. 北京：中国政法大学出版社

刁瑷辉. 2007. 论协商民主与公民精神的养成. 江西行政学院学报，(3)：47-50
董明. 2005. 柔性面相下的冲突与和谐——中国公民社会成长路径再探. 学术论坛，(7)：111-116
董石桃. 2010. 公民参与与民主理论. 新疆科学论坛，(3)：30-36
杜保友. 2009. 中国特色社会主义公民社会若干重要问题研究. 中共中央党校博士学位论文
杜时忠. 2001. 制度比榜样更重要——新时期学校德育制度建设初探. 人民教育，(9)：40-41
杜时忠. 2002. 制度德性与制度德育. 教育研究与实验，(1)：38-43
杜时忠. 2009. 社会变迁与德育实效——转型期中小学德育实效报告. 北京：教育科学出版社
杜时忠. 2012. 论德育走向. 教育研究，(2)：60-64
杜时忠. 2013. 国家道德即德育. 教育研究与实验，(1)：7-10
杜威. 1966. 教育的社会——经济目的的含义.资产阶级哲学资料选辑. 哲学研究编辑部.上海：上海人民出版社
杜威. 1981. 杜威教育论著选. 赵祥麟译. 上海：华东师范大学出版社
杜威. 1990. 民主主义与教育. 王承绪译. 北京：人民教育出版社
杜威. 1997. 新旧个人主义. 孙有中译. 上海：社会科学院出版社
杜威. 2005. 人的问题. 傅统先译. 上海：上海世纪出版集团
杜威. 2010. 民主主义与教育. 王承绪译. 北京：人民教育出版社
段治乾. 2004. 教育制度伦理研究. 北京师范大学博士学位论文
恩斯特·卡西尔. 1985. 人论. 甘阳译. 上海：上海译文出版社
范进学. 1996. 论权利的制度保障. 法学杂志，(6)：18-19
方展画. 1997. 高校办学自主权刍议. 辽宁高等教育研究，(6)：45-47
冯建军. 2008. 教育公正——政治哲学的视角. 福州：福建教育出版社
冯建军. 2008. 教育学视野中的教育公正. 陕西师范大学学报(哲学社会科学版)，37（2)：5-9
冯永刚. 2008. 制度架构下的道德教育研究. 山东师范大学博士学位论文
冯友兰. 1996. 三松堂全集（第1卷）. 天津：天津人民出版社
冯增俊. 2000. 教育人类学. 北京：人民教育出版社
傅松涛，刘树船. 2004. 教育生活简论. 河北大学学报（哲学社会科学版)，(5)：1-5
富勒. 2010. 法律的道德性. 郑戈译.北京：商务印书馆
高丙中. 2008. 中国的公民社会发展状态——基于“公民性”的评价. 探索与争鸣，(2)： 8-14
高德胜. 2005. 生活德育论. 北京：人民出版社
高国希. 2008. 德性的结构.道德与文明，(3)：40
古德·T，J. 布罗菲. 2002. 透视课堂. 陶志琼译. 北京：中国轻工业出版社

顾准. 1982. 希腊城邦制度. 北京：中国社会科学出版社

郭法奇. 2009. 中世纪西欧儿童的日常生活与教育.首都师范大学学报（社会科学版），（3）：63-67

郭齐勇. 2009. 中国儒学之精神. 上海：复旦大学出版社

郭元祥. 2002. 生活与教育——回归生活世界的基础教育论纲. 武汉：华中师范大学出版社

郭湛. 2009. 社会公共性研究. 北京：人民出版社

郭忠华，刘训练. 2007. 公民身份与社会阶级. 南京：江苏人民出版社

海德格尔. 1987. 存在与时间. 陈嘉映，王庆节译. 北京：生活・读书・新知三联书店

海德格尔. 1999. 存在与时间. 陈嘉映，王庆节译. 北京：生活・读书・新知三联书店

汉密尔顿杰伊，麦迪逊. 1980. 联邦党人文集. 程逢如，在汉，舒逊译. 北京：商务印书馆

汉娜・阿伦特. 1999. 人的条件. 竺乾威译. 上海：上海人民出版社

汉娜・阿伦特. 2005. 公共领域与私人领域. 见：文化与公共性. 汪晖译. 北京：生活・读书・新知三联书店

何东昌. 1998. 中华人民共和国重要教育文献（1949-1975）. 海口：海南出版社

何启林. 2008. 中国特色社会主义宗教理论的形成和发展. 改革开放 30 年统一战线理论与实践，(11)：199-208

何增科. 2002. 全球公民社会引论. 马克思主义与现实(双月刊)，（3）：31-40

贺继明. 2009. 高职校园文化建设的探索与实践. 成都：电子科技大学出版社

赫尔曼・海因里希・戈森. 1997. 人类交换规律与人类行为准则的发展. 陈秀山译. 北京：商务印书馆

黑格尔. 1979. 法哲学原理. 范杨译. 北京：商务印书馆

黑格尔. 1980. 小逻辑. 贺麟译. 北京：商务印书馆

亨利・A. 吉姆. 2008. 教师作为知识分子——迈向批判教育学. 朱红文译.北京：教育科学出版社

洪宝书. 1990. 析人的素质结构与全面发展教育的组成. 中国教育学刊，（1）：51-53

洪明，许明. 2002. 国际视野中公民教育的内涵与成因. 国外社会科学，（4）：42-46

胡斌武. 2006. 德育制度十年：问题与走向，（3）：16-19

胡春光. 2007. 学校生活中的规训与抗拒. 华中师范大学博士学位论文

胡锦光，韩大元. 1993. 当代人权保障制度. 北京：中国政法大学出版社

胡塞尔. 1988. 现象学和哲学的危机. 吕祥译. 北京：国际文化出版社公司

胡塞尔. 2001. 欧洲科学的危机和超越论的现象学. 王炳文译. 北京：商务印书馆

黄济. 2011. 教育哲学通论. 太原：山西教育出版社

黄颂杰，吴晓明，安延明. 1986. 萨特其人及其“人学”. 上海：复旦大学出版社

基尔摩・奥唐奈. 1999. 论委任制民主. 见：刘军宁. 民主与民主化. 北京：商务印书馆

加布里埃尔·A. 阿尔蒙德，鲍威尔. 1987. 比较政治学：体系、过程和政策. 曹沛霖译. 上海：上海译文出版社

贾高建. 1994. 三维自由论. 北京：中共中央党校出版社

贾新华. 2010. 当代大学生规则意识的缺失与培育. 教育理论与实践，(3)：30-32

江国华. 2010. 宪法与公民教育——公民教育与中国宪政未来. 武汉：武汉大学出版社

金生鈜. 2008. 保卫教育的公共性. 福州：福建教育出版社

金一鸣. 2000. 中国社会主义教育的轨迹. 上海：华东师范大学出版社

敬海新. 2007. 在理想与现实之间. 中共中央党校博士论文

卡尔·雅思贝尔斯. 1991. 什么是教育. 邹进译. 北京：生活·读书·新知三联书店

康·格·费多罗夫. 1985. 外国国家和法律制度史. 叶长良，曾宪义译. 北京：中国人民大学出版社

康德. 1990. 历史理性批判文集. 何兆武译. 北京：商务印书馆

康德. 1991. 法的形而上学原理. 沈叔平译. 北京：商务印书店

康德. 2000. 实践理性批判. 韩水法译. 北京：商务印书馆

康芒斯. 1962. 制度经济学. 于树生译. 北京：商务印书馆

康永久. 2003. 教育制度的生成与变革——新制度教育学论纲. 北京：教育科学出版社

康永久. 2004. 知识输入还是制度重建——公立学校制度变革的中国之路. 华东师范大学博士后论文

柯武刚，史漫飞. 2004. 制度经济学——社会秩序与公共政策. 北京：商务印书馆

克里希那穆提. 2005. 思考从结论开始吗：生命的注释III. 徐文晓译. 上海：华东师范大学出版社

肯尼思·W. 汤普森. 1997. 宪法的政治理论. 张志铭译. 北京：生活·读书·新知三联书店

夸美纽斯. 1979. 大教学论. 傅任敢译. 北京：教育科学出版社

赖配根. 2009. 唤醒儿童的道德生命——中央教育科学研究所南山附属学校公民教育探索实践. 人民教育，(11)：53-61

蓝维. 2007. 公民教育：理论、历史与实践探索. 北京：人民出版社

劳凯声. 2003. 变革社会中的教育权与受教育权——教育法学基本问题研究. 北京：教育科学出版社

劳伦斯·A. 克雷明. 1994. 学校的变革. 单中惠译. 上海：上海教育出版社

黎玉琴. 2006. 论当代中国社会中的公民精神. 当代世界与社会主义，(5)：78-82

李宝梁. 2007. 论公民社会信任机制的建立基础. 南方论坛，(1)：76-82

李超杰. 1994. 理解生命——狄尔泰哲学引论. 北京：中央编译出版社

李登祥，郭玉英. 1990. 略论教育扶序的构成因素. 教育评论，(5)：1-7

李扉南，陈浩. 2002. 浅谈程序正义基本原则对学术评审制度的构建. 中国基础科学，(6)：46-50
李桂华. 2016. 全国政协双周协商座谈会制度的历史沿革. 前线，(3)：84-86
李恒威. 2007. 生活世界的复杂性及其认知动力模式. 北京：中国社会科学出版社
李家成. 2003. 学校教育是制度保障下的生活——对学校教育“制度”的认识. 当代教育论坛，（5）：23-26
李家成. 2009. 重建学生学校日常生活的教育努力——“新基础教育”学生工作的“魂”“体”“理”“脉”. 中国教育学刊，（9）：17-19
李家成，王晓丽. 2009. 新基础教育学生发展与教育指导纲要. 桂林：广西师范大学出版社
李江源. 2003. 论社会转型时期的教育失序与教育制度重建. 当代教育论坛，（6）：9-15
李江源. 2004. 论教育制度公正. 河北师范大学学报（教育科学版），（3）：10-12
李景治. 2009. 当代中国政治发展与制度创新. 北京：中国人民大学出版社
李丽. 2009. 学生是什么——生存论视野下的学生观. 上海教育科研，（3）：55-57
李松玉. 2005. 制度权威研究. 北京：社会科学出版社
李维勇等. 2001. 社会科教育展望. 上海：华东师范大学出版社
李文阁. 2005. 生活价值论. 昆明：云南人民出版社
李晓文. 2005. 教育，要从学生的成长需要出发. 人民教育，（1）：16-19
李新宽. 2005. 英国重商经济体制研究. 东北师范大学博士学位论文
李兴洲. 2005. 现代学校制度的价值取向探析. 当代教育科学，（20）：6-10
李彦然. 2002. 学校德育制度论. 华中师范大学硕士学位论文
李镇西. 2009. 民主与教育. 桂林：漓江出版社
联合国教科文组织国际教育委员会. 1996. 学会生存——教育世界的今天和明天. 华东师范大学比较教育研究所译. 北京：教育科学出版社
梁金霞. 2010. 中国德育向公民教育转型研究. 北京：知识产权出版社
梁其贵. 2004. 制度生活与道德教育. 思想理论教育，（z1）：75-77
梁启超. 1989. 中国积弱溯源论. 北京：中华书局
梁漱溟. 2008. 中国文化要义. 上海：上海人民出版社
梁禹祥. 2000. 制度伦理与道德建设. 道德文明，（3）：27-30
廖小梅. 2006. 什么是立法听证会.求知，（1）：42
林德宏. 2001. 人：物质精神二象性. 自然辩证法，（9）：4-7
刘超良. 2005. 德育：寻求学校制度的德性变革. 现代教育科学，（3）：23-26
刘超良. 2007. 制度德育论. 武汉：湖北教育出版社
刘超良，杜时忠. 2009. 社会风气：在制度德性的变革中转变. 高等教育研究，（4）：20-24

刘春梅. 2011. 教育秩序：个体行为秩序化形成的制度需要. 河南师范大学学报（哲学社会科学版），（3）：237-239
刘伏海. 1987. 斯宾诺莎自由观的贡献与局限. 湖南师大社会科学学报，（6）：17-20
刘华杰. 2010. 学校制度的教育性机制及其影响因素. 教育研究与实验，（6）：11-14
刘明翰. 1982. 外国历史常识部分（中世纪部分）. 北京：中国青年出版社
刘铁芳. 2004. 守望教育. 上海：华东师范大学出版社
刘铁芳. 2005. 建设优质学校生活的基本路径. 湖南师范大学教育科学学报，（3）：42-45
刘铁芳. 2005. 走向生活的教育哲学. 长沙：湖南师范大学出版社
刘铁芳. 2013. 公共生活与公民教育：学校公民教育的哲学探究. 北京：教育科学出版社
刘云彬. 2001. 学校生活社会学. 南京：南京师范大学出版社
卢乐山等. 1995. 中国学前教育百科全书（教育理论卷）. 沈阳：沈阳出版社
卢楠楠. 2006. 制度德育. 武汉理工大学硕士学位论文
卢梭. 2009. 社会契约论. 何兆武译. 北京：商务印书馆
卢现祥. 1997. 市场经济的新问题——人的机会主义行为倾向及其制约机制. 中州学刊，（1）：45-48
卢现祥. 2000. 论制度变迁中的制度供给过剩问题. 经济问题，（10）：10
卢现祥. 2010. 新制度经济学. 武汉：武汉大学出版社
卢旭. 2010. 制度德育论的反思与前瞻. 教育研究与实验，（1）：32-34
鲁洁. 2000. 人对人的理解：道德教育的基础——道德教育当代转型的思考. 教育研究，（7）：3-10
鲁洁. 2002. 德育社会学.福州：福建教育出版社
路鹏. 2009. 中国公民社会研究进程“两段论”之考证. 经济研究导刊，（9）：202-203
吕元礼. 2004. 现代民主社会的公民精神. 社会科学家，（6）：30-33
罗伯特·G. 欧文斯. 2001. 教育组织行为学. 窦卫霖译，上海：华东师范大学出版社
罗伯特·达尔. 1999. 论民主. 李柏光译. 北京：商务印书馆
罗伯特·列文. 2007. 时间地图. 范东生，许俊农译. 上海：上海科学出版社
罗念生. 2004. 古希腊语汉语词典. 北京：商务印书馆
罗儒国. 2009. 教学生活的反思与重建——基于生存论的审视. 济南：山东人民出版社
罗斯柯·庞德. 1984. 通过法律的社会控制. 沈宗灵译. 北京：商务印书馆
马超. 2005. 塑造公民文化——联邦德国的政治文化变迁.德国研究，20（1）：26-30
马德普. 2000. 政治制度及其功能. 郑州大学学报（社科版），（5）：11-15
马光明. 2009. 改革开放与中国政治发展. 济南：山东人民出版社

马克斯 • 范梅南. 2009. 生活体验研究——人文科学视野中的教育学. 宋广文译. 北京：教育科学出版社

马克斯 • 韦伯. 1998. 经济与社会中的法律. 张乃根译. 北京：中国大百科全书出版社

马清槐.1963. 阿奎那政治著作选.北京：商务印书馆

马晓燕. 2005. 公民社会的核心——公民精神. 甘肃理论学刊，（11）：94-100

迈克尔 • 富兰. 2005. 学校领导的道德使命. 中央教育科学研究加拿大多伦多国际学院译. 北京：教育科学出版社

苗力田. 1992. 亚里士多德全集（第八卷）. 北京：中国人民大学出版社

毛家瑞，孙孔懿. 2001. 素质教育论. 北京：人民教育出版社

梅因. 1984. 古代法. 沈景一译. 北京：商务印书馆

孟德斯鸠. 2005. 论法的精神. 于应机译. 西安：陕西人民出版社

孟瑜. 2011. 中小学校制度建设存在的问题及思考. 教育探索，(4)：49-51

米歇尔 • 福柯. 1999. 规训与惩罚. 刘北成译. 上海：上海三联书店

苗炎. 2007. 哈特法律规范性理论研究. 吉林大学博士学位论文

尼古拉斯 • M. 米凯利. 2009. 为了民主和社会公正的教师教育. 任友群译.上海：华东师范大学出版社

诺齐克. 1991. 无政府、国家和乌托邦. 何怀宏译. 北京：中国社会科学出版社

欧博文. 2008. 民主之路?——中国村民选举评析. 云南师范大学哲学与政法学院译. 国外理论动态，（7）：59-70

潘洪建，仇丽君. 2011. 学习共同体研究：成绩、问题与前瞻. 当代教育与文化，（3）：56-60

潘修华. 2010. 论公民社会的组织特征. 行政论坛，（1）：81-83

潘一禾. 2010. 生活世界的民主——探询当代中国的新政治文化. 北京：社会科学文献出版社

彭定光. 2002. 论制度正义的两个层次. 道德与文明 ，（1）：26-30

蒲岛郁夫. 1989. 政治参与. 解莉莉译. 北京：经济日报出版社

戚珩. 1993. 关于“市民社会”若干问题的思考. 天津社会科学，（5）：59-63

齐久恒. 2015. 中国公民社会组织发展境况的实证分析. 技术经济与管理研究，(11)：113-119

乔万尼 • 萨托利. 2010. 民主新论. 冯克利译. 上海：上海人民出版社

乔治 • 赫伯特 • 米德. 1999. 心灵、自我与社会. 霍桂桓译. 北京：华夏出版社

秦德君. 2011. 中国公民文化. 上海：东方出版社

邱伟光，张耀灿. 1999. 思想政治教育学原理. 北京：高等教育出版社

瞿葆奎. 1998. 教育基本理论之研究. 福州：福建教育出版社

让 • 保罗 • 萨特. 1987. 存在与虚无. 陈宣良译. 北京：生活 • 读书 • 新知三联书店

塞缪尔·P. 亨廷顿. 1989. 变化社会中的政治秩序. 王冠华，刘为等译. 北京：生活·读书·新知三联书店
塞缪尔·P. 亨廷顿. 1998. 第三波——20 世纪后期民主化浪潮. 刘军宁译. 上海：上海三联书店
上海社会科学院历史研究所. 1981. 辛亥革命在上海史料选辑. 上海：上海人民出版社
沈明明. 2009. 中国公民意识调查数据报告. 北京：社会科学文献出版社
施惠玲. 2003. 制度伦理研究论纲. 北京：北京师范大学出版社
施雪华. 2005. 建构有成熟规则的中国公民社会. 学习月刊，（8）：23-26
石艳. 2009. 我们的“异托邦”——学校空间社会学研究. 南京：南京师范大学出版社
石中英. 2006. 教育哲学. 北京：北京师范大学出版社
斯宾诺莎. 1983. 伦理学. 贺麟译. 北京：商务印书馆
斯蒂芬·L. 埃尔金. 1997. 新宪政论：为美好的社会设计政治制度. 周叶谦译. 北京：生活·读书·新知三联书店
宋恩荣. 1989. 梁漱溟教育文集. 江苏：江苏教育出版社
宋官东. 2005. 从众新论. 心理科学，28（5）：1174-1178
苏霍姆林斯基. 2001. 苏霍姆林斯基选集（第 5 卷）. 蔡汀译. 北京：教育科学出版社
苏守波. 2011. 美国现代化过程中的公民教育研究. 济南：山东人民出版社
孙建良. 2016. 中学生公民教育系列活动的建构. 上海：同济大学出版社
孙孔懿. 2011. 教育像什么. 南京：江苏教育出版社
孙守春. 2003. 论西欧中世纪等级制度. 牡丹江师范学院学报(哲学社会科学版)，(3)：41-44
孙中亲. 2008. 从计划到市场——中国经济转型探析. 北京：中国社会出版社
孙中山. 1981. 孙中山全集（第 2 卷）. 北京：中华书局
谈心. 2007. 制度德育初探. 湖南师范大学硕士学位论文
谈心. 2007. 制度德育内涵探新. 大学教育科学，（6）：20-24
谭斌. 2005. 论学生的需要. 教育学报，（5）：12-14
檀传宝. 2005. 制度缺失与制度伦理——兼议教育制度建设. 中国教育学刊，（10）：10-11
檀传宝. 2010. 论公民教育是全部教育的转型——公民教育意义的现代化视角分析. 安徽师范大学学报（人文社会科学版），（5）：498-502
檀传宝. 2011. 公民教育引论. 北京：人民出版社
陶行知. 1981. 陶行知教育文选. 北京：教育科学出版社
涂尔干. 2006. 道德教育. 陈光金等译. 上海：上海人民出版社
托马斯·雅诺斯基. 2000. 公民与文明社会. 柯雄译. 沈阳：辽宁教育出版社
王步标等. 1994. 人体生理学. 北京：高等教育出版社

王东旐. 2006. 关于公民教育基础问题及基本内涵的思考. 中州学刊，(4)：134-137

王海明. 2010. 公正与人道——国家治理道德原则体系. 北京：商务印书馆

王家军. 2009. 学校道德生活的管理透视. 镇江：江苏大学出版社

王健敏. 2002. 道德学习论. 杭州：浙江教育出版社

王浦劬. 1995. 政治学基础. 北京：北京大学出版社

王忍之. 1960. 辛亥革命前十年间时论选集（第一卷下册）. 北京：生活·读书·新知三联书店

王蓉. 2008. “办人民满意的学校”——一个关于中小学校的民众满意度调查. 北大教育评论，(4)：23-27

王锐生. 1997. 经济公正与社会主义精神文明. 首都师范大学学报（社会科学版），(4)：1-6

王啸. 2006. 全球化时代的中国公民教育. 福州：福建教育出版社

王雄，朱正标. 2007. 重建学校公共生活——中小学公民教育的理论与实践探索. 中国德育，(8)：33-64

王颖. 2003. 当代中国公民教育历史性复兴的现实反思. 教育理论与实践，(2)：7-11

王资姿. 2011 人的全面发展：从理论到指标体系. 北京：中央编译出版社

威尔·金里卡. 2004. 当代政治哲学（下）. 刘莘译. 上海：上海三联出版社

威廉·巴雷特. 1999. 非理性的人——存在主义哲学研究. 杨照明，艾平译. 北京：商务印书馆

魏书生. 2011. 班主任工作漫谈. 北京：文化艺术出版社

邬开东，查啸虎. 2006. 高校德育中隐蔽课程的作用机制及实施策略. 安徽理工大学学报（社会科学版），8（4）：8-10

吴翠丽. 2006. 社会制度伦理分析. 南京：东南大学出版社

吴康宁. 1998. 教育社会学. 北京：人民教育出版社

吴晓明. 1994. 德赛二先生与社会主义——陈独秀文选. 上海：上海远东出版社

吴晓云. 2008. 西方学者论改革开放以来中国政治的发展. 马克思主义与现实(双月刊)，(6)：85-95

吴增基. 2001. 理性精神的呼唤. 上海：上海人民出版社

吴遵明. 2007. 学校转型中的管理变革——21 世纪中国新型学校管理理论的构建. 北京：教育科学出版社

谢宝贵. 2012. 平等的价值：外在的与内在的. 道德与文明，(4)：30-34

谢林. 1977. 先验唯心主义体系. 北京：商务印书馆

信春鹰. 2008. 中国国情与社会主义法治.法制日报. 2008-06-29

修昔底德. 1985. 伯罗奔尼撒战争史（上卷）. 谢德风译. 北京：商务印书馆

修昔底德. 1991. 伯罗奔尼撒战争史. 谢德风译. 北京：商务印书馆

徐春. 2007. 人的发展逻辑：从自由发展到全面发展. 晋阳学刊，（2）：24-36
许安标. 2005. 立法听证会制度概述. 中国人大，（19）：16-18
许新海. 2009. 教育生活之危机与救赎——通过新教育走向新生活. 苏州大学博士学位论文
雅斯贝尔斯. 1991. 什么是教育. 邹进译. 北京：生活 • 读书 • 新知三联书店
亚里士多德. 1965. 政治学. 吴寿彭译. 北京：商务印书馆
亚里士多德. 2009. 政治学. 吴寿彭译. 北京：商务印书馆
严从根. 2013. 我国教师的公民教育能力及提升路径.湖南师范大学教育科学学报，（6）：15-19
阎云翔. 2006. 私人生活的变革：一个中国村庄里的爱情、家庭与亲密关系（1949-1999）.龚小夏译. 上海：上海书店出版社
燕国材. 1996. 素质教育论. 江西教育科研，（6）：26-29
燕国材. 2003. 教育功能泛化刍议. 探索与争鸣，（6）：43-44
杨莉. 2015. 广州市中小学教师公民意识整体现状的调查报告. 教育科学研究，（2）：18-22
杨善华. 1999. 当代西方社会学理论. 北京：北京大学出版社
杨小微. 2010. 促进学生发展的学校制度建设. 教育发展研究，（4）：10-15
杨楹. 2004. 生活哲学：探究中的马克思主义哲学. 北京：社会科学文献出版社
叶飞. 2014. 公共交往与公民教育.北京：人民出版社
叶澜. 2006. 新基础教育论——关于当代中国学校变革的探究与认识. 北京：教育科学出版社
叶汝贤，黎玉琴. 2006. 公民社会、公民精神和集体行动. 马克思主义与现实，（3）：30-35
衣俊卿. 2005. 现代化与日常生活批判. 北京：人民出版社
易杰雄. 1998. 道德中心主义与政治进步. 文史哲，（6）：62-67
英格尔斯. 1981. 社会学是什么. 陈观胜等译. 北京：社会科学出版社
尤根 • 哈贝马斯. 2005. 公共领域的结构转型. 曹卫东译. 上海：学林出版社
余维武. 2009. 从“公私领域相分离”谈我国当前的道德教育. 教育理论与实践，（7）：44-47
余潇风. 1998. 哲学人格. 长春：吉林教育出版社
余英时. 2008. 士和中国文化. 上海：上海人民出版社
俞可平. 1993. 社会主义市民社会：一个新的研究课题. 天津社会科学，（4）：45-48
俞可平. 2003. 中国公民社会的兴起与治理的变迁. 北京：社会科学文献出版社
袁贵仁. 1994. 对人的哲学理解. 郑州：河南人民出版社
袁贵仁，韩庆祥. 2003. 论人的全面发展. 南宁：广西人民出版社
袁久红. 2003. 正义与历史实践：当代西方自由主义正义理论批判. 南京：东南大学出版社
约翰 • I. 古得莱. 2006. 一个称作学校的地方. 苏智欣译. 上海：华东师范大学出版社
约翰 • 杜威. 2001. 民主主义与教育. 王承绪译. 北京：人民教育出版社

约翰•罗尔斯. 2011. 正义论. 何怀宏译. 北京：中国社会科学出版社
约翰•密尔. 1996. 论自由. 程崇华译. 北京：商务印书馆
约翰•斯图亚特•穆勒. 2007. 功利主义. 叶建新译. 北京：九州出版社
约翰逊. 1988. 社会学理论. 南开大学社会学系译. 北京：国际文化出版公司
约瑟夫•拉兹. 2005. 法律的权威. 朱峰译. 北京：法律出版社
约瑟夫•熊彼特. 1999. 资本主义、社会主义和民主主义. 吴良健译. 北京：商务印书馆
曾天山. 2008. 教育研究中的技术与方法. 教育理论与实践，（4）：12-16
曾珍宝. 2007. 论公民精神与构建社会主义和谐社会的关系. 中北大学学报(社会科学版),（4）：5-12
张楚廷. 2004. 全面发展实质即个性发展——重温马克思全面发展学说的启示. 北京大学教育评论，（2）：70-74
张楚廷. 2006. 全面发展的九要义. 高等教育，（10）：1-6
张国平. 2012. 中国特色社会主义具体制度探索. 北京：线装书局
张环. 2006. 青年学生社交能力评定问卷的编制. 安徽师范大学学报（人文社会科学版），（3）：362-363
张磊. 2001. 试论孙中山的文化取向未来国家与社会的趋势和模式. 学术研究，（4）：96-101
张历生. 2012. 孙中山就任中华民国临时大总统. 北京档案，（1）：53-55
张民选. 1992. 杰弗逊公民教育思想述评. 上海师范大学学报，（4）：143
张融. 2007. 论公共行政的精神基础——公民精神. 新西部，（16）：94-95
张同基，包哲兴. 1996. 精神生活：一个属人的世界. 宁夏社会科学，（6）：78-85
张维迎. 2006. 信息、信任与法律. 北京：生活•读书•新知三联书店
张晓东. 2010. 论特殊公共生活——学校生活的整体建构. 教育探索，（12）：18-20
张新平. 2001. 教育组织范式论. 南京：江苏教育出版社
张宇燕. 1997. 民主的经济意义. 北京：生活•读书•新知三联书店
张镇镇. 2010. 公民精神与中国社会的现代变革. 上海大学博士学位论文
张震晋. 2007. 浅谈学生权利的内涵与保障机制. 科教资料，（4）：65-66
张忠山. 1999. 我国教育管理价值取向应以科学管理为基础. 江西教育科研，（1）：33-72
赵汀阳. 2004. 论可能生活. 北京：中国人民大学出版社
赵一凡. 1989. 美国的历史文献. 蒲隆译. 北京：生活•读书•新知三联书店
中国经济年鉴编辑委员会. 1982. 1981 年中国经济年鉴（简编）. 北京：经济管理出版社
中央编译局. 1957. 马克思恩格斯全集（第 2 卷）. 北京：人民出版社
中央编译局. 1972. 马克思恩格斯选集（第 1 卷）. 北京：人民出版社

中央编译局.1974. 马克思恩格斯全集（第39卷）. 中央编译局译. 北京：人民出版社

中央编译局. 1980. 马克思恩格斯全集（第46卷）. 北京：人民出版社

中央编译局. 1995. 马克思恩格斯选集（第1卷）. 北京：人民出版社

中央编译局. 1995. 马克思恩格斯选集（第3卷）. 北京：人民出版社

中央编译局. 1996. 马克思恩格斯全集（第18卷）. 北京：人民出版社

中央教育科学研究所. 1983. 中华人民共和国教育大事记（1949—1982）. 北京：教育科学出版社

中央教育研究所编. 1981. 陶行知教育文选. 北京：教育科学出版社

周冠生. 2000. 素质心理学. 上海：上海人民出版社

周国平. 2005. 诗人哲学家. 上海：上海人民出版社

周国文. 2006. 公民社会概念溯源及研究述评. 哲学动态，（3）：58-66

周来祥. 1984. 论美是和谐. 北京：人民出版社

周蜀溪. 2005. 蔡元培讲教育.北京：新华出版社

周晓燕. 2012. 自主的学生：学校教学生活中的现实建构. 北京：教育科学出版社

周雪峰. 2010. 社会主义法治理念的公平正义观. 武汉科技大学学报(社会科学版)，（3）：53-59

周宗伟. 2006. 高贵与卑贱——学校文化的社会学研究. 南京：南京师范大学出版社

周作宇. 2000. 问题之源与方法之镜：元教育理论探索.北京：教育科学出版社

朱典淼. 2009. 人学四论. 合肥：安徽人民出版社

朱小蔓. 2008a. 基础教育阶段现代学校制度的理论与实践研究. 北京：教育科学出版社

朱小蔓. 2008b. 现代学校制度的理论与实践. 北京：教育科学出版社

朱元善. 1916. 今后之教育方针——实施公民教育. 教育杂志，8（4）：5-6

朱智贤. 1989. 心理学大词典. 北京：北京师范大学出版社

邹吉忠. 2003. 自由与秩序. 北京：北京师范大学出版社

邹吉忠. 2006. 现代社会与制度创新的复杂性思考. 天津社会科学，（3）：36-41

佐藤学. 2003. 课程与教师. 钟启泉译. 北京：教育科学出版社

佐藤学. 2011a. 学校的挑战——创建学习共同体. 钟启泉译. 上海：华东师范大学出版社

佐藤学. 2011b. 学校再生的哲学——学习共同体与活动系统. 钟启泉译. 全球教育展望，（3）：4-10

Benjamin B. 1984. Strong Democracy. Berkeley：University of California Press

Brubaker P W. 1992. Citizenship and Nationhood in France and Germany. Cambridge， MA and London：Harvard University Press

Dewey J. 1991. The public and its problems. Athens：Swallow Press，Ohio University Press：109-227

Douglas W Rae. 1981. Equalities. Cambridge，Mass：Harvard University Press

Kennedy K J. 1997. Citizenship Education and the Modern State. New York：The Falmer Press

Shaklar J.1991. American Citizenship. Cambridge， Mass：Harvard University Press

Sheils W J. 1989. The English Refoumation1530-1570. New York：Longman Inc

# 附　录

## 访谈提纲

访谈目的：通过校长、教师及学生访谈，了解我国当前中小学学校制度的制定与运行状况，总结我国当前学校制度实践的经验、教训乃至影响因子，并以此为依据为学校制度创新提供建议和支持，最终使学校制度规范下的学校生活成为有利于学生公民精神养成的一种自由、平等、民主、理性的公民生活。

一、校长及教师访谈提纲

1. 学校生活从无序走向有序，需要借助学校制度的规范作用；学校生活从自主走向控制，又归罪于学校制度的强制性，那么您如何看待学校制度在学校管理及学生品德发展中的作用？贵校制定学校制度的基本理念是什么？

2. 贵校学校制度内容主要包括哪些？

3. 学校制度建设是一个不断建构的过程，一般而言哪些原因会促使贵校制定新的学校制度？可举例说明。

4. 贵校制定学校制度的一般过程是怎样的？有没有可资参考的一般程序？

5. 贵校在制定学校制度的过程中，校长、教师、学生、家长分别扮演着什么角色？教师、学生、家长参与学校制度制定有没有保障措施？（特别是制度方面的）

6. 您是如何看待学生参与学校制度制定的？您认为学生参与学校制度制定与提高学校制度的合理性、科学性、公正性之间有没有内在的关联？基于学生年龄、知识、能力背景的实际情况，您认为如何把握学生参与的程度？

7. 贵校主要通过什么方式发布学校规章制度？通过什么途径让学生了解学校制度内容？

8. 学校制度的有效执行一直是教育实践中的难题，贵校是如何保证学校制度得到有效实施的？请您举例说明。

9. 具有贵校特色的学校制度有哪些？请您谈一下推出其中某项制度的背景以及过程。

10. 您认为贵校学校制度的实施效果如何？贵校有没有招致学生不满的学校制度？如果有，请举例说明。贵校如何面对和解决学生的不满情绪？

11. 最后请您谈一下对促进贵校制度创新的一些设想和展望。

二、学生访谈提纲

1. 你班有班规吗？

2. 在你看来，你班制定班规的目的是什么？

3. 你班的班规是由谁制定的？

4. 你是如何了解班规及学校有关学生管理制度的？

5. 你班的班规主要包括哪些内容？

6. 教师及班干部在班规执行过程中有没有什么地方遭到学生反对或不满？

7. 你最喜欢或最不喜欢你班或你校哪项学生管理制度？请说明理由。

三、班主任访谈提纲

1. 你班有班规吗？

2. 你班制定班规的目的是什么？

3. 你班的班规是由谁制定的？

4. 你班制定班规的过程是怎样的？有没有可资参考的一般程序？

5. 你班的班规主要包括哪些内容？

6. 班规的有效执行一直是班级管理中的难题，你是如何保证班规得到有效实施的？请你举例说明。

7. 你班在班规执行过程中有没有什么地方遭到学生反对或不满？

8. 你认为你班的班规实施效果怎样？

## 访谈记录 1

**笔者：**刘老师，您好！首先非常感谢你接受本次访谈。黄校长介绍说你是一位很优秀的班主任，今天在你班和孩子们相处了一天，感觉你班很不错，很有特点。所以想借此机会与你交流一下班级管理方面的经验。

**刘老师**：其实也谈不上什么经验，还在摸索中。

**笔者**：你班的孩子既活跃，又不乱，大部分学生都能控制自己的行为，你班班规在其中应该起了很大作用吧。

**刘老师**：经过一年的训练，到了八年级他们都认识到了班规的重要性。虽然有些东西学生没有完全按照这上面的来做，但规则意识已经深入到他们的内心了。

**笔者**：这就是班规在实践中的作用。但有些老师认为制定班规没有必要，有是还抵不过老师的一句话，你是如何看待这种观点的？

**刘老师**：其实刚开始我也是这样想的。在班级管理过程中，今天用这种方式，明天用那种方式。后来发现这样不好，特别是七年级的时候制定班规很有必要。所以我就制定了班规，让他们知道我做错了之后会受到什么样的惩罚。

**笔者**：这就是你制定班规的初衷？

**刘老师**：其实我觉得我刚开始也想的很简单，我就是希望我这个班级能够快速运转，我希望他们不要老是犯一些在我看来很低级的错误。我希望他们七年级养成好的学习、行为习惯，我想七年级打好基础的话，到八九年级这些方面我就不用太过操心，那我就可以慢慢地在学习方面下功夫，习惯好了，那我想学习方面应该也不会太差。

**笔者**：是的。

**刘老师**：我其实刚开始就是这样想的，打基础在七年级，所以当时我也是很花心思搞了一下这个班规。我也在网上查阅过别人的一些班规，然后我结合自己班上的现状、学生的特点。

**笔者**：在班规制定过程中有没有受到什么阻力？

**刘老师**：在制定班规过程中，我受到了一些阻力，主要是班上学生的阻力。我这个人，有点民主，所以我想征求学生们的意见。等我把班规制定出来之后，我一条一条让学生举手赞成。后来就有些学生，有点随波逐流，就是看到有的同学不同意，他又没有自己的立场，所以跟着不同意。后来这样的一个班规就没有制定下去。后来为了这个事情我还‘叫人来过’（即惩罚过一些不配合的学生，笔者加注），当时我很生气，既然有一个班级在这，必须要建立一定的规矩，要不然大家都乱成一团，没有规矩不成方圆吗！如果犯了错误，由谁来承担这个责任，怎么样来承担这个责任呢？

**笔者**：那后来你是如何把这个班规制定出来的？

**刘老师**：第一阶段是让他们自己提出一些班规，我也需要了解学生需要一些怎样的效果、一些怎样的班规。让他们先写一些。他们写的时候，我自己上网查阅一些资料。我自己也整理，再结合他们写的。我大概拿出了一个初稿，这个初稿经过几次，然后印出来每个学生发一份。我就专门用了一节课还是两节课的时间学习这个班规，让学生民主投票。当然这样的一个环节我没有弄下去，有些学生刚开始举手，到后来看见别人不举手，他也不举手。

**笔者：**动摇了。

**刘老师：**对，他觉得对自己不好。他觉得可能这点我做不到，如果我犯了这样的错误老师就会这样惩罚我，他就不举手了。我说你们一个个采取这种逃避的态度那怎么行呢。既然是在这个班级就必须遵守班级制度，学校有学校的规矩，国家还有法律是不是。后来就没有弄下去，大概讨论了上十条，那我就说你们这样做我非常生气，你们内心没有这样一种自律意识，那就由我来专制，我不能对你太民主了。所以后来干脆没有管他们是否同意，当时他们提出的一些意见我进行了整理。

**笔者：**整理以后有没有再发放给他们学习?

**刘老师：**当然，我专门花了一节课的时间专门学习。而且每一条的具体要求，我都重新解释了一遍。当时我就不是商讨的语气了，如果犯了这个会怎么样，会有什么样的后果。

**笔者：**像一般的班规会贴在墙上，我们班在前期是不是也贴过。

**刘老师：**贴过，其实也一直在的。在暑假的时候，墙壁翻新，所以东西都拿掉了。

**笔者：**噢。

**刘老师：**以前每人都有一份的，而且我还让他们学习完了之后，签一个同意书。签上名字，有的还在上面摁了个手印。

**笔者：**这等于是一份协议。

**刘老师：**对。

**笔者：**这个都是每个人都同意的。

**刘老师：**对，既然你同意了，表示你赞同了这个班规，如果你违反了规定你就接受处罚，你可是签了名字的，到时候白纸黑字都在这里。我就是这样讲的。

**笔者：**这是一份协议。 既然你签字了，表示你同意这么做，那你就该履行承诺。

**刘老师：**对呀，要不然你就不签字。其实他们非常清楚老师这样做是为他好的。当时讲完了这个班规就让他们带回家，我说给你们父母都看一下，了解一下我们班级的相关规定。

**笔者**：一般老师都说制定几条班规出来很容易，但是执行起来很难，而你执行的很顺利，你觉得很重要的原因是什么？

**刘老师**：班干部。

**笔者**：班干部自己自觉执行。

**刘老师**：对。

**笔者**：首先是班干部自行按照这个来做，然后再监督其他人去做。

**刘老师**：首先把班干部抓起来，班干部是得力助手的话，他可以帮忙执行的话，那我不可能每节课都去的，那就没有办法执行这个办法了。那还是形同虚设。

**笔者**：对。这可能和这个制定过程比较民主，班干部配合有关。

**刘老师**：对。

**笔者**：我觉得你们这个班规的执行效果很不错。你认为有没有达到你的预期效果?

**刘老师**：总的来说还是可以的。其实现在学生的有些问题已经不再像七年级的时候那样犯了。很多还挺好，慢慢走上正轨。

**笔者**：刘老师，马上要放学了，你要去班上了吧！非常感谢你愿意与我分享这些宝贵经验！

**刘老师**：相互学习，欢迎下次有机会再来我们班上。

**笔者**：好的，谢谢！

## 访谈记录2

**笔者**：李老师，感谢你的支持。通过昨天的听课，我觉得您班上的纪律挺好的，都能服从班干部的管理，不像有些班级，班主任一不在时，就不服从班干部的管理。

**班主任**：我想这跟一个班的构成和班级管理是有关系的。我认为（班级管理方式）一个是民主管理，一个是自主管理，还有一个是制度管理。民主管理主要是指我们的很多班规、制度都是广泛征求学生的意见之后确定下来的。自主管理主要是有一个工作能力、管理能力以及自主领导力比较强的班干部队伍。最开始我们的班干部也并没有特别的安排，而是随机指定。一段时间以后我们再来看他们做得好不好，然后再进行公开的选举。我告诉学生，班干部是大家自己选出来的，那么就要绝对地服从他们的管理。这样做一方面可以给学生一个锻炼的平台，另一方面公开民主的选举使上任的班干部自然而然就有了威信。制度管理方面，我们主要是在广泛征求学生民意的基础上敲定了许多管理制度。我对其做了一些归纳总结，然后与学生综合素质挂钩，提出了一个综合素质评价方案，针对学生每一个方面做出一个综合的评价。涉及学生生活中的方方面面，都予以量化，然后至于那些情形给予奖励加分，哪些情况要扣分。我把所有的这些工作和权力都下放给班干部，确定后的制度也让所有学生都知道，然后让班干部大胆地去管理。在奖励加分这一块，我把它分为三个方面：一个是考试，比如不管是学校还是市区的考试，如果你能进入全校前 100 名，就可以加 20 分；如果能进入全班前 10 名，就加 5 分；更重要的是进步奖，就是这一次考试比上一次有进步的，我们也要予以奖励加分。因为前面两种情况毕竟只是少数的学生能做到，但设立一个进步奖就可以激励更多的孩子。

**笔者：**昨天我一进到教室，就看到很多孩子围着一个女孩子叽叽喳喳，看起来很兴奋。我走过去很好奇地问怎么回事，一个女孩子很开心地告诉我，她考了 96 分，可以“加星”。看来这个制度对孩子们来说还是具有很好的激励作用的。

**班主任：**是的。学生都很在意这个。我们每个学生都有一个竞争对手，当然这个竞争对手只有老师才知道，学生之间是不知道的。如果上一次考试你的对手在你前面一名，你这次考试超过他了，就可以加 2 分；如果上一次在你前两名，就加 4 分。也就是说她在你前面名次越多，你能超越他，你可加的分就越多。当然这些就只有我和学生自己知道，这样可以避免学生之间的恶性竞争。

**笔者：**那你是不是需要找每一个学生单独谈话？

**班主任：**不用，我会让他们以写小纸条的形式告诉我。当然也会有个别学生以谈话的形式。另外可以加分的就是参与各种各样的活动、竞赛获得奖励的情况。

**笔者：**这样的形式挺好的，虽然有竞争，但不会破坏学生之间的感情。昨天在语文上，有一个男生忘了带课本，这时候坐在离他很远的一个女生可能有两本书吧，马上就趁老师不注意时把课本传给了他。我觉得班上学生之间的感情很好。

另外，我发现我们班上的座位排列也与众不同，男女生都是交叉坐的。你是不是基于某种考虑特意安排的？

**班主任：**是的。我一直觉得做任何事都应该是公开、公平，对学生的管理也是。所以在我们班绝不会因为成绩而作为排座位的依据。一方面我们是按学生的高矮顺序来排，每一个组男女生都是交叉坐。一方面是因为男生比较活泼好动，和女生搭配坐可以性格互补。另一方面，他们现在的年龄阶段正是开始有了与异性交往的意识，我安排男女生交叉坐，也正是希望能给他们机会相互了解，学会怎么与异性相处。座位是每周换一次，座位安排不会给任何学生搞特殊，家长对座位的安排也都没有什么异议。

**笔者**：到了八年级，你认为你制定的这些班规对他们的影响力会不会减弱？

**班主任**：情况肯定会有一些反复，但总体来说我们班还是比较好的。针对一些新情况，我也会有针对性地做一些调整，有一些新的对策。

**笔者**：这是您带的第二届学生了，您所制定的这些制度、规则都达到您的预期了吗？

**班主任**：是的，一般都能达到。对规范和引导学生的行为来说还是有很好的效果的。

**笔者**：很多班主任都面临这样一个问题，就是制定的这些规则或制度没有执行力，很难落实。请问您是如何保证班规的执行力的？

**班主任**：首先，在平时对于班干部的每日工作，我都会具体列出来，然后打印出来发给他们，这样他们就可以具体去操作。对于制度的落实我是抓得很紧的。

**笔者**：您把每一位班干部的职责都明确地制定出来了？

**班主任**：对，他们每天要做哪些事情我都把它们列出来了，很清楚。

**笔者**：比如，课代表在科任老师来之前要维持课堂纪律。

**班主任**：以前我是天天抓这个，但现在他们已经养成习惯了，不仅是我的课，其他老师的课他们也都能做到。

**笔者**：要达到现在这样一个好的状态，应该是训练了很长一段时间吧！

**班主任**：是的，我们的所有规则都有文本，人手一份，所以大家都很清楚自己该做什么。包括奖惩的评价，学生都了解，学习过。我知道，这些东西如果执行力不够，就如同一张白纸，所以我又特别抓这个。比如，每天的值日班干部对于当天违纪的，要扣分的同学要记录下来，然后给我看。然后针对违纪的情况，把分扣出来。一周再做一个汇总，在每周的班会课上我都会把这一周的奖惩情况公布出来。这对学生来说就是一种提醒。所以，我抓这个落实的工作就是分这样三步去做的。

**笔者**：你和这个班的学生都相处了三个月了，您在制定这些班规、制度时，有没有什么地方遭到过学生的反对或不满？

**班主任**：首先这些东西的制定本来就是征得他们同意而制定的，而不是我强制制定的。怎么样让这个班级管理好，我觉得不是靠人来管，而是靠制度。靠人来管是很累的。

**笔者**：对，因为每个学生都是不同的，如果老师对他们的管理方式不一，可能会导致他们的不公平感。

**班主任**：对，我们的午管主要靠制度，我很少管，一般只是规定什么时候必须睡觉等。

**笔者**：对。我听学生说中午您一般不在班上，都是靠班干部来维持纪律。班干部的管理似乎很有效。比如像玩纸牌的事，学生就会问班长这个可以玩么，班长说不能玩，他们就不玩了。我看到有学生在看朱自清散文，就问他们，“您喜欢看这个吗？”他们说，“有些对我们身心健康有害的书，我们是不可以看的。有些对我们有用的书，在老师的引导下，我们是可以看的，比如这本书我们就可以拿出来看看”。所以，我觉得，其实孩子们并不是不服从管理，而是要看是怎么管理的。不是他们不遵守规定，而是要看这个规定是怎么制定的，对他们的生活和学习能带来哪些便利。他们了解了这个规则之后，才能去遵守。

**班主任**：对，他只有懂得了这个制度是为他好，他才会去遵守。不仅是配合，而且是主动地去做。

**笔者**：您以前是学思想政治教育的?

**班主任**：是的。

**笔者**：我开始还以为您是学管理的。我觉得您在学生管理方面还是有一些自己经验的。在与一名女生的交谈过程中，当我问她是如何看待班规的，她对我说：“虽然制定的这些规则制度有一定的束缚，但想想我是这个班级的一分子，如果我不遵守就有可能影响到其他同学”。虽然很多学生没有像她这样用语言表达出来，但他们心里其实都有这种想法，都能理解。

**班主任**：对，他是有这种规则意识的。

**笔者**：对，他能换位思考。也就是说，他们需要班规或制度。

**班主任**：所以，制度制定出来最重要的还是要孩子们能理解它，懂它。

**笔者**：对，能认同它、接纳它。

**班主任**：对，认同是很重要的。一个制度的出台，如果得到他认同，他不仅不会遵守甚至有可能抵制。所以在一开始，我就想让他们明白，一个良好的班集体的形成必须要有制度作保障。当然，一个制度好或不好，他们都应该有切身的感受。比如，你应该也发现了，在我们班上随时随地去教室都是非常干净整洁的。

**笔者**：是的。

**班主任**：这是为什么呢?因为我想让每一个学生都参与到班级的管理之中，让每一个学生都有事做。比如有的同学专门清理讲台，有同学专门负责其他的地方，让他们都感觉得到自己有事做。

**笔者**：让他们感觉到自己是这个班级的一分子。

**班主任**：对。让他们感觉到，因为我的贡献，才让这个班级变得这么好。第一个是参与感，第二个是成就感。让他们觉得我是这个班级的一分子，这个班级的好与坏，与每一个人都有关系。

**笔者**：你们班能取得现在的成绩，前期还是付出了很多。

**班主任**：对，我是这样认为的，一个起始年级，在之前一些习惯、规范制度养成之后，后面就会很轻松了。我带的上一届也是这样，在前期要做的比较多，但一旦养成后面就很轻松了，各科老师在班上上课也都有这种感觉。

**笔者**：是的。其实，我们要从正面去理解我们的班规或者规章制度。如果制定的是好的规则，孩子们肯定会遵守。如果孩子们不遵守，可能是因为这个规章制度制定的过程或者这个规章制度本身有问题。只有这个班规制定的好，它的正面的作用才会发挥出来，孩子们才会遵守它。事实上，班级制度的制定并不是为了管住孩子们，维持课堂秩序，这只是它的功能之一。更重要的是让学生养成规则意识，懂得尊重他人。

**班主任**：是的，要让学生知道我这么做的出发点是什么，最后得到的效果是什么。比如在关于吃饭的管理这一块，我的要求是不让他们吃零食，禁止吃零食。开始很多同学反对。我就说那大家告诉我吃零食有什么好处，有学生说它怎么怎么好，列了一些原因。然后我也说我不让你们吃零食有哪些理由，我也把这些理由列出来，让他们对这些理由进行对比。我说第一，很多零食都是垃圾食品。我还让他们回家上网查一下，这些食品对身体有什么危害；第二，会增加很多不必要的开支；第三，它会带来校园环境，特别是班级环境的污染；第四，吃零食会影响正常的早、中、晚餐，是一种不健康的生活方式。然后他们对比了之后就说那我们不吃零食了。我说，你们都能做到吗？他们说能。我就说，那我们就针对吃零食制定一个制度。所有同学都同意了。比如，我说如果哪位同学吃了，我们就让他给全班同学每人买一份，大家都说好！有同学说，如果有同学偷偷地吃怎么办？我说，那我就请同学们来监督，发现了可以举报，而且举报有奖，可不可以？大家也都说好！这个制度就这样确定下来。现在我们班上没有一个同学吃零食。

**笔者**：这样呀。

**班主任**：开始我还怕家长反对。后来开家长会的时候我跟家长反映，结果家长都很拥护。其实也并不是说很不人性化，什么都不让学生吃，学生可以带一些水果和牛奶来吃。再比如班级的卫生管理。我说，大家都希望教室的环境和家里一样，变得好一点吧？大家都说，是的！我说，大家都不希望教室里面到处都是垃圾，乱七八糟吧？大家也都说，是的！然后我就顺势说，以后大家必须保证书桌整齐，保证自己桌子附近和教室干净整洁。如果有人看见垃圾不捡，被班主任或值日生或班干部或卫生监督员发现了，就罚扫地一周。这样的目的其实不是为了惩罚，而是为了让他有卫生意识。

**笔者：**我想再过一段时间，孩子们都不需要惩罚也能做到了。所以在前期，在他不知道的情况下，需要一个人去引导，需要一个人时时去提醒他。

**班主任：**对，我们现在很少有惩罚。

**笔者：**我觉得您在学生管理方面还是挺有经验的，可以在这方面做一些很有益的推广和总结。

**班主任：**做学生工作确实很难，我们有时候也是懒人懒办法。

**笔者：**其实班规对于一个班级来说很重要。一个成熟的班级、学校，他的规章制度应该是完备的。在昨天的团校学习课上，授课老师以“让校规守护哈佛”为例，让孩子们明白什么是规则，为什么要遵守规则。我觉得这样的引导过程对学生的成长是十分有益的。

最后，感谢您接受这次访谈！